SERVISCH

WOORDENSCHAT

THEMATISCHE WOORDENLIJST

NEDERLANDS SERVISCH

De meest bruikbare woorden
Om uw woordenschat uit te breiden en
uw taalvaardigheid aan te scherpen

9000 woorden

Thematische woordenschat Nederlands-Servisch - 9000 woorden

Door Andrey Taranov

Woordenlijsten van T&P Books zijn bedoeld om u woorden van een vreemde taal te helpen leren, onthouden, en bestudering. Dit woordenboek is ingedeeld in thema's en behandelt alle belangrijk terreinen van het dagelijkse leven, bedrijven, wetenschap, cultuur, etc.

Het proces van het leren van woorden met behulp van de op thema's gebaseerde aanpak van T&P Books biedt u de volgende voordelen:

- Correct gegroepeerde informatie is bepalend voor succes bij opeenvolgende stadia van het leren van woorden
- De beschikbaarheid van woorden die van dezelfde stam zijn maakt het mogelijk om woordgroepen te onthouden (in plaats van losse woorden)
- Kleine groepen van woorden faciliteren het proces van het aanmaken van associatieve verbindingen, die nodig zijn bij het consolideren van de woordenschat
- Het niveau van talenkennis kan worden ingeschat door het aantal geleerde woorden

T&P Books Publishing
www.tpbooks.com

ISBN: 978-1-78492-286-3

Dit boek is ook beschikbaar in e-boek formaat.
Gelieve www.tpbooks.com te bezoeken of do belangrijkste online boekwinkels.

SERVISCHE WOORDENSCHAT
nieuwe woorden leren

T&P Books woordenlijsten zijn bedoeld om u te helpen vreemde woorden te leren, te onthouden, en te bestuderen. De woordenschat bevat meer dan 9000 veel gebruikte woorden die thematisch geordend zijn.

- De woordenlijst bevat de meest gebruikte woorden
- Aanbevolen als aanvulling bij welke taalcursus dan ook
- Voldoet aan de behoeften van de beginnende en gevorderde student in vreemde talen
- Geschikt voor dagelijks gebruik, bestudering en zelftestactiviteiten
- Maakt het mogelijk om uw woordenschat te evalueren

Bijzondere kenmerken van de woordenschat

- De woorden zijn gerangschikt naar hun betekenis, niet volgens alfabet
- De woorden worden weergegeven in drie kolommen om bestudering en zelftesten te vergemakkelijken
- Woorden in groepen worden verdeeld in kleine blokken om het leerproces te vergemakkelijken
- De woordenschat biedt een handige en eenvoudige beschrijving van elk buitenlands woord

De woordenschat bevat 256 onderwerpen zoals:

Basisconcepten, getallen, kleuren, maanden, seizoenen, meeteenheden, kleding en accessoires, eten & voeding, restaurant, familieleden, verwanten, karakter, gevoelens, emoties, ziekten, stad, dorp, bezienswaardigheden, winkelen, geld, huis, thuis, kantoor, werken op kantoor, import & export, marketing, werk zoeken, sport, onderwijs, computer, internet, gereedschap, natuur, landen, nationaliteiten en meer …

INHOUDSOPGAVE

UITSPRAAKGIDS

Letter	Servisch voorbeeld	T&P fonetisch alfabet	Nederlands voorbeeld

Klinkers

A a	авлија	[a]	acht
E e	ексер	[e]	delen, spreken
И и	излаз	[i]	bidden, tint
O o	очи	[o]	overeenkomst
У у	ученик	[u]	hoed, doe

Medeklinkers

Б б	брег	[b]	hebben
В в	вода	[ʋ]	als in Noord-Nederlands - water
Г г	глава	[g]	goal, tango
Д д	дим	[d]	Dank u, honderd
Ђ ђ	ђак	[ʥ]	jeans, bougie
Ж ж	жица	[ʒ]	journalist, rouge
З з	зец	[z]	zeven, zesde
Ј ј	мој	[j]	New York, januari
К к	киша	[k]	kennen, kleur
Л л	лептир	[l]	delen, luchter
Љ љ	љиљан	[ʎ]	biljet, morille
М м	мајка	[m]	morgen, etmaal
Н н	нос	[n]	nemen, zonder
Њ њ	књига	[ɲ]	cognac, nieuw
П п	праг	[p]	parallel, koper
Р р	рука	[r]	roepen, breken
С с	слово	[s]	spreken, kosten
Т т	тело	[t]	tomaat, taart
Ћ ћ	ћуран	[tɕ]	ongeveer 'tjie'
Ф ф	фењер	[f]	feestdag, informeren
Х х	хлеб	[h]	het, herhalen
Ц ц	цео	[ts]	niets, plaats
Ч ч	чизме	[ʧ]	Tsjechië, cello
Џ џ	џбун	[ʤ]	jeans, jungle
Ш ш	шах	[ʃ]	shampoo, machine

AFKORTINGEN
gebruikt in de woordenschat

Nederlandse afkortingen

abn	-	als bijvoeglijk naamwoord
bijv.	-	bijvoorbeeld
bn	-	bijvoeglijk naamwoord
bw	-	bijwoord
enk.	-	enkelvoud
enz.	-	enzovoort
form.	-	formele taal
inform.	-	informele taal
mann.	-	mannelijk
mil.	-	militair
mv.	-	meervoud
on.ww.	-	onovergankelijk werkwoord
ontelb.	-	ontelbaar
ov.	-	over
ov.ww.	-	overgankelijk werkwoord
telb.	-	telbaar
vn	-	voornaamwoord
vrouw.	-	vrouwelijk
vw	-	voegwoord
vz	-	voorzetsel
wisk.	-	wiskunde
ww	-	werkwoord

Nederlandse artikelen

de	-	gemeenschappelijk geslacht
de/het	-	gemeenschappelijk geslacht, onzijdig
het	-	onzijdig

Servische afkortingen

ж	-	vrouwelijk zelfstandig naamwoord
ж мн	-	vrouwelijk meervoud
м	-	mannelijk zelfstandig naamwoord
м мн	-	mannelijk meervoud
м, ж	-	mannelijk, vrouwelijk

мн	-	meervoud
нг	-	onovergankelijk werkwoord
нг, пг	-	onovergankelijk, overgankelijk werkwoord
пг	-	overgankelijk werkwoord
с	-	onzijdig
с мн	-	onzijdig meervoud

BASISBEGRIPPEN

Basisbegrippen Deel 1

1. Voornaamwoorden

ik	ja	ja
jij, je	ти	ti
hij	он	on
zij, ze	она	óna
het	оно	óno
wij, we	ми	mi
jullie	ви	vi
zij, ze (mann.)	они	óni
zij, ze (vrouw.)	оне	óne

2. Begroetingen. Begroetingen. Afscheid

Hallo! Dag!	Здраво!	Zdrávo!
Hallo!	Добар дан!	Dóbar dan!
Goedemorgen!	Добро јутро!	Dóbro jútro!
Goedemiddag!	Добар дан!	Dóbar dan!
Goedenavond!	Добро вече!	Dóbro véče!
gedag zeggen (groeten)	поздрављати (nr)	pózdravljati
Hoi!	Здраво!	Zdrávo!
groeten (het)	поздрав (м)	pózdrav
verwelkomen (ww)	поздрављати (nr)	pózdravljati
Hoe gaat het met u?	Како сте?	Káko ste?
Hoe is het?	Како си?	Káko si?
Is er nog nieuws?	Шта је ново?	Šta je nóvo?
Tot ziens! (form.)	Довиђења!	Doviđénja!
Doei!	Здраво!	Zdrávo!
Tot snel! Tot ziens!	Видимо се ускоро!	Vídimo se úskoro!
Vaarwel!	Збогом!	Zbógom!
afscheid nemen (ww)	опраштати се	opráštati se
Tot kijk!	Ћао! Здраво!	Ćao! Zdrávo!
Dank u!	Хвала!	Hvála!
Dank u wel!	Хвала лепо!	Hvála lépo!
Graag gedaan	Изволите	Izvólite
Geen dank!	Нема на чему!	Néma na čému!
Geen moeite.	Нема на чему	Néma na čému
Excuseer me, ... (inform.)	Извини!	Izvíni!

| Excuseer me, ... (form.) | Извините! | Izvínite! |
| excuseren (verontschuldigen) | извињавати (nr) | izvinjávati |

zich verontschuldigen	извињавати се	izvinjávati se
Mijn excuses.	Извињавам се	Izvinjávam se
Het spijt me!	Извините!	Izvínite!
vergeven (ww)	опраштати (nr)	opráštati
Maakt niet uit!	Ништа страшно!	Níšta strášno!
alsjeblieft	молим	mólim

Vergeet het niet!	Не заборавите!	Ne zabóravite!
Natuurlijk!	Наравно!	Náravno!
Natuurlijk niet!	Наравно да не!	Náravno da ne!
Akkoord!	Слажем се!	Slážem se!
Zo is het genoeg!	Доста!	Dósta!

3. Hoe aan te spreken

Excuseer me, ...	Извините, ...	Izvínite, ...
meneer	господине	gospódine
mevrouw	госпоћо	góspođo
juffrouw	госпоћице	góspođice
jongeman	младићу	mládiću
jongen	дечко	déčko
meisje	девојчица	devójčica

4. Kardinale getallen. Deel 1

nul	нула (ж)	núla
een	један	jédan
twee	два	dva
drie	три	tri
vier	четири	čétiri

vijf	пет	pet
zes	шест	šest
zeven	седам	sédam
acht	осам	ósam
negen	девет	dévet

tien	десет	déset
elf	једанаест	jedánaest
twaalf	дванаест	dvánaest
dertien	тринаест	trínaest
veertien	четрнаест	četŕnaest

vijftien	петнаест	pétnaest
zestien	шеснаест	šésnaest
zeventien	седамнаест	sedámnaest
achttien	осамнаест	osámnaest
negentien	деветнаест	devétnaest
twintig	двадесет	dvádeset

eenentwintig	двадесет и један	dvádeset i jédan
tweeëntwintig	двадесет и два	dvádeset i dva
drieëntwintig	двадесет и три	dvádeset i tri
dertig	тридесет	trídeset
eenendertig	тридесет и један	trídeset i jédan
tweeëndertig	тридесет и два	trídeset i dva
drieëndertig	тридесет и три	trideset i tri
veertig	четрдесет	četrdéset
eenenveertig	четрдесет и један	četrdéset i jédan
tweeënveertig	четрдесет и два	četrdéset i dva
drieënveertig	четрдесет и три	četrdéset i tri
vijftig	педесет	pedéset
eenenvijftig	педесет и један	pedéset i jédan
tweeënvijftig	педесет и два	pedéset i dva
drieënvijftig	педесет и три	pedéset i tri
zestig	шездесет	šezdéset
eenenzestig	шездесет и један	šezdéset i jédan
tweeënzestig	шездесет и два	šezdéset i dva
drieënzestig	шездесет и три	šezdéset i tri
zeventig	седамдесет	sedamdéset
eenenzeventig	седамдесет и један	sedamdéset i jédan
tweeënzeventig	седамдесет и два	sedamdéset i dva
drieënzeventig	седамдесет и три	sedamdéset i tri
tachtig	осамдесет	osamdéset
eenentachtig	осамдесет и један	osamdéset i jédan
tweeëntachtig	осамдесет и два	osamdéset i dva
drieëntachtig	осамдесет и три	osamdéset i tri
negentig	деведесет	devedéset
eenennegentig	деведесет и један	devedéset i jédan
tweeënnegentig	деведесет и два	devedéset i dva
drieënnegentig	деведесет и три	devedéset i tri

5. Kardinale getallen. Deel 2

honderd	сто	sto
tweehonderd	двеста	dvésta
driehonderd	триста	trísta
vierhonderd	четиристо	čétiristo
vijfhonderd	петсто	pétsto
zeshonderd	шестсто	šéststo
zevenhonderd	седамсто	sédamsto
achthonderd	осамсто	ósamsto
negenhonderd	деветсто	dévetsto
duizend	хиљада (ж)	híljada
tweeduizend	две хиљаде	dve híljade

drieduizend	три хиљаде	tri híljade
tienduizend	десет хиљада	déset híljada
honderdduizend	сто хиљада	sto híljada
miljoen (het)	милион (м)	milíon
miljard (het)	милијарда (ж)	milíjarda

6. Ordinale getallen

eerste (bn)	први	pŕvi
tweede (bn)	други	drúgi
derde (bn)	трећи	tréći
vierde (bn)	четврти	čétvrti
vijfde (bn)	пети	péti

zesde (bn)	шести	šésti
zevende (bn)	седми	sédmi
achtste (bn)	осми	ósmi
negende (bn)	девети	déveti
tiende (bn)	десети	déseti

7. Getallen. Breuken

breukgetal (het)	разломак (м)	rázlomak
half	једна половина	jédna pólovina
een derde	једна трећина (ж)	jédna trećína
kwart	једна четвртина	jédna četvrtina
een achtste	једна осмина (ж)	jédna osmína
een tiende	једна десетина	jédna désetina
twee derde	две трећине	dve trećíne
driekwart	три четвртине	tri četvŕtine

8. Getallen. Eenvoudige berekeningen

aftrekking (de)	одузимање (с)	oduzímanje
aftrekken (ww)	одузимати (пг)	odúzimati
deling (de)	дељење (с)	déljenje
delen (ww)	делити (пг)	déliti
optelling (de)	сабирање (с)	sabíranje
erbij optellen	сабрати (пг)	sábrati
(bij elkaar voegen)		
optellen (ww)	сабирати (пг)	sábirati
vermenigvuldiging (de)	множење (с)	mnóženje
vermenigvuldigen (ww)	множити (пг)	mnóžiti

9. Getallen. Diversen

| cijfer (het) | цифра (ж) | cífra |
| nummer (het) | број (м) | broj |

telwoord (het)	број (м)	broj
minteken (het)	минус (м)	mínus
plusteken (het)	плус (м)	plus
formule (de)	формула (ж)	fórmula

berekening (de)	израчунавање (с)	izračunávanje
tellen (ww)	бројати (пг)	brójati
bijrekenen (ww)	бројати (пг)	brójati
vergelijken (ww)	упоређивати (пг)	upoređívati

Hoeveel?	Колико?	Kolíko?
som (de), totaal (het)	збир (м)	zbir
uitkomst (de)	резултат (м)	rezúltat
rest (de)	остатак (м)	ostátak

enkele (bijv. ~ minuten)	неколико	nékoliko
restant (het)	остало (с)	óstalo
anderhalf	један и по	jédan i po
dozijn (het)	туце (с)	túce

middendoor (bw)	напола	nápola
even (bw)	на равне делове	na rávne délove
helft (de)	половина (ж)	polóvina
keer (de)	пут (м)	put

10. De belangrijkste werkwoorden. Deel 1

aanbevelen (ww)	препоручивати (пг)	preporučívati
aandringen (ww)	инсистирати (нг)	insistírati
aankomen (per auto, enz.)	стизати (нг)	stízati
aanraken (ww)	дирати (пг)	dírati
adviseren (ww)	саветовати (пг)	sávetovati

afdalen (on.ww.)	спуштати се	spúštati se
afslaan (naar rechts ~)	скретати (нг)	skrétati
antwoorden (ww)	одговарати (нг, пг)	odgovárati
bang zijn (ww)	плашити се	plášiti se
bedreigen (bijv. met een pistool)	претити (нг)	prétiti

bedriegen (ww)	обмањивати (пг)	obmanjívati
beëindigen (ww)	завршавати (пг)	završávati
beginnen (ww)	почињати (нг, пг)	póčinjati
begrijpen (ww)	разумевати (пг)	razumévati
beheren (managen)	руководити (пг)	rukovóditi

beledigen (met scheldwoorden)	вређати (пг)	vréđati
beloven (ww)	обећати (пг)	obéćati
bereiden (koken)	кувати (пг)	kúvati
bespreken (spreken over)	расправљати (пг)	ráspravljati

bestellen (eten ~)	наручивати (пг)	naručívati
bestraffen (een stout kind ~)	кажњавати (пг)	kažnjávati

betalen (ww)	платити (нг, пг)	plátiti
betekenen (beduiden)	значити (нг)	znáčiti
betreuren (ww)	жалити (нг)	žáliti

bevallen (prettig vinden)	свиђати се	svíđati se
bevelen (mil.)	нарећивати (пг)	naređívati
bevrijden (stad, enz.)	ослобађати (пг)	oslobáđati
bewaren (ww)	чувати (пг)	čúvati
bezitten (ww)	поседовати (пг)	pósedovati

bidden (praten met God)	молити се	móliti se
binnengaan (een kamer ~)	ући, улазити (нг)	úći, úlaziti
breken (ww)	ломити (пг)	lómiti
controleren (ww)	контролисати (пг)	kontrólisati
creëren (ww)	створити (пг)	stvóriti

deelnemen (ww)	учествовати (нг)	účestvovati
denken (ww)	мислити (нг)	mísliti
doden (ww)	убијати (нг)	ubíjati
doen (ww)	радити (пг)	ráditi
dorst hebben (ww)	бити жедан	bíti žédan

11. De belangrijkste werkwoorden. Deel 2

een hint geven	дати миг	dáti mig
eisen (met klem vragen)	захтевати, тражити	zahtévati, trážiti
excuseren (vergeven)	извињавати (пг)	izvinjávati
existeren (bestaan)	постојати (нг)	póstojati
gaan (te voet)	ићи (нг)	íći

gaan zitten (ww)	седати (нг)	sédati
gaan zwemmen	купати се	kúpati se
geven (ww)	давати (пг)	dávati
glimlachen (ww)	осмехивати се	osmehívati se
goed raden (ww)	погодити (пг)	pogóditi

| grappen maken (ww) | шалити се | šáliti se |
| graven (ww) | копати (пг) | kópati |

hebben (ww)	имати (пг)	ímati
helpen (ww)	помагати (пг)	pomágati
herhalen (opnieuw zeggen)	понављати (пг)	ponávljati
honger hebben (ww)	бити гладан	bíti gládan

hopen (ww)	надати се	nádati se
horen	чути (нг, пг)	čúti
(waarnemen met het oor)		
huilen (wenen)	плакати (нг)	plákati
huren (huis, kamer)	изнајмити (пг)	iznájmiti
informeren (informatie geven)	информисати (пг)	infórmisati
instemmen (akkoord gaan)	слагати се	slágati se
jagen (ww)	ловити (пг)	lóviti
kennen (kennis hebben	знати (пг)	znáti
van iemand)		

19

| kiezen (ww) | бирати (nr) | bírati |
| klagen (ww) | жалити се | žáliti se |

kosten (ww)	коштати (нг)	kóštati
kunnen (ww)	моћи (нг)	móći
lachen (ww)	смејати се	sméjati se
laten vallen (ww)	испуштати (nr)	ispúštati
lezen (ww)	читати (нг, nr)	čítati

liefhebben (ww)	волети (nr)	vóleti
lunchen (ww)	ручати (нг)	rúčati
nemen (ww)	узети (nr)	úzeti
nodig zijn (ww)	бити потребан	bíti pótreban

12. De belangrijkste werkwoorden. Deel 3

onderschatten (ww)	подцењивати (nr)	podcenjívati
ondertekenen (ww)	потписивати (nr)	potpisívati
ontbijten (ww)	доручковати (нг)	dóručkovati
openen (ww)	отварати (nr)	otvárati
ophouden (ww)	прекидати (nr)	prekídati
opmerken (zien)	запажати (nr)	zapážati

opscheppen (ww)	хвалисати се	hválisati se
opschrijven (ww)	записивати (nr)	zapisívati
plannen (ww)	планирати (nr)	planírati
prefereren (verkiezen)	преферирати (nr)	preferírati
proberen (trachten)	пробати (нг)	próbati
redden (ww)	спасавати (nr)	spasávati

rekenen op ...	рачунати на ...	račúnati na ...
rennen (ww)	трчати (нг)	tŕčati
reserveren (een hotelkamer ~)	резервисати (nr)	rezervísati
roepen (om hulp)	звати (nr)	zváti
schieten (ww)	пуцати (нг)	púcati
schreeuwen (ww)	викати (нг)	víkati

schrijven (ww)	писати (nr)	písati
souperen (ww)	вечерати (нг)	véčerati
spelen (kinderen)	играти (нг)	ígrati
spreken (ww)	говорити (нг)	govóriti
stelen (ww)	красти (nr)	krásti
stoppen (pauzeren)	заустављати се	zaústavljati se

studeren (Nederlands ~)	студирати (nr)	studírati
sturen (zenden)	слати (nr)	sláti
tellen (optellen)	рачунати (nr)	račúnati
toebehoren aan ...	припадати (нг)	prípadati
toestaan (ww)	дозвољавати (нг, nr)	dozvoljávati
tonen (ww)	показивати (nr)	pokazívati

| twijfelen (onzeker zijn) | сумњати (нг) | súmnjati |
| uitgaan (ww) | изаћи (нг) | ízaći |

uitnodigen (ww)	позивати (пг)	pozívati
uitspreken (ww)	изговарати (пг)	izgovárati
uitvaren tegen (ww)	грдити (пг)	gŕditi

13. De belangrijkste werkwoorden. Deel 4

vallen (ww)	падати (нг)	pádati
vangen (ww)	ловити (пг)	lóviti
veranderen (anders maken)	променити (пг)	proméniti
verbaasd zijn (ww)	чудити се	čúditi se
verbergen (ww)	крити (пг)	kríti

verdedigen (je land ~)	штитити (пг)	štítiti
verenigen (ww)	ујединьавати (пг)	ujedinjávati
vergelijken (ww)	упоређивати (пг)	uporeðívati
vergeten (ww)	заборављати (нг, пг)	zabóravljati
vergeven (ww)	опраштати (пг)	opráštati

verklaren (uitleggen)	објашньавати (пг)	objašnjávati
verkopen (per stuk ~)	продавати (пг)	prodávati
vermelden (praten over)	споминьати (пг)	spóminjati
versieren (decoreren)	украшавати (пг)	ukrašávati
vertalen (ww)	преводити (пг)	prevóditi

vertrouwen (ww)	веровати (пг)	vérovati
vervolgen (ww)	настављати (пг)	nástavljati
verwarren (met elkaar ~)	бркати (пг)	bŕkati
verzoeken (ww)	молити (пг)	móliti
verzuimen (school, enz.)	пропуштати (пг)	propúštati

vinden (ww)	наћи (пг)	náći
vliegen (ww)	летети (нг)	léteti
volgen (ww)	пратити (пг)	prátiti
voorstellen (ww)	предлагати (пг)	predlágati
voorzien (verwachten)	предвиђати (пг)	predvíðati
vragen (ww)	питати (пг)	pítati

waarnemen (ww)	посматрати (нг)	posmátrati
waarschuwen (ww)	упозоравати (пг)	upozorávati
wachten (ww)	чекати (нг, пг)	čékati
weerspreken (ww)	приговарати (нг)	prigovárati
weigeren (ww)	одбијати се	odbíjati se

werken (ww)	радити (нг)	ráditi
weten (ww)	знати (пг)	znáti
willen (verlangen)	хтети (пг)	htéti
zeggen (ww)	рећи (пг)	réći
zich haasten (ww)	журити се	žúriti se

zich interesseren voor …	интересовати се	ínteresovati se
zich vergissen (ww)	грешити (нг)	gréšiti
zich verontschuldigen	извиньавати се	izvinjávati se
zien (ww)	видети (пг)	vídeti
zoeken (ww)	тражити (пг)	trážiti

| zwemmen (ww) | пливати (нг) | plívati |
| zwijgen (ww) | ћутати (нг) | ćútati |

14. Kleuren

kleur (de)	боја (ж)	bója
tint (de)	нијанса (ж)	nijánsa
kleurnuance (de)	тон (м)	ton
regenboog (de)	дуга (ж)	dúga

wit (bn)	бео	béo
zwart (bn)	црн	cŕn
grijs (bn)	сив	siv

groen (bn)	зелен	zélen
geel (bn)	жут	žut
rood (bn)	црвен	cŕven

blauw (bn)	плав	plav
lichtblauw (bn)	светло плав	svétlo plav
roze (bn)	ружичаст	rúžičast
oranje (bn)	наранџаст	nárandžast
violet (bn)	љубичаст	ljúbičast
bruin (bn)	браон	bráon

| goud (bn) | златан | zlátan |
| zilverkleurig (bn) | сребрнаст | srébrnast |

beige (bn)	беж	bež
roomkleurig (bn)	боје крем	bóje krem
turkoois (bn)	тиркизан	tírkizan
kersrood (bn)	боје вишње	bóje víšnje
lila (bn)	лила	líla
karmijnrood (bn)	боје малине	bóje máline

licht (bn)	светао	svétao
donker (bn)	таман	táman
fel (bn)	јарки	járki

kleur-, kleurig (bn)	обојен	óbojen
kleuren- (abn)	у боји	u bóji
zwart-wit (bn)	црно-бели	cŕno-béli
eenkleurig (bn)	једнобојан	jédnobojan
veelkleurig (bn)	разнобојан	ráznobojan

15. Vragen

Wie?	Ко?	Ko?
Wat?	Шта?	Šta?
Waar?	Где?	Gde?
Waarheen?	Куда?	Kúda?
Waarvandaan?	Одакле? Откуд?	Ódakle? Ótkud?

Wanneer?	Када?	Káda?
Waarom?	Зашто?	Zášto?
Waarom?	Зашто?	Zášto?

Waarvoor dan ook?	За шта? Због чега?	Zá šta? Zbog čéga?
Hoe?	Како?	Káko?
Wat voor …?	Какав?	Kákav?
Welk?	Који?	Kóji?

Aan wie?	Коме?	Kóme?
Over wie?	О коме?	O kóme?
Waarover?	О чему?	O čému?
Met wie?	Са ким?	Sa kim?

Hoeveel?	Колико?	Kolíko?
Van wie? (mann.)	Чији?	Čiji?
Van wie? (vrouw.)	Чија?	Čija?
Van wie? (mv.)	Чије?	Číje?

16. Voorzetsels

met (bijv. ~ beleg)	с, са	s, sa
zonder (~ accent)	без	bez
naar (in de richting van)	у	u
over (praten ~)	о	o
voor (in tijd)	пре	pre
voor (aan de voorkant)	испред	íspred

onder (lager dan)	испод	íspod
boven (hoger dan)	изнад	íznad
op (bovenop)	на	na
van (uit, afkomstig van)	из	iz
van (gemaakt van)	од	od

over (bijv. ~ een uur)	за	za
over (over de bovenkant)	преко	préko

17. Functiewoorden. Bijwoorden. Deel 1

Waar?	Где?	Gde?
hier (bw)	овде	óvde
daar (bw)	тамо	támo

ergens (bw)	негде	négde
nergens (bw)	нигде	nígde

bij … (in de buurt)	код	kod
bij het raam	поред прозора	póred prózora

Waarheen?	Куда?	Kúda?
hierheen (bw)	овамо	óvamo
daarheen (bw)	тамо	támo

hiervandaan (bw)	одавде	ódavde
daarvandaan (bw)	оданде	ódande

dichtbij (bw)	близу	blízu
ver (bw)	далеко	daléko

in de buurt (van ...)	близу, у близини	blízu, u blizíni
dichtbij (bw)	у близини	u blízini
niet ver (bw)	недалеко	nédaleko

linker (bn)	леви	lévi
links (bw)	слева	sléva
linksaf, naar links (bw)	лево	lévo

rechter (bn)	десни	désni
rechts (bw)	десно	désno
rechtsaf, naar rechts (bw)	десно	désno

vooraan (bw)	спреда	spréda
voorste (bn)	предњи	prédnji
vooruit (bw)	напред	nápred

achter (bw)	иза	íza
van achteren (bw)	отпозади	otpozádi
achteruit (naar achteren)	назад, унатраг	názad, unátrag

midden (het)	средина (ж)	sredína
in het midden (bw)	у средини	u sredíni

opzij (bw)	са стране	sa stráne
overal (bw)	свуда	svúda
omheen (bw)	око	óko

binnenuit (bw)	изнутра	iznútra
naar ergens (bw)	некуда	nékuda
rechtdoor (bw)	право	právo
terug (bijv. ~ komen)	назад	názad

ergens vandaan (bw)	однекуд	ódnekud
ergens vandaan	однекуд	ódnekud
(en dit geld moet ~ komen)		

ten eerste (bw)	прво	pŕvo
ten tweede (bw)	друго	drúgo
ten derde (bw)	треће	tréće

plotseling (bw)	изненада	íznenada
in het begin (bw)	у почетку	u počétku
voor de eerste keer (bw)	први пут	pŕvi put
lang voor ... (bw)	много пре ...	mnógo pre ...
opnieuw (bw)	поново	pónovo
voor eeuwig (bw)	заувек	záuvek

nooit (bw)	никад	níkad
weer (bw)	опет	ópet
nu (bw)	сада	sáda

vaak (bw)	често	césto
toen (bw)	тада	táda
urgent (bw)	хитно	hítno
meestal (bw)	обично	óbično

trouwens, ... (tussen haakjes)	узгред, ...	úzgred, ...
mogelijk (bw)	могуће	móguće
waarschijnlijk (bw)	вероватно	vérovatno
misschien (bw)	можда	móžda
trouwens (bw)	осим тога ...	ósim tóga ...
daarom ...	дакле ..., због тога ...	dákle ..., zbog toga ...
in weerwil van ...	без обзира на ...	bez óbzira na ...
dankzij ...	захваљујући ...	zahváljujući ...

wat (vn)	шта	šta
dat (vw)	да	da
iets (vn)	нешто	néšto
iets	нешто	néšto
niets (vn)	ништа	níšta

wie (~ is daar?)	ко	ko
iemand (een onbekende)	неко	néko
iemand (een bepaald persoon)	неко	néko

niemand (vn)	нико	níko
nergens (bw)	никуд	níkud
niemands (bn)	ничији	níčiji
iemands (bn)	нечији	néčiji

zo (Ik ben ~ blij)	тако	táko
ook (evenals)	такође	takóđe
alsook (eveneens)	такође	takóđe

18. Functiewoorden. Bijwoorden. Deel 2

Waarom?	Зашто?	Zášto?
om een bepaalde reden	из неког разлога	iz nékog rázloga
omdat ...	јер ,,,, зато што ...	jer ..., záto što ...
voor een bepaald doel	из неког разлога	iz nékog rázloga

en (vw)	и	i
of (vw)	или	íli
maar (vw)	али	áli
voor (vz)	за	za

te (~ veel mensen)	сувише, превише	súviše, préviše
alleen (bw)	само	sámo
precies (bw)	тачно	táčno
ongeveer (~ 10 kg)	око	óko

omstreeks (bw)	приближно	príbližno
bij benadering (bn)	приближан	príbližan

bijna (bw)	скоро	skóro
rest (de)	остало (c)	óstalo
de andere (tweede)	други	drúgi
ander (bn)	други	drúgi
elk (bn)	свак	svak
om het even welk	било који	bílo kóji
veel (grote hoeveelheid)	много	mnógo
veel mensen	многи	mnógi
iedereen (alle personen)	сви	svi
in ruil voor ...	у замену за ...	u zámenu za ...
in ruil (bw)	у замену	u zámenu
met de hand (bw)	ручно	rúčno
onwaarschijnlijk (bw)	тешко да, једва да	téško da, jédva da
waarschijnlijk (bw)	вероватно	vérovatno
met opzet (bw)	намерно	námerno
toevallig (bw)	случајно	slúčajno
zeer (bw)	врло	vŕlo
bijvoorbeeld (bw)	на пример	na prímer
tussen (~ twee steden)	између	ízmeđu
tussen (te midden van)	међу	méđu
zoveel (bw)	толико	tolíko
vooral (bw)	нарочито	náročito

Basisbegrippen Deel 2

rijk (bn)	богат	bógat
arm (bn)	сиромашан	sirómašan
ziek (bn)	болестан	bólestan
gezond (bn)	здрав	zdrav
groot (bn)	велик	vélik
klein (bn)	мали	máli
snel (bw)	брзо	bŕzo
langzaam (bw)	споро	spóro
snel (bn)	брз	bŕz
langzaam (bn)	спор	spor
vrolijk (bn)	весео	véseo
treurig (bn)	тужан	túžan
samen (bw)	заједно	zájedno
apart (bw)	одвојено	ódvojeno
hardop (~ lezen)	наглас	náglas
stil (~ lezen)	у себи	u sébi
hoog (bn)	висок	vísok
laag (bn)	низак	nízak
diep (bn)	дубок	dúbok
ondiep (bn)	плитак	plítak
ja	да	da
nee	не	ne
ver (bn)	далек	dálek
dicht (bn)	близак	blízak
ver (bw)	далеко	daléko
dichtbij (bw)	близу	blízu
lang (bn)	дуг, дугачак	dug, dúgačak
kort (bn)	кратак	krátak
vriendelijk (goedhartig)	добар	dóbar
kwaad (bn)	зао	záo
gehuwd (mann.)	ожењен	óženjen

ongehuwd (mann.)	неожењен	neóženjen

verbieden (ww)	забранити (пг)	zábraniti
toestaan (ww)	дозволити (нг, пг)	dozvóliti

einde (het)	крај (м)	kraj
begin (het)	почетак (м)	počétak

linker (bn)	леви	lévi
rechter (bn)	десни	désni

eerste (bn)	први	pŕvi
laatste (bn)	последњи	póslednji

misdaad (de)	злочин (м)	zlóčin
bestraffing (de)	казна (ж)	kázna

bevelen (ww)	наредити (пг)	naréditi
gehoorzamen (ww)	подчинити се	podčíniti se

recht (bn)	прав	prav
krom (bn)	крив	kriv

paradijs (het)	рај (м)	raj
hel (de)	пакао (м)	pákao

geboren worden (ww)	родити се	róditi se
sterven (ww)	умрети (нг)	úmreti

sterk (bn)	снажан	snážan
zwak (bn)	слаб	slab

oud (bn)	стар	star
jong (bn)	млад	mlad

oud (bn)	стар	star
nieuw (bn)	нов	nov

hard (bn)	чврст	čvŕst
zacht (bn)	мек, мекан	mek, mékan

warm (bn)	топао	tópao
koud (bn)	хладан	hládan

dik (bn)	дебео	débeo
dun (bn)	танак, мршав	tának, mŕšav

smal (bn)	узак	úzak
breed (bn)	широк	šírok

goed (bn)	добар	dóbar
slecht (bn)	лош	loš

moedig (bn)	храбар	hrábar
laf (bn)	кукавички	kúkavički

20. Dagen van de week

maandag (de)	понедељак (м)	ponédeljak
dinsdag (de)	уторак (м)	útorak
woensdag (de)	среда (ж)	sréda
donderdag (de)	четвртак (м)	četvŕtak
vrijdag (de)	петак (м)	pétak
zaterdag (de)	субота (ж)	súbota
zondag (de)	недеља (ж)	nédelja
vandaag (bw)	данас	dánas
morgen (bw)	сутра	sútra
overmorgen (bw)	прекосутра	prékosutra
gisteren (bw)	јуче	júče
eergisteren (bw)	прекјуче	prékjuče
dag (de)	дан (м)	dan
werkdag (de)	радни дан (м)	rádni dan
feestdag (de)	празничан дан (м)	prázničan dan
verlofdag (de)	слободан дан (м)	slóbodan dan
weekend (het)	викенд (м)	víkend
de hele dag (bw)	цео дан	céo dan
de volgende dag (bw)	следећег дана, сутра	slédećeg dána, sútra
twee dagen geleden	пре два дана	pre dva dána
aan de vooravond (bw)	уочи	úoči
dag-, dagelijks (bn)	свакодневан	svákodnevan
elke dag (bw)	свакодневно	svákodnevno
week (de)	недеља (ж)	nédelja
vorige week (bw)	прошле недеље	próšle nédelje
volgende week (bw)	следеће недеље	slédeće nédelje
wekelijks (bn)	недељни	nédeljni
elke week (bw)	недељно	nédeljno
twee keer per week	два пута недељно	dva púta nédeljno
elke dinsdag	сваког уторка	svákog útorka

21. Uren. Dag en nacht

morgen (de)	јутро (с)	jútro
's morgens (bw)	ујутру	újutru
middag (de)	подне (с)	pódne
's middags (bw)	поподне	popódne
avond (de)	вече (с)	véče
's avonds (bw)	увече	úveče
nacht (de)	ноћ (ж)	noć
's nachts (bw)	ноћу	nóću
middernacht (de)	поноћ (ж)	pónoć
seconde (de)	секунд (м)	sékund
minuut (de)	минут (ж)	mínut
uur (het)	сат (м)	sat

halfuur (het)	пола сата	póla sáta
kwartier (het)	четврт сата	čétvrt sáta
vijftien minuten	петнаест минута	pétnaest minúta
etmaal (het)	двадесет четири сата	dvádeset četiri sáta

zonsopgang (de)	излазак (м) сунца	ízlazak súnca
dageraad (de)	свануће (с)	svanúće
vroege morgen (de)	рано јутро (с)	ráno jútro
zonsondergang (de)	залазак (м) сунца	zálazak súnca

's morgens vroeg (bw)	рано ујутру	ráno újutru
vanmorgen (bw)	јутрос	jútros
morgenochtend (bw)	сутра ујутру	sútra újutru

vanmiddag (bw)	овог поподнева	óvog popódneva
's middags (bw)	поподне	popódne
morgenmiddag (bw)	сутра поподне	sútra popódne

| vanavond (bw) | вечерас | večéras |
| morgenavond (bw) | сутра увече | sútra úveče |

klokslag drie uur	тачно у три сата	táčno u tri sáta
ongeveer vier uur	око четири сата	óko četiri sáta
tegen twaalf uur	до дванаест сати	do dvánaest sáti

over twintig minuten	за двадесет минута	za dvádeset minúta
over een uur	за сат времена	za sat vrémena
op tijd (bw)	навреме	návreme

kwart voor …	четвртина до	četvŕtina do
binnen een uur	за сат времена	za sat vrémena
elk kwartier	сваких петнаест минута	svákih pétnaest minúta
de klok rond	дан и ноћ	dan i noć

22. Maanden. Seizoenen

januari (de)	јануар (м)	jánuar
februari (de)	фебруар (м)	fébruar
maart (de)	март (м)	mart
april (de)	април (м)	ápril
mei (de)	мај (м)	maj
juni (de)	јун, јуни (м)	jun, júni

juli (de)	јули (м)	júli
augustus (de)	август (м)	ávgust
september (de)	септембар (м)	séptembar
oktober (de)	октобар (м)	óktobar
november (de)	новембар (м)	nóvembar
december (de)	децембар (м)	décembar

lente (de)	пролеће (с)	próleće
in de lente (bw)	у пролеће	u próleće
lente- (abn)	пролећни	prólećni
zomer (de)	лето (с)	léto

in de zomer (bw)	лети	léti
zomer-, zomers (bn)	летни	létni
herfst (de)	јесен (ж)	jésen
in de herfst (bw)	у јесен	u jésen
herfst- (abn)	јесењи	jésenji
winter (de)	зима (ж)	zíma
in de winter (bw)	зими	zími
winter- (abn)	зимски	zímski
maand (de)	месец (м)	mésec
deze maand (bw)	овог месеца	óvog méseca
volgende maand (bw)	следећег месеца	slédećeg méseca
vorige maand (bw)	прошлог месеца	próšlog méseca
een maand geleden (bw)	пре месец дана	pre mésec dána
over een maand (bw)	за месец дана	za mésec dána
over twee maanden (bw)	за два месеца	za dva meséca
de hele maand (bw)	цео месец	céo mésec
een volle maand (bw)	цео месец	céo mésec
maand-, maandelijks (bn)	месечни	mésečni
maandelijks (bw)	месечно	mésečno
elke maand (bw)	сваког месеца	svákog méseca
twee keer per maand	два пута месечно	dva púta mésečno
jaar (het)	година (ж)	gódina
dit jaar (bw)	ове године	óve gódine
volgend jaar (bw)	следеће године	slédeće gódine
vorig jaar (bw)	прошла година	próšla gódina
een jaar geleden (bw)	пре годину дана	pre gódinu dána
over een jaar	за годину дана	za gódinu dána
over twee jaar	за две године	za dve gódine
het hele jaar	цела година	céla gódina
een vol jaar	цела година	céla gódina
elk jaar	сваке године	sváke gódine
jaar-, jaarlijks (bn)	годишњи	gódišnji
jaarlijks (bw)	годишње	gódišnje
4 keer per jaar	четири пута годишње	čétiri púta gódišnje
datum (de)	датум (м)	dátum
datum (de)	датум (м)	dátum
kalender (de)	календар (м)	kaléndar
een half jaar	пола године	póla gódine
zes maanden	полугодиште (с)	polugódište
seizoen (bijv. lente, zomer)	сезона (ж)	sezóna
eeuw (de)	век (м)	vek

23. Tijd. Diversen

tijd (de)	време (с)	vréme
ogenblik (het)	часак, тренутак (м)	čásak, trenútak

moment (het)	тренутак (м)	trenútak
ogenblikkelijk (bn)	тренутан	trénutan
tijdsbestek (het)	раздобље (c)	rázdoblje
leven (het)	живот (м)	žívot
eeuwigheid (de)	вечност (ж)	véčnost

epoche (de), tijdperk (het)	епоха (ж)	epóha
era (de), tijdperk (het)	ера (ж)	éra
cyclus (de)	циклус (м)	cíklus
periode (de)	период (м)	períod
termijn (vastgestelde periode)	рок (м)	rok

toekomst (de)	будућност (ж)	budúćnost
toekomstig (bn)	будући	búdući
de volgende keer	следећи пут	slédeći put
verleden (het)	прошлост (ж)	próšlost
vorig (bn)	прошли	próšli
de vorige keer	прошлог пута	próšlog púta
later (bw)	касније	kásnije
na (~ het diner)	после	pósle
tegenwoordig (bw)	сада	sáda
nu (bw)	сада	sáda
onmiddellijk (bw)	одмах	ódmah
snel (bw)	ускоро	úskoro
bij voorbaat (bw)	унапред	unápred

lang geleden (bw)	одавно	ódavno
kort geleden (bw)	недавно	nédavno
noodlot (het)	судбина (ж)	súdbina
herinneringen (mv.)	сећање (c)	sećanje
archief (het)	архив (м)	árhiv
tijdens ... (ten tijde van)	за време ...	za vréme ...
lang (bw)	дуго	dúgo
niet lang (bw)	кратко	krátko
vroeg (bijv. ~ in de ochtend)	рано	ráno
laat (bw)	касно	kásno

voor altijd (bw)	заувек	záuvek
beginnen (ww)	почињати (нг, пг)	póčinjati
uitstellen (ww)	одгодити (пг)	odgóditi

tegelijkertijd (bw)	истовремено	istóvremeno
voortdurend (bw)	стално	stálno
voortdurend	константан	konstántan
tijdelijk (bn)	привремен	prívremen

soms (bw)	понекад	pónekad
zelden (bw)	ретко	rétko
vaak (bw)	често	čésto

24. Lijnen en vormen

vierkant (het)	квадрат (м)	kvádrat
vierkant (bn)	квадратни	kvádratni

cirkel (de)	круг (м)	krug
rond (bn)	округли	ókrugli
driehoek (de)	троугао (м)	tróugao
driehoekig (bn)	троугласти	tróuglasti

ovaal (het)	овал (м)	óval
ovaal (bn)	овалан	óvalan
rechthoek (de)	правоугаоник (м)	pravougaónik
rechthoekig (bn)	правоугаони	pravoúgaoni

piramide (de)	пирамида (ж)	piramída
ruit (de)	ромб (м)	romb
trapezium (het)	трапез (м)	trápez
kubus (de)	коцка (ж)	kócka
prisma (het)	призма (ж)	prízma

omtrek (de)	кружница (ж)	krúžnica
bol, sfeer (de)	сфера (ж)	sféra
bal (de)	кугла (ж)	kúgla
diameter (de)	пречник (м)	préčnik
straal (de)	полупречник (м)	polупréčnik
omtrek (~ van een cirkel)	периметар (м)	perímetar
middelpunt (het)	центар (м)	céntar

horizontaal (bn)	хоризонталан	hórizontalan
verticaal (bn)	вертикалан	vértikalan
parallel (de)	паралела (ж)	paraléla
parallel (bn)	паралелан	paralélan

lijn (de)	линија (ж)	línija
streep (de)	црта (ж)	cŕta
rechte lijn (de)	права линија (ж)	práva línija
kromme (de)	крива (ж)	kríva
dun (bn)	танак	tának
omlijning (de)	контура (ж)	kóntura

snijpunt (het)	пресек (м)	prések
rechte hoek (de)	прав угао (м)	prav úgao
segment (het)	сегмент (м)	ségment
sector (de)	сектор (м)	séktor
zijde (de)	страна (ж)	strána
hoek (de)	угао (м)	úgao

25. Meeteenheden

gewicht (het)	тежина (ж)	težína
lengte (de)	дужина (ж)	dužína
breedte (de)	ширина (ж)	širína
hoogte (de)	висина (ж)	visína
diepte (de)	дубина (ж)	dubína
volume (het)	запремина (ж)	zápremina
oppervlakte (de)	површина (ж)	póvršina
gram (het)	грам (м)	gram
milligram (het)	милиграм (м)	míligram

kilogram (het)	килограм (м)	kílogram
ton (duizend kilo)	тона (ж)	tóna
pond (het)	фунта (ж)	fúnta
ons (het)	унца (ж)	únca
meter (de)	метар (м)	métar
millimeter (de)	милиметар (м)	mílimetar
centimeter (de)	сантиметар (м)	santimétar
kilometer (de)	километар (м)	kílometar
mijl (de)	миља (ж)	mílja
duim (de)	палац (м)	pálac
voet (de)	стопа (ж)	stópa
yard (de)	јард (м)	jard
vierkante meter (de)	квадратни метар (м)	kvádratni métar
hectare (de)	хектар (м)	héktar
liter (de)	литар (м)	lítar
graad (de)	степен (м)	stépen
volt (de)	волт (м)	volt
ampère (de)	ампер (м)	ámper
paardenkracht (de)	коњска снага (ж)	kónjska snága
hoeveelheid (de)	количина (ж)	količína
een beetje ...	мало ...	málo ...
helft (de)	половина (ж)	polóvina
dozijn (het)	туце (с)	túce
stuk (het)	комад (м)	kómad
afmeting (de)	величина (ж)	veličína
schaal (bijv. ~ van 1 op 50)	размер (м)	rázmer
minimaal (bn)	минималан	mínimalan
minste (bn)	најмањи	nájmanji
medium (bn)	средњи	srédnji
maximaal (bn)	максималан	máksimalan
grootste (bn)	највећи	nájveći

26. Containers

glazen pot (de)	тегла (ж)	tégla
blik (conserven~)	лименка (ж)	límenka
emmer (de)	ведро (с)	védro
ton (bijv. regenton)	буре (с)	búre
ronde waterbak (de)	лавор (м)	lávor
tank (bijv. watertank-70-ltr)	резервоар (м)	rezervóar
heupfles (de)	чутурица (ж)	čúturica
jerrycan (de)	канта (ж) за гориво	kánta za górivo
tank (bijv. ketelwagen)	цистерна (ж)	cistérna
beker (de)	кригла (ж)	krígla
kopje (het)	шоља (ж)	šólja

schoteltje (het)	тацна (ж)	tácna
glas (het)	чаша (ж)	čáša
wijnglas (het)	чаша (ж) за вино	čáša za víno
pan (de)	шерпа (ж), лонац (м)	šerpa, lónac

| fles (de) | боца, флаша (ж) | bóca, fláša |
| flessenhals (de) | врат (м) | vrat |

karaf (de)	бокал (м)	bókal
kruik (de)	крчаг (м)	kŕčag
vat (het)	суд (м)	sud
pot (de)	лонац (м)	lónac
vaas (de)	ваза (ж)	váza

flacon (de)	боца (ж)	bóca
flesje (het)	бочица (ж)	bóčica
tube (bijv. ~ tandpasta)	туба (ж)	túba

zak (bijv. ~ aardappelen)	џак (м)	džak
tasje (het)	кеса (ж)	késa
pakje (~ sigaretten, enz.)	паковање (с)	pákovanje

doos (de)	кутија (ж)	kútija
kist (de)	сандук (м)	sánduk
mand (de)	корпа (ж)	kórpa

27. Materialen

materiaal (het)	материјал (м)	materíjal
hout (het)	дрво (с)	dŕvo
houten (bn)	дрвен	dŕven

| glas (het) | стакло (с) | stáklo |
| glazen (bn) | стаклен | stáklen |

| steen (de) | камен (м) | kámen |
| stenen (bn) | камени | kámeni |

| plastic (het) | пластика (ж) | plástika |
| plastic (bn) | пластичан | plástičan |

| rubber (het) | гума (ж) | gúma |
| rubber-, rubberen (bn) | гумен | gúmen |

| stof (de) | тканина (ж) | tkánina |
| van stof (bn) | од тканине | od tkaníne |

| papier (het) | папир (м) | pápir |
| papieren (bn) | папирни | pápirni |

karton (het)	картон (м)	kárton
kartonnen (bn)	картонски	kártonski
polyethyleen (het)	полиетилен (м)	poliétilen
cellofaan (het)	целофан (м)	celófan

multiplex (het)	шперплоча (ж)	špérploča
porselein (het)	порцелан (м)	porcélan
porseleinen (bn)	порцелански	porcélanski
klei (de)	глина (ж)	glína
klei-, van klei (bn)	глинени	glíneni
keramiek (de)	керамика (ж)	kerámika
keramieken (bn)	керамички	kerámički

28. Metalen

metaal (het)	метал (м)	métal
metalen (bn)	металан	métalan
legering (de)	легура (ж)	legúra

goud (het)	злато (с)	zláto
gouden (bn)	златан	zlátan
zilver (het)	сребро (с)	srébro
zilveren (bn)	сребрен	srébren

ijzer (het)	гвожђе (с)	gvóžđe
ijzeren	гвозден	gvózden
staal (het)	челик (м)	čélik
stalen (bn)	челични	čélični
koper (het)	бакар (м)	bákar
koperen (bn)	бакарни, бакрени	bákarni, bákreni

aluminium (het)	алуминијум (м)	alumínijum
aluminium (bn)	алуминијумски	alumínijumski
brons (het)	бронза (ж)	brónza
bronzen (bn)	бронзан	brónzan

messing (het)	месинг (м), мјед (ж)	mésing, mjed
nikkel (het)	никл (м)	nikl
platina (het)	платина (ж)	plátina
kwik (het)	жива (ж)	žíva
tin (het)	калај (м)	kálaj
lood (het)	олово (с)	ólovo
zink (het)	цинк (м)	cink

MENS

Mens. Het lichaam

mens (de)	човек (м)	čóvek
man (de)	мушкарац (м)	muškárac
vrouw (de)	жена (ж)	žéna
kind (het)	дете (с)	déte
meisje (het)	девојчица (ж)	devójčica
jongen (de)	дечак (м)	déčak
tiener, adolescent (de)	тинејџер (м)	tinéjdžer
oude man (de)	старац (м)	stárac
oude vrouw (de)	старица (ж)	stárica

organisme (het)	организам (м)	organízam
hart (het)	срце (с)	sŕce
bloed (het)	крв (ж)	kŕv
slagader (de)	артерија (ж)	árterija
ader (de)	вена (ж)	véna
hersenen (mv.)	мозак (м)	mózak
zenuw (de)	живац (м)	žívac
zenuwen (mv.)	живци (мн)	žívci
wervel (de)	кичмени пршљен (м)	kíčmeni pŕšljen
ruggengraat (de)	кичма (ж)	kíčma
maag (de)	желудац (м)	žéludac
darmen (mv.)	црева (мн)	créva
darm (de)	црево (с)	crévo
lever (de)	јетра (ж)	jétra
nier (de)	бубрег (м)	búbreg
been (deel van het skelet)	кост (ж)	kost
skelet (het)	костур (м)	kóstur
rib (de)	ребро (с)	rébro
schedel (de)	лобања (ж)	lóbanja
spier (de)	мишић (м)	míšić
biceps (de)	бицепс (м)	bíceps
triceps (de)	трицепс (м)	tríceps
pees (de)	тетива (ж)	tetíva
gewricht (het)	зглоб (м)	zglob

longen (mv.)	плућа (мн)	plúća
geslachtsorganen (mv.)	полни органи (мн)	pólni orgáni
huid (de)	кожа (ж)	kóža

31. Hoofd

hoofd (het)	глава (ж)	gláva
gezicht (het)	лице (с)	líce
neus (de)	нос (м)	nos
mond (de)	уста (мн)	ústa

oog (het)	око (с)	óko
ogen (mv.)	очи (мн)	óči
pupil (de)	зеница (ж)	zénica
wenkbrauw (de)	обрва (ж)	óbrva
wimper (de)	трепавица (ж)	trépavica
ooglid (het)	капак (м), веђа (ж)	kápak, véđa

tong (de)	језик (м)	jézik
tand (de)	зуб (м)	zub
lippen (mv.)	усне (мн)	úsne
jukbeenderen (mv.)	јагодице (мн)	jágodice
tandvlees (het)	десни (мн)	désni
gehemelte (het)	непце (с)	népce

neusgaten (mv.)	ноздрве (мн)	nózdrve
kin (de)	брада (ж)	bráda
kaak (de)	вилица (ж)	vílica
wang (de)	образ (м)	óbraz

voorhoofd (het)	чело (с)	čélo
slaap (de)	слепоочница (ж)	slepoóčnica
oor (het)	ухо (с)	úho
achterhoofd (het)	потиљак (м)	pótiljak
hals (de)	врат (м)	vrat
keel (de)	грло (с)	gŕlo

haren (mv.)	коса (ж)	kósa
kapsel (het)	фризура (ж)	frizúra
haarsnit (de)	фризура (ж)	frizúra
pruik (de)	перика (ж)	périka

snor (de)	бркови (мн)	bŕkovi
baard (de)	брада (ж)	bráda
dragen (een baard, enz.)	носити (пг)	nósiti
vlecht (de)	плетеница (ж)	pleténica
bakkebaarden (mv.)	зулуфи (мн)	zulúfi

ros (roodachtig, rossig)	риђ	riđ
grijs (~ haar)	сед	sed
kaal (bn)	ћелав	ćélav
kale plek (de)	ћела (ж)	ćéla
paardenstaart (de)	реп (м)	rep
pony (de)	шишке (мн)	šíške

32. Menselijk lichaam

hand (de)	шака (ж)	šáka
arm (de)	рука (ж)	rúka
vinger (de)	прст (м)	pŕst
teen (de)	ножни прст (м)	nóžni pŕst
duim (de)	палац (м)	pálac
pink (de)	мали прст (м)	máli pŕst
nagel (de)	нокат (м)	nókat
vuist (de)	песница (ж)	pésnica
handpalm (de)	длан (м)	dlan
pols (de)	зглоб (м), запешће (с)	zglob, zápešće
voorarm (de)	подлактица (ж)	pódlaktica
elleboog (de)	лакат (м)	lákat
schouder (de)	раме (с)	ráme
been (rechter ~)	нога (ж)	nóga
voet (de)	стопало (с)	stópalo
knie (de)	колено (с)	kóleno
kuit (de)	лист (м)	list
heup (de)	кук (м)	kuk
hiel (de)	пета (ж)	péta
lichaam (het)	тело (с)	télo
buik (de)	трбух (м)	tŕbuh
borst (de)	прса (мн)	pŕsa
borst (de)	груди (мн)	grúdi
zijde (de)	бок (м)	bok
rug (de)	леђа (мн)	léđa
lage rug (de)	крста (ж)	kŕsta
taille (de)	струк (м)	struk
navel (de)	пупак (м)	púpak
billen (mv.)	стражњица (ж)	strážnjica
achterwerk (het)	задњица (ж)	zádnjica
huidvlek (de)	младеж (м)	mládež
moedervlek (de)	белег, младеж (м)	béleg, mládež
tatoeage (de)	тетоважа (ж)	tetováža
litteken (het)	ожиљак (м)	óžiljak

Kleding en accessoires

kleren (mv.)	одећа (ж)	ódeća
bovenkleding (de)	горња одећа (ж)	górnja ódeća
winterkleding (de)	зимска одећа (ж)	zímska ódeća
jas (de)	капут (м)	káput
bontjas (de)	бунда (ж)	búnda
bontjasje (het)	кратка бунда (ж)	krátka búnda
donzen jas (de)	перјана јакна (ж)	pérjana jákna
jasje (bijv. een leren ~)	јакна (ж)	jákna
regenjas (de)	кишни мантил (м)	kíšni mántil
waterdicht (bn)	водоотпоран	vodoótporan

34. Heren & dames kleding

overhemd (het)	кошуља (ж)	kóšulja
broek (de)	панталоне (мн)	pantalóne
jeans (de)	фармерке (мн)	fármerke
colbert (de)	сако (м)	sáko
kostuum (het)	одело (с)	odélo
jurk (de)	хаљина (ж)	háljina
rok (de)	сукња (ж)	súknja
blouse (de)	блуза (ж)	blúza
wollen vest (de)	џемпер (м)	džémper
blazer (kort jasje)	жакет (м)	žáket
T-shirt (het)	мајица (ж)	májica
shorts (mv.)	шорц, шортс (м)	šorc, šorts
trainingspak (het)	спортски костим (м)	spórtski kóstim
badjas (de)	баде мантил (м)	báde mántil
pyjama (de)	пиџама (ж)	pidžáma
sweater (de)	џемпер (м)	džémper
pullover (de)	пуловер (м)	pulóver
gilet (het)	прслук (м)	pŕsluk
rokkostuum (het)	фрак (м)	frak
smoking (de)	смокинг (м)	smóking
uniform (het)	униформа (ж)	úniforma
werkkleding (de)	радна одећа (ж)	rádna ódeća
overall (de)	комбинезон (м)	kombinézon
doktersjas (de)	мантил (м)	mántil

35. Kleding. Ondergoed

ondergoed (het)	доње рубље (с)	dónje rúblje
herenslip (de)	мушке гаће (мн)	múške gáće
slipjes (mv.)	гаћице (мн)	gáćice
onderhemd (het)	мајица (ж)	májica
sokken (mv.)	чарапе (мн)	čárape
nachthemd (het)	спаваћица (ж)	spaváćica
beha (de)	грудњак (м)	grúdnjak
kniekousen (mv.)	доколенице (мн)	dokolénice
panty (de)	хулахопке (мн)	húlahopke
nylonkousen (mv.)	чарапе (мн)	čárape
badpak (het)	купаћи костим (м)	kúpaći kóstim

36. Hoofddeksels

hoed (de)	капа (ж)	kápa
deukhoed (de)	шешир (м)	šéšir
honkbalpet (de)	бејзбол качкет (м)	béjzbol káčket
kleppet (de)	енглеска капа (ж), качкет (м)	éngleska kápa, káčket
baret (de)	берета, беретка (ж)	beréta, beretka
kap (de)	капуљача (ж)	kapúljača
panamahoed (de)	панама-шешир (м)	panáma-šéšir
gebreide muts (de)	плетена капа (ж)	plétena kápa
hoofddoek (de)	марама (ж)	márama
dameshoed (de)	женски шешир (м)	žénski šéšir
veiligheidshelm (de)	кацига (ж), шлем (м)	káciga, šlem
veldmuts (de)	титовка (ж)	títovka
helm, valhelm (de)	шлем (м)	šlem
bolhoed (de)	полуцилиндар (м)	pólucilindar
hoge hoed (de)	цилиндар (м)	cilíndar

37. Schoeisel

schoeisel (het)	обућа (ж)	óbuća
schoenen (mv.)	ципеле (мн)	cípele
vrouwenschoenen (mv.)	ципеле (мн)	cípele
laarzen (mv.)	чизме (мн)	čízme
pantoffels (mv.)	папуче (мн)	pápuče
sportschoenen (mv.)	патике (мн)	pátike
sneakers (mv.)	патике (мн)	pátike
sandalen (mv.)	сандале (мн)	sandále
schoenlapper (de)	обућар (м)	óbućar
hiel (de)	потпетица (ж)	pótpetica

T&P Books. Thematische woordenschat Nederlands-Servisch - 9000 woorden

paar (een ~ schoenen)	пар (м)	par
veter (de)	пертла (ж)	pértla
rijgen (schoenen ~)	шнирати (пг)	šnírati
schoenlepel (de)	кашика (ж) за ципеле	kášika za cípele
schoensmeer (de/het)	крема (ж) за обућу	kréma za óbuću

38. Textiel. Weefsel

katoen (de/het)	памук (м)	pámuk
katoenen (bn)	памучан	pámučan
vlas (het)	лан (м)	lan
vlas-, van vlas (bn)	од лана	od lána

zijde (de)	свила (ж)	svíla
zijden (bn)	свилен	svílen
wol (de)	вуна (ж)	vúna
wollen (bn)	вунен	vúnen

fluweel (het)	плиш, сомот (м)	pliš, sómot
suède (de)	антилоп (м)	ántilop
ribfluweel (het)	сомот (м)	sómot

nylon (de/het)	најлон (м)	nájlon
nylon-, van nylon (bn)	од најлона	od nájlona
polyester (het)	полиестер (м)	poliéster
polyester- (abn)	од полиестра	od poliéstra

leer (het)	кожа (ж)	kóža
leren (van leer gemaak)	од коже	od kóže
bont (het)	крзно (с)	kŕzno
bont- (abn)	крзнени	kŕzneni

39. Persoonlijke accessoires

handschoenen (mv.)	рукавице (мн)	rukávice
wanten (mv.)	рукавице (мн) с једним прстом	rukávice s jednim prstom
sjaal (fleece ~)	шал (м)	šal

bril (de)	наочаре (мн)	náočare
brilmontuur (het)	оквир (м)	ókvir
paraplu (de)	кишобран (м)	kíšobran
wandelstok (de)	штап (м)	štap
haarborstel (de)	четка (ж) за косу	čétka za kósu
waaier (de)	лепеза (ж)	lepéza

das (de)	кравата (ж)	kraváta
strikje (het)	лептир машна (ж)	léptir mášna
bretels (mv.)	трегери (мн)	trégeri
zakdoek (de)	џепна марамица (ж)	džépna máramica
kam (de)	чешаљ (м)	čéšalj
haarspeldje (het)	шнала (ж)	šnála

42

schuifspeldje (het)	укосница (ж)	úkosnica
gesp (de)	копча (ж)	kópča
broekriem (de)	каиш (м)	káiš
draagriem (de)	каиш (м)	káiš
handtas (de)	торба (ж)	tórba
damestas (de)	ташна (ж)	tášna
rugzak (de)	ранац (м)	ránac

40. Kleding. Diversen

mode (de)	мода (ж)	móda
de mode (bn)	модеран	móderan
kledingstilist (de)	модни креатор (м)	módni kreátor
kraag (de)	овратник (м)	óvratnik
zak (de)	цеп (м)	džep
zak- (abn)	цепни	džépni
mouw (de)	рукав (м)	rúkav
lusje (het)	вешалица (ж)	véšalica
gulp (de)	шлиц (м)	šlic
rits (de)	рајсфершлус (м)	rájsferšlus
sluiting (de)	копча (ж)	kópča
knoop (de)	дугме (с)	dúgme
knoopsgat (het)	рупица (ж)	rúpica
losraken (bijv. knopen)	откинути се	ótkinuti se
naaien (kleren, enz.)	шити (нг, пг)	šíti
borduren (ww)	вести (нг, пг)	vésti
borduursel (het)	вез (м)	vez
naald (de)	игла (ж)	ígla
draad (de)	конац (м)	kónac
naad (de)	шав (м)	šav
vies worden (ww)	испрљати се	ispŕljati se
vlek (de)	мрља (ж)	mŕlja
gekreukt raken (ov. kleren)	изгужвати се	izgúžvati se
scheuren (ov.ww.)	цепати (пг)	cépati
mot (de)	мољац (м)	móljac

41. Persoonlijke verzorging. Schoonheidsmiddelen

tandpasta (de)	паста (ж) за зубе	pásta za zúbe
tandenborstel (de)	четкица (ж) за зубе	čétkica za zúbe
tanden poetsen (ww)	прати зубе	práti zúbe
scheermes (het)	бријач (м)	bríjač
scheerschuim (het)	крема (ж) за бријање	kréma za bríjanje
zich scheren (ww)	бријати се	bríjati se
zeep (de)	сапун (м)	sápun

shampoo (de)	шампон (м)	šampon
schaar (de)	маказе (мн)	mákaze
nagelvijl (de)	турпија (ж) за нокте	túrpija za nokte
nagelknipper (de)	грицкалица (ж) за нокте	gríckalica za nókte
pincet (het)	пинцета (ж)	pincéta

cosmetica (mv.)	козметика (ж)	kozmétika
masker (het)	маска (ж)	máska
manicure (de)	маникир (м)	mánikir
manicure doen	радити маникир	ráditi mánikir
pedicure (de)	педикир (м)	pédikir

cosmetica tasje (het)	козметичка торбица (ж)	kozmétička tórbica
poeder (de/het)	пудер (м)	púder
poederdoos (de)	пудријера (ж)	pudrijéra
rouge (de)	руменило (с)	ruménilo

parfum (de/het)	парфем (м)	párfem
eau de toilet (de)	тоалетна вода (ж)	tóaletna vóda
lotion (de)	лосион (м)	lósion
eau de cologne (de)	колоњска вода (ж)	kólonjska vóda

oogschaduw (de)	сенка (ж) за очи	sénka za óči
oogpotlood (het)	оловка (ж) за очи	ólovka za óči
mascara (de)	маскара (ж)	máskara

lippenstift (de)	кармин (м)	kármin
nagellak (de)	лак (м) за нокте	lak za nókte
haarlak (de)	лак (м) за косу	lak za kósu
deodorant (de)	дезодоранс (м)	dezodórans

crème (de)	крема (ж)	kréma
gezichtscrème (de)	крема (ж) за лице	kréma za líce
handcrème (de)	крема (ж) за руке	kréma za rúke
antirimpelcrème (de)	крема (ж) против бора	kréma prótiv bóra
dagcrème (de)	дневна крема (ж)	dnévna kréma
nachtcrème (de)	ноћна крема (ж)	nóćna kréma
dag- (abn)	дневни	dnévni
nacht- (abn)	ноћни	nóćni

tampon (de)	тампон (м)	támpon
toiletpapier (het)	тоалет-папир (м)	toálet-pápir
föhn (de)	фен (м)	fen

42. Juwelen

sieraden (mv.)	накит (м)	nákit
edel (bijv. ~ stenen)	драгоцен	dragócen
keurmerk (het)	жиг (м)	žig

ring (de)	прстен (м)	pŕsten
trouwring (de)	бурма (ж)	búrma
armband (de)	наруквица (ж)	nárukvica
oorringen (mv.)	минђуше (мн)	mínđuše

halssnoer (het)	огрлица (ж)	ógrlica
kroon (de)	круна (ж)	krúna
kralen snoer (het)	огрлица (ж) од перли	ógrlica od pérli
diamant (de)	дијамант (м)	dijámant
smaragd (de)	смарагд (м)	smáragd
robijn (de)	рубин (м)	rúbin
saffier (de)	сафир (м)	sáfir
parel (de)	бисер (м)	bíser
barnsteen (de)	ћилибар (м)	ćilíbar

43. Horloges. Klokken

polshorloge (het)	сат (м)	sat
wijzerplaat (de)	бројчаник (м)	brojčánik
wijzer (de)	казаљка (ж)	kázaljka
metalen horlogeband (de)	наруквица (ж)	nárukvica
horlogebandje (het)	каиш (м) за сат	káiš za sat
batterij (de)	батерија (ж)	báterija
leeg zijn (ww)	испразнити се	isprázniti se
batterij vervangen	заменити батерију	zaméniti batériju
voorlopen (ww)	журити (нг)	žúriti
achterlopen (ww)	заостајати (нг)	zaóstajati
wandklok (de)	зидни сат (м)	zídni sat
zandloper (de)	пешчани сат (м)	péščani sat
zonnewijzer (de)	сунчани сат (м)	súnčani sat
wekker (de)	будилник (м)	búdilnik
horlogemaker (de)	часовничар (м)	čásovničar
repareren (ww)	поправљати (пг)	pópravljati

Voedsel. Voeding

vlees (het)	месо (с)	méso
kip (de)	пилетина, кокош (ж)	píletina, kokoš
kuiken (het)	пиле (с)	píle
eend (de)	патка (ж)	pátka
gans (de)	гуска (ж)	gúska
wild (het)	дивљач (ж)	dívljač
kalkoen (de)	ћуретина (ж)	ćurétina
varkensvlees (het)	свињетина (ж)	svínjetina
kalfsvlees (het)	телетина (ж)	téletina
schapenvlees (het)	јагњетина (ж)	jágnjetina
rundvlees (het)	говедина (ж)	góvedina
konijnenvlees (het)	зец (м)	zec
worst (de)	кобасица (ж)	kobásica
saucijs (de)	виршла (ж)	víršla
spek (het)	сланина (ж)	slánina
ham (de)	шунка (ж)	šúnka
gerookte achterham (de)	шунка (ж)	šúnka
paté (de)	паштета (ж)	paštéta
lever (de)	џигерица (ж)	džígerica
gehakt (het)	млевено месо (с)	mléveno méso
tong (de)	језик (м)	jézik
ei (het)	jaje (с)	jáje
eieren (mv.)	jaja (мн)	jája
eiwit (het)	беланце (с)	belánce
eigeel (het)	жуманце (с)	žumánce
vis (de)	риба (ж)	ríba
zeevruchten (mv.)	морски плодови (мн)	mórski plódovi
schaaldieren (mv.)	ракови (мн)	rákovi
kaviaar (de)	кавијар (м)	kávijar
krab (de)	краба (ж)	krába
garnaal (de)	шкамп (м)	škamp
oester (de)	острига (ж)	óstriga
langoest (de)	јастог (м)	jástog
octopus (de)	хоботница (ж)	hóbotnica
inktvis (de)	лигња (ж)	lígnja
steur (de)	јесетра (ж)	jésetra
zalm (de)	лосос (м)	lósos
heilbot (de)	пацифички лист (м)	pacífički list
kabeljauw (de)	бакалар (м)	bakálar

makreel (de)	скуша (ж)	skúša
tonijn (de)	туњевина (ж)	túnjevina
paling (de)	јегуља (ж)	jégulja
forel (de)	пастрмка (ж)	pástrmka
sardine (de)	сардина (ж)	sardína
snoek (de)	штука (ж)	štúka
haring (de)	харинга (ж)	háringa
brood (het)	хлеб (м)	hleb
kaas (de)	сир (м)	sir
suiker (de)	шећер (м)	šéćer
zout (het)	со (ж)	so
rijst (de)	пиринач (м)	pírinač
pasta (de)	макарони (мн)	mákaroni
noedels (mv.)	резанци (мн)	rezánci
boter (de)	маслац (м)	máslac
plantaardige olie (de)	зејтин (м)	zéjtin
zonnebloemolie (de)	сунцокретово уље (с)	súncokretovo úlje
margarine (de)	маргарин (м)	margárin
olijven (mv.)	маслине (мн)	másline
olijfolie (de)	маслиново уље (с)	máslinovo úlje
melk (de)	млеко (с)	mléko
gecondenseerde melk (de)	кондензовано млеко (с)	kondenzóvano mléko
yoghurt (de)	јогурт (м)	jógurt
zure room (de)	кисела павлака (ж)	kísela pávlaka
room (de)	павлака (ж)	pávlaka
mayonaise (de)	мајонез (м), мајонеза (ж)	majonéz, majonéza
crème (de)	крем (м)	krem
graan (het)	житарице (мн)	žitárice
meel (het), bloem (de)	брашно (с)	brášno
conserven (mv.)	конзерве (мн)	konzérve
maïsvlokken (mv.)	кукурузне пахуљице (мн)	kukúruzne pahúljice
honing (de)	мед (м)	med
jam (de)	џем (м), мармелада (ж)	džem, marmeláda
kauwgom (de)	гума (ж) за жвакање	gúma za žvákanje

45. Drankjes

water (het)	вода (ж)	vóda
drinkwater (het)	питка вода (ж)	pítka vóda
mineraalwater (het)	кисела вода (ж)	kísela vóda
zonder gas	негазиран	negazíran
koolzuurhoudend (bn)	газиран	gazíran
bruisend (bn)	газиран	gazíran
ijs (het)	лед (м)	led

met ijs	са ледом	sa lédom
alcohol vrij (bn)	безалкохолан	bézalkoholan
alcohol vrije drank (de)	безалкохолно пиће (с)	bézalkoholno píće
frisdrank (de)	освежавајући напитак (м)	osvežávajući nápitak
limonade (de)	лимунада (ж)	limunáda

alcoholische dranken (mv.)	алкохолна пића (мн)	álkoholna píća
wijn (de)	вино (с)	víno
witte wijn (de)	бело вино (с)	bélo víno
rode wijn (de)	црно вино (с)	cŕno víno

likeur (de)	ликер (м)	líker
champagne (de)	шампањац (м)	šampánjac
vermout (de)	вермут (м)	vérmut

whisky (de)	виски (м)	víski
wodka (de)	вотка (ж)	vótka
gin (de)	џин (м)	džin
cognac (de)	коњак (м)	kónjak
rum (de)	рум (м)	rum

koffie (de)	кафа (ж)	káfa
zwarte koffie (de)	црна кафа (ж)	cŕna káfa
koffie (de) met melk	кафа (ж) са млеком	káfa sa mlékom
cappuccino (de)	капучино (м)	kapučíno
oploskoffie (de)	инстант кафа (ж)	ínstant káfa

melk (de)	млеко (с)	mléko
cocktail (de)	коктел (м)	kóktel
milkshake (de)	милкшејк (м)	mílkšejk

sap (het)	сок (м)	sok
tomatensap (het)	сок (м) од парадајза	sok od parádajza
sinaasappelsap (het)	сок (м) од наранџе	sok od nárandže
vers geperst sap (het)	свеже цеђени сок (м)	svéže céđeni sok

bier (het)	пиво (с)	pívo
licht bier (het)	светло пиво (с)	svétlo pívo
donker bier (het)	тамно пиво (с)	támno pívo

thee (de)	чај (м)	čaj
zwarte thee (de)	црни чај (м)	cŕni čaj
groene thee (de)	зелени чај (м)	zéleni čaj

46. Groenten

groenten (mv.)	поврће (с)	póvrće
verse kruiden (mv.)	зелен (ж)	zélen

tomaat (de)	парадајз (м)	parádajz
augurk (de)	краставац (м)	krástavac
wortel (de)	шаргарепа (ж)	šargarépa
aardappel (de)	кромпир (м)	krómpir
ui (de)	црни лук (м)	cŕni luk

knoflook (de)	бели лук (м)	béli luk
kool (de)	купус (м)	kúpus
bloemkool (de)	карфиол (м)	karfíol
spruitkool (de)	прокељ (м)	prókelj
broccoli (de)	брокуле (мн)	brókule

rode biet (de)	цвекла (ж)	cvékla
aubergine (de)	патлиџан (м)	patlidžán
courgette (de)	тиквица (ж)	tíkvica
pompoen (de)	тиква (ж)	tíkva
raap (de)	репа (ж)	répa

peterselie (de)	першун (м)	péršun
dille (de)	мироћија (ж)	miróđija
sla (de)	зелена салата (ж)	zélena saláta
selderij (de)	целер (м)	céler
asperge (de)	шпаргла (ж)	špárgla
spinazie (de)	спанаћ (м)	spánać

erwt (de)	грашак (м)	grášak
bonen (mv.)	махунарке (мн)	mahúnarke
maïs (de)	кукуруз (м)	kukúruz
nierboon (de)	пасуљ (м)	pásulj

peper (de)	паприка (ж)	páprika
radijs (de)	ротквица (ж)	rótkvica
artisjok (de)	артичока (ж)	artičóka

47. Vruchten. Noten

vrucht (de)	воће (с)	vóće
appel (de)	јабука (ж)	jábuka
peer (de)	крушка (ж)	krúška
citroen (de)	лимун (м)	límun
sinaasappel (de)	наранџа (ж)	nárandža
aardbei (de)	јагода (ж)	jágoda

mandarijn (de)	мандарина (ж)	mandarína
pruim (de)	шљива (ж)	šljíva
perzik (de)	бресква (ж)	bréskva
abrikoos (de)	кајсија (ж)	kájsija
framboos (de)	малина (ж)	málina
ananas (de)	ананас (м)	ánanas

banaan (de)	банана (ж)	banána
watermeloen (de)	лубеница (ж)	lubénica
druif (de)	грожђе (с)	gróžđe
zure kers (de)	вишња (ж)	víšnja
zoete kers (de)	трешња (ж)	tréšnja
meloen (de)	диња (ж)	dínja

grapefruit (de)	грејпфрут (м)	gréjpfrut
avocado (de)	авокадо (м)	avokádo
papaja (de)	папаја (ж)	papája

| mango (de) | манго (м) | mángo |
| granaatappel (de) | нар (м) | nar |

rode bes (de)	црвена рибизла (ж)	crvéna ríbizla
zwarte bes (de)	црна рибизла (ж)	cŕna ríbizla
kruisbes (de)	огрозд (м)	ógrozd
blauwe bosbes (de)	боровница (ж)	boróvnica
braambes (de)	купина (ж)	kupína

rozijn (de)	суво грожђе (с)	súvo gróžđe
vijg (de)	смоква (ж)	smókva
dadel (de)	урма (ж)	úrma

pinda (de)	кикирики (м)	kikiríki
amandel (de)	бадем (м)	bádem
walnoot (de)	орах (м)	órah
hazelnoot (de)	лешник (м)	léšnik
kokosnoot (de)	кокосов орах (м)	kókosov órah
pistaches (mv.)	пистаћи (мн)	pistáći

48. Brood. Snoep

suikerbakkerij (de)	посластице (мн)	póslastice
brood (het)	хлеб (м)	hleb
koekje (het)	колачић (м)	koláčić

chocolade (de)	чоколада (ж)	čokoláda
chocolade- (abn)	чоколадни	čókoladni
snoepje (het)	бомбона (ж)	bombóna
cakeje (het)	колач (м)	kólač
taart (bijv. verjaardags~)	торта (ж)	tórta

| pastei (de) | пита (ж) | píta |
| vulling (de) | надев (м) | nádev |

confituur (de)	слатко (с)	slátko
marmelade (de)	мармелада (ж)	marmeláda
wafel (de)	облатне (мн)	óblatne
ijsje (het)	сладолед (м)	sládoled
pudding (de)	пудинг (м)	púding

49. Bereide gerechten

gerecht (het)	јело (с)	jélo
keuken (bijv. Franse ~)	кухиња (ж)	kúhinja
recept (het)	рецепт (м)	récept
portie (de)	порција (ж)	pórcija

salade (de)	салата (ж)	saláta
soep (de)	супа (ж)	súpa
bouillon (de)	бухьон (м)	búljon
boterham (de)	сендвич (м)	séndvič

spiegelei (het)	пржена jaja (мн)	pŕžena jája
hamburger (de)	хамбургер (м)	hámburger
biefstuk (de)	бифтек (м)	bíftek

garnering (de)	прилог (м)	prílog
spaghetti (de)	шпагете (мн)	špagéte
aardappelpuree (de)	кромпир пире (м)	krómpir píre
pizza (de)	пица (ж)	píca
pap (de)	каша (ж)	káša
omelet (de)	омлет (м)	ómlet

gekookt (in water)	кувани	kúvani
gerookt (bn)	димљени	dímljeni
gebakken (bn)	пржени	pŕženi
gedroogd (bn)	сув	suv
diepvries (bn)	замрзнут	zámrznut
gemarineerd (bn)	маринирани	marinírani

zoet (bn)	сладак	sládak
gezouten (bn)	слан	slan
koud (bn)	хладан	hládan
heet (bn)	врућ	vruć
bitter (bn)	горак	górak
lekker (bn)	укусан	úkusan

koken (in kokend water)	барити (nr)	báriti
bereiden (avondmaaltijd ~)	кувати (nr)	kúvati
bakken (ww)	пржити (nr)	pŕžiti
opwarmen (ww)	подгревати (nr)	podgrévati

zouten (ww)	солити (nr)	sóliti
peperen (ww)	биберити (nr)	bíberiti
raspen (ww)	рендати (nr)	réndati
schil (de)	кора (ж)	kóra
schillen (ww)	љуштити (nr)	ljúštiti

50. Kruiden

zout (het)	со (ж)	so
gezouten (bn)	слан	slan
zouten (ww)	солити (nr)	sóliti

zwarte peper (de)	црни бибер (м)	cŕni bíber
rode peper (de)	црвени бибер (м)	cŕveni bíber
mosterd (de)	сенф (м)	senf
mierikswortel (de)	рен, хрен (м)	ren, hren

condiment (het)	зачин (м)	záčin
specerij, kruiderij (de)	зачин (м)	záčin
saus (de)	сос (м)	sos
azijn (de)	сирће (с)	sírće

anijs (de)	анис (м)	ánis
basilicum (de)	босиљак (м)	bósiljak

kruidnagel (de)	каранфил (м)	karánfil
gember (de)	ђумбир (м)	đúmbir
koriander (de)	коријандер (м)	korijánder
kaneel (de/het)	цимет (м)	címet

sesamzaad (het)	сусам (м)	súsam
laurierblad (het)	ловор (м)	lóvor
paprika (de)	паприка (ж)	páprika
komijn (de)	ким (м)	kim
saffraan (de)	шафран (м)	šáfran

51. Maaltijden

eten (het)	храна (ж)	hrána
eten (ww)	јести (нг, пг)	jésti

ontbijt (het)	доручак (м)	dóručak
ontbijten (ww)	доручковати (нг)	dóručkovati
lunch (de)	ручак (м)	rúčak
lunchen (ww)	ручати (нг)	rúčati
avondeten (het)	вечера (ж)	véčera
souperen (ww)	вечерати (нг)	véčerati

eetlust (de)	апетит (м)	apétit
Eet smakelijk!	Пријатно!	Príjatno!

openen (een fles ~)	отварати (пг)	otvárati
morsen (koffie, enz.)	пролити (пг)	próliti
zijn gemorst	пролити се	próliti se

koken (water kookt bij 100°C)	кључати (нг)	kljúčati
koken (Hoe om water te ~)	кључати (пг)	kljúčati
gekookt (~ water)	кувани	kúvani

afkoelen (koeler maken)	охладити (пг)	ohláditi
afkoelen (koeler worden)	охлађивати се	ohlađívati se

smaak (de)	укус (м)	úkus
nasmaak (de)	укус (м)	úkus

volgen een dieet	смршати (нг)	smŕšati
dieet (het)	дијета (ж)	dijéta
vitamine (de)	витамин (м)	vitámin
calorie (de)	калорија (ж)	kalórija

vegetariër (de)	вегетаријанац (м)	vegetarijánac
vegetarisch (bn)	вегетаријански	vegetaríjanski

vetten (mv.)	масти (мн)	másti
eiwitten (mv.)	беланчевине (мн)	belánčevine
koolhydraten (mv.)	угљени хидрати (мн)	úgljeni hidráti
snede (de)	парче (с)	párče
stuk (bijv. een ~ taart)	комад (м)	kómad
kruimel (de)	мрва (ж)	mŕva

52. Tafelschikking

lepel (de)	кашика (ж)	kášika
mes (het)	нож (м)	nož
vork (de)	виљушка (ж)	víljuška
kopje (het)	шоља (ж)	šólja
bord (het)	тањир (м)	tánjir
schoteltje (het)	тацна (ж)	tácna
servet (het)	салвета (ж)	salvéta
tandenstoker (de)	чачкалица (ж)	čáčkalica

53. Restaurant

restaurant (het)	ресторан (м)	restóran
koffiehuis (het)	кафић (м), кафана (ж)	káfić, kafána
bar (de)	бар (м)	bar
tearoom (de)	чајџиница (ж)	čájdžinica
kelner, ober (de)	конобар (м)	kónobar
serveerster (de)	конобарица (ж)	konobárica
barman (de)	бармен (м)	bármen
menu (het)	јеловник (м)	jélovnik
wijnkaart (de)	винска карта (ж)	vínska kárta
een tafel reserveren	резервисати сто	rezervísati sto
gerecht (het)	јело (с)	jélo
bestellen (eten ~)	наручити (пг)	narúčiti
een bestelling maken	наручити	narúčiti
aperitief (de/het)	аперитив (м)	áperitiv
voorgerecht (het)	предјело (с)	prédjelo
dessert (het)	десерт (м)	désert
rekening (de)	рачун (м)	ráčun
de rekening betalen	платити рачун	plátiti ráčun
wisselgeld teruggeven	вратити кусур	vrátiti kúsur
fooi (de)	бакшиш (м)	bákšiš

Familie, verwanten en vrienden

54. Persoonlijke informatie. Formulieren

naam (de)	име (с)	íme
achternaam (de)	презиме (с)	prézime
geboortedatum (de)	датум (м) рођења	dátum rođénja
geboorteplaats (de)	место (с) рођења	mésto rođénja
nationaliteit (de)	националност (ж)	nacionálnost
woonplaats (de)	пребивалиште (с)	prébivalište
land (het)	земља (ж)	zémlja
beroep (het)	професија (ж)	profésija
geslacht (ov. het vrouwelijk ~)	пол (м)	pol
lengte (de)	раст (м)	rast
gewicht (het)	тежина (ж)	težína

55. Familieleden. Verwanten

moeder (de)	мајка (ж)	májka
vader (de)	отац (м)	ótac
zoon (de)	син (м)	sin
dochter (de)	кћи (ж)	kći
jongste dochter (de)	млађа кћи (ж)	mláđa kći
jongste zoon (de)	млађи син (м)	mláđi sin
oudste dochter (de)	најстарија кћи (ж)	nájstarija kći
oudste zoon (de)	најстарији син (м)	nájstariji sin
broer (de)	брат (м)	brat
oudere broer (de)	старији брат (м)	stáriji brat
jongere broer (de)	млађи брат (м)	mláđi brat
zuster (de)	сестра (ж)	séstra
oudere zuster (de)	старија сестра (ж)	stárija séstra
jongere zuster (de)	млађа сестра (ж)	mláđa séstra
neef (zoon van oom, tante)	рођак (м)	róđak
nicht (dochter van oom, tante)	рођака (ж)	róđaka
mama (de)	мама (ж)	máma
papa (de)	тата (м)	táta
ouders (mv.)	родитељи (мн)	róditelji
kind (het)	дете (с)	déte
kinderen (mv.)	деца (мн)	déca
oma (de)	бака (ж)	báka
opa (de)	деда (м)	déda

kleinzoon (de)	унук (м)	únuk
kleindochter (de)	унука (ж)	únuka
kleinkinderen (mv.)	унуци (мн)	únuci

oom (de)	ујак, стриц (м)	újak, stric
tante (de)	ујна, стрина (ж)	újna, strína
neef (zoon van broer, zus)	нећак, сестрић (м)	néćak, séstrić
nicht (dochter van broer, zus)	нећакиња, сестричина (ж)	nećakinja, séstričina

schoonmoeder (de)	ташта (ж)	tášta
schoonvader (de)	свекар (м)	svékar
schoonzoon (de)	зет (м)	zet
stiefmoeder (de)	маћеха (ж)	máćeha
stiefvader (de)	очух (м)	óćuh

zuigeling (de)	беба (ж)	béba
wiegenkind (het)	беба (ж)	béba
kleuter (de)	мало дете (с), беба (ж)	málo déte, béba

vrouw (de)	жена (ж)	žéna
man (de)	муж (м)	muž
echtgenoot (de)	супруг (м)	súprug
echtgenote (de)	супруга (ж)	súpruga

gehuwd (mann.)	ожењен	óženjen
gehuwd (vrouw.)	удата	údata
ongehuwd (mann.)	неожењен	neóženjen
vrijgezel (de)	нежења (м)	néženja
gescheiden (bn)	разведен	razvéden
weduwe (de)	удовица (ж)	udóvica
weduwnaar (de)	удовац (м)	údovac

familielid (het)	рођак (м)	róđak
dichte familielid (het)	блиски рођак (м)	blíski róđak
verre familielid (het)	даљи рођак (м)	dálji róđak
familieleden (mv.)	рођаци (мн)	róđaci

wees (de), weeskind (het)	сироче (с)	siróče
voogd (de)	старатељ (м)	stáratelj
adopteren (een jongen te ~)	усвојити (пг)	usvójiti
adopteren (een meisje te ~)	усвојити (пг)	usvójiti

56. Vrienden. Collega's

vriend (de)	пријатељ (м)	príjatelj
vriendin (de)	пријатељица (ж)	prijatéljica
vriendschap (de)	пријатељство (с)	prijatéljstvo
bevriend zijn (ww)	дружити се	drúžiti se

makker (de)	пријатељ (м)	príjatelj
vriendin (de)	пријатељица (ж)	prijatéljica
partner (de)	партнер (м)	pártner
chef (de)	шеф (м)	šef
baas (de)	начелник (м)	náčelnik

eigenaar (de)	власник (м)	vlásnik
ondergeschikte (de)	потчињени (м)	pótčinjeni
collega (de)	колега (м)	koléga

kennis (de)	познаник (м)	póznanik
medereiziger (de)	сапутник (м)	sáputnik
klasgenoot (de)	школски друг (м)	škólski drug

buurman (de)	комшија (м)	kómšija
buurvrouw (de)	комшиница (ж)	kómšinica
buren (mv.)	комшије (мн)	kómšije

57. Man. Vrouw

vrouw (de)	жена (ж)	žéna
meisje (het)	девојка (ж)	dévojka
bruid (de)	млада, невеста (ж)	mláda, névesta

mooi(e) (vrouw, meisje)	лепа	lépa
groot, grote (vrouw, meisje)	висока	vísoka
slank(e) (vrouw, meisje)	витка	vítka
korte, kleine (vrouw, meisje)	ниска	níska

| blondine (de) | плавуша (ж) | plávuša |
| brunette (de) | црнка (ж) | cŕnka |

dames- (abn)	дамски	dámski
maagd (de)	девица (ж)	dévica
zwanger (bn)	трудна	trúdna

man (de)	мушкарац (м)	muškárac
blonde man (de)	плавушан (м)	plávušan
bruinharige man (de)	бринет (м)	brínet
groot (bn)	висок	vísok
klein (bn)	низак	nízak

onbeleefd (bn)	груб	grub
gedrongen (bn)	здепаст	zdépast
robuust (bn)	јак	jak
sterk (bn)	снажан	snážan
sterkte (de)	снага (ж)	snága

mollig (bn)	дебео	débeo
getaand (bn)	тамнопут, гарав	támnoput, gárav
slank (bn)	витак	vítak
elegant (bn)	елегантан	elegántan

58. Leeftijd

leeftijd (de)	узраст (м), старост (ж)	úzrast, stárost
jeugd (de)	младост (ж)	mládost
jong (bn)	млад	mlad

| jonger (bn) | млађи | mláđi |
| ouder (bn) | старији | stáriji |

jongen (de)	младић (м)	mládić
tiener, adolescent (de)	тинејџер (м)	tinéjdžer
kerel (de)	момак (м)	mómak

| oude man (de) | старац (м) | stárac |
| oude vrouw (de) | старица (ж) | stárica |

volwassen (bn)	одрасла особа (ж)	ódrasla ósoba
van middelbare leeftijd (bn)	средовјечни	srédovječni
bejaard (bn)	постарији	póstariji
oud (bn)	стар	star

pensioen (het)	пензија (ж)	pénzija
met pensioen gaan	отићи у пензију	ótići u pénziju
gepensioneerde (de)	пензионер (м)	penzióner

59. Kinderen

kind (het)	дете (с)	déte
kinderen (mv.)	деца (мн)	déca
tweeling (de)	близанци (мн)	blizánci

wieg (de)	колевка (ж)	kólevka
rammelaar (de)	звечка (ж)	zvéčka
luier (de)	пелена (ж)	pélena

speen (de)	цуцла (ж)	cúcla
kinderwagen (de)	дечија колица (мн)	déčija kolíca
kleuterschool (de)	обданиште (с)	óbdanište
babysitter (de)	дадиља (ж)	dádilja

kindertijd (de)	детињство (с)	detínjstvo
pop (de)	лутка (ж)	lútka
speelgoed (het)	играчка (ж)	ígračka
bouwspeelgoed (het)	конструктор (м)	konstrúktor

welopgevoed (bn)	васпитан	váspitan
onopgevoed (bn)	неваспитан	neváspitan
verwend (bn)	размажен	rázmažen

stout zijn (ww)	бити несташан	bíti néstašan
stout (bn)	несташан	néstašan
stoutheid (de)	несташлук (м)	néstašluk
stouterd (de)	несташко (м)	néstaško

| gehoorzaam (bn) | послушан | póslušan |
| ongehoorzaam (bn) | непослушан | néposlušan |

braaf (bn)	паметан, послушан	pámetan, póslušan
slim (verstandig)	паметан	pámetan
wonderkind (het)	вундеркинд (м)	vúnderkind

60. Gehuwde paren. Gezinsleven

kussen (een kus geven)	љубити (нг)	ljúbiti
elkaar kussen (ww)	љубити се	ljúbiti se
gezin (het)	породица (ж)	pórodica
gezins- (abn)	породични	pórodični
paar (het)	пар (м)	par
huwelijk (het)	брак (м)	brak
thuis (het)	домаће огњиште (c)	domáće ógnjište
dynastie (de)	династија (ж)	dinástija
date (de)	сусрет (м)	súsret
zoen (de)	пољубац (м)	póljubac
liefde (de)	љубав (ж)	ljúbav
liefhebben (ww)	волети (пг)	vóleti
geliefde (bn)	вољени	vóljeni
tederheid (de)	нежност (ж)	néžnost
teder (bn)	нежан	néžan
trouw (de)	верност (ж)	vérnost
trouw (bn)	веран	véran
zorg (bijv. bejaarden~)	брига (ж)	bríga
zorgzaam (bn)	брижан	brížan
jonggehuwden (mv.)	младенци (мн)	mládenci
wittebroodsweken (mv.)	медени месец (м)	médeni mésec
trouwen (vrouw)	удати се	údati se
trouwen (man)	женити се	žéniti se
bruiloft (de)	свадба (ж)	svádba
gouden bruiloft (de)	златна свадба (ж)	zlátna svádba
verjaardag (de)	годишњица (ж)	gódišnjica
minnaar (de)	љубавник (м)	ljúbavnik
minnares (de)	љубавница (ж)	ljúbavnica
overspel (het)	превара (ж)	prévara
overspel plegen (ww)	преварити (пг)	prévariti
jaloers (bn)	љубоморан	ljúbomoran
jaloers zijn (echtgenoot, enz.)	бити љубоморан	bíti ljúbomoran
echtscheiding (de)	развод (м)	rázvod
scheiden (ww)	развести се	rázvesti se
ruzie hebben (ww)	свађати се	sváđati se
vrede sluiten (ww)	мирити се	míriti se
samen (bw)	заједно	zájedno
seks (de)	секс (м)	seks
geluk (het)	срећа (ж)	sréća
gelukkig (bn)	срећан	sréćan
ongeluk (hot)	несрећа (ж)	nésreća
ongelukkig (bn)	несрећан	nésrećan

Karakter. Gevoelens. Emoties

61. Gevoelens. Emoties

gevoel (het)	осећај (м)	ósećaj
gevoelens (mv.)	осећања (мн)	ósećanja
voelen (ww)	осећати (nr)	ósećati
honger (de)	глад (ж)	glád
honger hebben (ww)	бити гладан	bíti gládan
dorst (de)	жеђ (ж)	žeđ
dorst hebben	бити жедан	bíti žédan
slaperigheid (de)	поспаност (ж)	póspanost
willen slapen	бити поспан	bíti póspan
moeheid (de)	умор (м)	úmor
moe (bn)	уморан	úmoran
vermoeid raken (ww)	уморити се	umóriti se
stemming (de)	расположење (c)	raspoložénje
verveling (de)	досада (ж)	dósada
zich vervelen (ww)	досађивати се	dosađívati se
afzondering (de)	самоћа (ж)	samóća
zich afzonderen (ww)	усамити се	usámiti se
bezorgd maken	узнемиравати (nr)	uznemirávati
bezorgd zijn (ww)	бринути се	brínuti se
zorg (bijv. geld~en)	брига (ж)	bríga
ongerustheid (de)	анксиозност (ж)	anksióznost
ongerust (bn)	забринут, преокупиран	zábrinut, preokupiran
zenuwachtig zijn (ww)	бити нервозан	bíti nérvozan
in paniek raken	паничити (нг)	páničiti
hoop (de)	нада (ж)	náda
hopen (ww)	надати се	nádati se
zekerheid (de)	сигурност (ж)	sigúrnost
zeker (bn)	сигуран	síguran
onzekerheid (de)	несигурност (ж)	nesigúrnost
onzeker (bn)	несигуран	nésiguran
dronken (bn)	пијан	píjan
nuchter (bn)	трезан	trézan
zwak (bn)	слаб	slab
gelukkig (bn)	срећан	sréćan
doen schrikken (ww)	уплашити (nr)	úplašiti
toorn (de)	бес (м)	bes
woede (de)	гнев, бес (м)	gnev, bes
depressie (de)	депресија (ж)	deprésija
ongemak (het)	нелагодност (ж)	nelágodnost

gemak, comfort (het)	комфор (м)	kómfor
spijt hebben (ww)	жалити (нг)	žáliti
spijt (de)	жаљење (с)	žáljenje
pech (de)	несрећа (ж)	nésreća
bedroefdheid (de)	туга (ж)	túga

schaamte (de)	стид (м)	stid
pret (de), plezier (het)	весеље (с)	vesélje
enthousiasme (het)	ентузијазам (м)	entuzijázam
enthousiasteling (de)	ентузијаст (м)	entuzíjast
enthousiasme vertonen	показати ентузијазам	pokázati entuzijázam

62. Karakter. Persoonlijkheid

karakter (het)	карактер (м)	karákter
karakterfout (de)	мана (ж)	mána
verstand (het)	ум (м)	um
rede (de)	разум (м)	rázum

geweten (het)	савест (ж)	sávest
gewoonte (de)	навика (ж)	návika
bekwaamheid (de)	способност (ж)	spósobnost
kunnen (bijv., ~ zwemmen)	умети (нг)	úmeti

geduldig (bn)	стрпљив	stŕpljiv
ongeduldig (bn)	нестрпљив	nestŕpljiv
nieuwsgierig (bn)	радознао	radóznao
nieuwsgierigheid (de)	радозналост (ж)	radóznalost

bescheidenheid (de)	скромност (ж)	skrómnost
bescheiden (bn)	скроман	skróman
onbescheiden (bn)	нескроман	néskroman

luiheid (de)	лењост (ж)	lénjost
lui (bn)	лењ	lenj
luiwammes (de)	ленчуга (м)	lénčuga

sluwheid (de)	лукавост (ж)	lúkavost
sluw (bn)	лукав	lúkav
wantrouwen (het)	неповерење (с)	nepoverénje
wantrouwig (bn)	неповерљив	nepovérljiv

gulheid (de)	дарежљивост (ж)	daréžljivost
gul (bn)	дарежљив	daréžljiv
talentrijk (bn)	талентован	tálentovan
talent (het)	таленат (м)	tálenat

moedig (bn)	храбар	hrábar
moed (de)	храброст (ж)	hrábrost
eerlijk (bn)	искрен	ískren
eerlijkheid (de)	искреност (ж)	ískrenost

| voorzichtig (bn) | опрезан | óprezan |
| manhaftig (bn) | одважан | ódvažan |

| ernstig (bn) | озбиљан | ózbiljan |
| streng (bn) | строг | strog |

resoluut (bn)	одлучан	ódlučan
onzeker, irresoluut (bn)	неодлучан	néodlučan
schuchter (bn)	стидљив	stídljiv
schuchterheid (de)	стидљивост (ж)	stídljivost

vertrouwen (het)	поверење (с)	poverénje
vertrouwen (ww)	веровати (нг)	vérovati
goedgelovig (bn)	поверљив	povérljiv

oprecht (bw)	озбиљно	ózbiljno
oprecht (bn)	озбиљан	ózbiljan
oprechtheid (de)	искреност (ж)	ískrenost
open (bn)	отворен	ótvoren

rustig (bn)	тих	tih
openhartig (bn)	искрен	ískren
naïef (bn)	наиван	náivan
verstrooid (bn)	расејан	rasejan
leuk, grappig (bn)	смешан	sméšan

gierigheid (de)	похлепа (ж)	póhlepa
gierig (bn)	похлепан	póhlepan
inhalig (bn)	шкрт	škŕt
kwaad (bn)	зао	záo
koppig (bn)	тврдоглав	tvrdóglav
onaangenaam (bn)	непријатан	néprijatan

egoïst (de)	себичњак (м)	sébičnjak
egoïstisch (bn)	себичан	sébičan
lafaard (de)	кукавица (ж)	kúkavica
laf (bn)	кукавички	kúkavički

63. Slaap. Dromen

slapen (ww)	спавати (нг)	spávati
slaap (in ~ vallen)	спавање (с)	spávanje
droom (de)	сан (м)	san
dromen (in de slaap)	сањати (нг)	sánjati
slaperig (bn)	сањив	sánjiv

bed (het)	кревет (м)	krévet
matras (de)	душек (м)	dúšek
deken (de)	јорган (м)	jórgan
kussen (het)	јастук (м)	jástuk
laken (het)	чаршав (м)	čáršav

slapeloosheid (de)	несаница (ж)	nésanica
slapeloos (bn)	бесан	bésan
slaapmiddel (het)	таблета (ж) за спавање	tabléta za spávanje
slaapmiddel innemen	узети таблету (ж) за спавање	úzeti tablétu za spávanje

willen slapen	бити поспан	bíti póspan
geeuwen (ww)	зевати (нг)	zévati
gaan slapen	ићи на спавање	íći na spávanje
het bed opmaken	намештати кревет	naméštati krévet
inslapen (ww)	заспати (нг)	záspati

nachtmerrie (de)	кошмар (м), мора (ж)	kóšmar, móra
gesnurk (het)	хркање (с)	hŕkanje
snurken (ww)	хркати (нг)	hŕkati

wekker (de)	будилник (м)	búdilnik
wekken (ww)	пробудити (нг)	probúditi
wakker worden (ww)	пробуђивати се	probuđívati se
opstaan (ww)	устајати (нг)	ústajati
zich wassen (ww)	умивати се	umívati se

64. Humor. Gelach. Blijdschap

humor (de)	хумор (м)	húmor
gevoel (het) voor humor	смисао (м) за хумор	smísao za húmor
plezier hebben (ww)	уживати (нг)	užívati
vrolijk (bn)	весео	véseo
pret (de), plezier (het)	весеље (с)	vesélje

glimlach (de)	осмех (м)	ósmeh
glimlachen (ww)	осмехивати се	osmehívati se
beginnen te lachen (ww)	засмејати се	zasméjati se
lachen (ww)	смејати се	sméjati se
lach (de)	смех (м)	smeh

mop (de)	виц (м)	vic
grappig (een ~ verhaal)	смешан	sméšan
grappig (~e clown)	смешан	sméšan

grappen maken (ww)	шалити се	šáliti se
grap (de)	шала (ж)	šála
blijheid (de)	радост (ж)	rádost
blij zijn (ww)	радовати се	rádovati se
blij (bn)	радостан	rádostan

65. Discussie, conversatie. Deel 1

communicatie (de)	општење (с)	ópštenje
communiceren (ww)	комуницирати (нг)	komunicírati

conversatie (de)	разговор (м)	rázgovor
dialoog (de)	дијалог (м)	dijálog
discussie (de)	дискусија (ж)	diskúsija
debat (het)	расправа (ж)	rásprava
debatteren, twisten (ww)	расправљати се	ráspravljati se
gesprekspartner (de)	саговорник (м)	ságovornik
thema (het)	тема (ж)	téma

standpunt (het)	тачка (ж) гледишта	táčka glédišta
mening (de)	мишљење (с)	míšljenje
toespraak (de)	говор (м)	góvor
bespreking (de)	расправа, дискусија (ж)	rásprava, dískusija
bespreken (spreken over)	расправљати (пг)	ráspravljati
gesprek (het)	разговор (м)	rázgovor
spreken (converseren)	разговарати (нг)	razgovárati
ontmoeting (de)	сусрет (м)	súsret
ontmoeten (ww)	сусрести се	súsresti se
spreekwoord (het)	пословица (ж)	póslovica
gezegde (het)	пословица (ж)	póslovica
raadsel (het)	загонетка (ж)	zágonetka
een raadsel opgeven	загонетати (пг)	zagonétati
wachtwoord (het)	лозинка (ж)	lózinka
geheim (het)	тајна (ж)	tájna
eed (de)	заклетва (ж)	zákletva
zweren (een eed doen)	клети се	kléti se
belofte (de)	обећање (с)	obećánje
beloven (ww)	обећати (пг)	obéćati
advies (het)	савет (м)	sávet
adviseren (ww)	саветовати (пг)	sávetovati
advies volgen (iemands ~)	слушати савет	slúšati sávet
luisteren (gehoorzamen)	слушати (пг)	slúšati
nieuws (het)	новост (ж)	nóvost
sensatie (de)	сензација (ж)	senzácija
informatie (de)	информације (мн)	informácije
conclusie (de)	закључак (м)	záključak
stem (de)	глас (м)	glas
compliment (het)	комплимент (м)	kompliмént
vriendelijk (bn)	љубазан	ljúbazan
woord (het)	реч (ж)	reč
zin (de), zinsdeel (het)	фраза (ж)	fráza
antwoord (het)	одговор (м)	ódgovor
waarheid (de)	истина (ж)	ístina
leugen (de)	лаж (ж)	laž
gedachte (de)	мисао (ж)	mísao
idee (de/het)	идеја (ж)	idéja
fantasie (de)	фантазија (ж)	fantázija

66. Discussie, conversatie. Deel 2

gerespecteerd (bn)	поштован	póštovan
respecteren (ww)	поштовати (пг)	poštóvati
respect (het)	поштовање (с)	poštovánje
Geachte ... (brief)	Поштовани, ...	Póštovani, ...
voorstellen (Mag ik jullie ~)	упознати (пг)	upóznati

kennismaken (met …)	упознати се	upóznati se
intentie (de)	намера (ж)	námera
intentie hebben (ww)	намеравати (нг)	namerávati
wens (de)	жеља (ж)	žélja
wensen (ww)	пожелети (пг)	požéleti

verbazing (de)	изненађење (с)	iznenađénje
verbazen (verwonderen)	чудити (пг)	čúditi
verbaasd zijn (ww)	чудити се	čúditi se

geven (ww)	дати (пг)	dáti
nemen (ww)	узети (пг)	úzeti
teruggeven (ww)	вратити (пг)	vrátiti
retourneren (ww)	вратити (пг)	vrátiti

zich verontschuldigen	извињавати се	izvinjávati se
verontschuldiging (de)	извињење (с)	izvinjénje
vergeven (ww)	опраштати (пг)	opráštati

spreken (ww)	разговарати (нг)	razgovárati
luisteren (ww)	слушати (пг)	slúšati
aanhoren (ww)	саслушати (пг)	sáslušati
begrijpen (ww)	разумети (пг)	razúmeti

tonen (ww)	показати (пг)	pokázati
kijken naar …	гледати (пг)	glédati
roepen (vragen te komen)	позвати (пг)	pózvati
afleiden (storen)	сметати (пг)	smétati
storen (lastigvallen)	сметати (пг)	smétati
doorgeven (ww)	предати (пг)	prédati

verzoek (het)	молба (ж)	mólba
verzoeken (ww)	тражити, молити (пг)	trážiti, móliti
eis (de)	захтев (м)	záhtev
eisen (met klem vragen)	захтевати, тражити	zahtévati, trážiti

beledigen	задиркивати (пг)	zadirkívati
(beledigende namen geven)		
uitlachen (ww)	подсмевати се	podsmévati se
spot (de)	подсмех (м)	pódsmeh
bijnaam (de)	надимак (м)	nádimak

zinspeling (de)	наговештај (м)	nágoveštaj
zinspelen (ww)	наговештавати (нг)	nagoveštávati
impliceren (duiden op)	подразумевати (нг)	podrazumévati

beschrijving (de)	опис (м)	ópis
beschrijven (ww)	описати (пг)	opísati
lof (de)	похвала (ж)	póhvala
loven (ww)	похвалити (пг)	pohváliti

teleurstelling (de)	разочарање (с)	razočaránje
teleurstellen (ww)	разочарати (пг)	razočárati
teleurgesteld zijn (ww)	разочарати се	razočárati se
veronderstelling (de)	претпоставка (ж)	prétpostavka
veronderstellen (ww)	претпостављати (пг)	pretpóstavljati

| waarschuwing (de) | упозорење (с) | upozorénje |
| waarschuwen (ww) | упозорити (пг) | upozóriti |

67. Discussie, conversatie. Deel 3

| aanpraten (ww) | наговорити (пг) | nagovóriti |
| kalmeren (kalm maken) | смиривати (пг) | smirívati |

stilte (de)	ћутање (с)	ćútanje
zwijgen (ww)	ћутати (нг)	ćútati
fluisteren (ww)	шапнути (пг)	šápnuti
gefluister (het)	шапат (м)	šápat

| open, eerlijk (bw) | искрено | ískreno |
| volgens mij ... | по мом мишљењу ... | po mom míšljenju ... |

detail (het)	деталь (ж)	détalj
gedetailleerd (bn)	деталан	détaljan
gedetailleerd (bw)	детально	détaljno

| hint (de) | наговештај (м) | nágoveštaj |
| een hint geven | дати миг | dáti mig |

blik (de)	поглед (м)	pógled
een kijkje nemen	погледати (пг)	pógledati
strak (een ~ke blik)	непомичан	nepómičan
knipperen (ww)	трептати (нг)	tréptati
knipogen (ww)	намигнути (нг)	namígnuti
knikken (ww)	климнути (нг)	klímnuti

zucht (de)	уздах (м)	úzdah
zuchten (ww)	уздахнути (нг)	uzdáhnuti
huiveren (ww)	дрхтати (нг)	dŕhtati
gebaar (het)	гест (м)	gest
aanraken (ww)	додирнути (пг)	dodírnuti
grijpen (ww)	хватати (пг)	hvátati
een schouderklopje geven	тапштати (нг)	tápštati

Kijk uit!	Опрез!	Óprez!
Echt?	Стварно?	Stvárno?
Bent je er zeker van?	Да ли си сигуран?	Da li si síguran?
Succes!	Срећно!	Sréćno!
Juist, ja!	Јасно!	Jásno!
Wat jammer!	Штета!	Štéta!

68. Overeenstemming. Weigering

instemming (het)	пристанак (м)	prístanak
instemmen (akkoord gaan)	пристати (нг)	prístati
goedkeuring (de)	одобрење (с)	odobrénje
goedkeuren (ww)	одобрити (пг)	odóbriti
weigering (de)	одбијање (с)	odbíjanje

65

weigeren (ww)	одбијати се	odbíjati se
Geweldig!	Одлично!	Ódlično!
Goed!	Добро!	Dóbro!
Akkoord!	Важи!	Váži!

verboden (bn)	забрањен	zábranjen
het is verboden	забрањено	zabránjeno
het is onmogelijk	немогуће	némoguće
onjuist (bn)	погрешан	pógrešan

afwijzen (ww)	одбити (nr)	ódbiti
steunen	подржати (nr)	podŕžati
(een goed doel, enz.)		
aanvaarden (excuses ~)	прихватити (nr)	príhvatiti

bevestigen (ww)	потврдити (nr)	potvŕditi
bevestiging (de)	потврда (ж)	pótvrda
toestemming (de)	дозвола (ж)	dózvola
toestaan (ww)	дозволити (нг, nr)	dozvóliti
beslissing (de)	одлука (ж)	ódluka
z'n mond houden (ww)	прећутати (нг)	prećútati

voorwaarde (de)	услов (м)	úslov
smoes (de)	изговор (м)	ízgovor
lof (de)	похвала (ж)	póhvala
loven (ww)	похвалити (nr)	pohváliti

69. Succes. Veel geluk. Mislukking

succes (het)	успех (м)	úspeh
succesvol (bw)	успешно	úspešno
succesvol (bn)	успешан	úspešan

geluk (het)	срећа (ж)	sréća
Succes!	Сретно! Срећно!	Srétno! Srećno!
geluks- (bn)	срећан	srećan
gelukkig (fortuinlijk)	срећан	srećan

mislukking (de)	неуспех (м)	néuspeh
tegenslag (de)	неуспех (м)	néuspeh
pech (de)	несрећа (ж)	nésreća
zonder succes (bn)	неуспешан	néuspešan
catastrofe (de)	катастрофа (ж)	katastrófa

fierheid (de)	понос (м)	pónos
fier (bn)	поносан	pónosan
fier zijn (ww)	поносити се	ponósiti se

winnaar (de)	победник (м)	póbednik
winnen (ww)	победити (нг)	pobéditi
verliezen (ww)	изгубити (нг, nr)	izgúbiti
poging (de)	покушај (м)	pókušaj
pogen, proberen (ww)	покушавати (нг)	pokušávati
kans (de)	шанса (ж)	šánsa

70. Ruzies. Negatieve emoties

schreeuw (de)	узвик (м)	úzvik
schreeuwen (ww)	викати (нг)	víkati
beginnen te schreeuwen	почети викати	póčeti víkati
ruzie (de)	свађа (ж)	sváđa
ruzie hebben (ww)	свађати се	sváđati se
schandaal (het)	свађа (ж)	sváđa
schandaal maken (ww)	свађати се	sváđati se
conflict (het)	конфликт (м)	kónflikt
misverstand (het)	неспоразум (м)	nésporazum
belediging (de)	увреда (ж)	úvreda
beledigen	вређати (нг)	vréđati
(met scheldwoorden)		
beledigd (bn)	увређен	úvređen
krenking (de)	кивност (ж)	kívnost
krenken (beledigen)	увредити (нг)	uvréditi
gekwetst worden (ww)	бити киван	biti kívan
verontwaardiging (de)	негодовање (с)	négodovanje
verontwaardigd zijn (ww)	индигнирати се	indignírati se
klacht (de)	жалба (ж)	žálba
klagen (ww)	жалити се	žáliti se
verontschuldiging (de)	извињење (с)	izvinjénje
zich verontschuldigen	извињавати се	izvinjávati se
excuus vragen	извињавати се	izvinjávati se
kritiek (de)	критика (ж)	krítika
bekritiseren (ww)	критиковати (нг)	krítikovati
beschuldiging (de)	оптужба (ж)	óptužba
beschuldigen (ww)	окривљавати (нг)	okrivljávati
wraak (de)	освета (ж)	ósveta
wreken (ww)	освећивати се	osvećívati se
wraak nemen (ww)	отплатити (нг)	otplátiti
minachting (de)	презир (м)	prézir
minachten (ww)	презирати (нг)	prézirati
haat (de)	мржња (ж)	mŕžnja
haten (ww)	мрзети (нг)	mŕzeti
zenuwachtig (bn)	нервозан	nérvozan
zenuwachtig zijn (ww)	бити нервозан	bíti nérvozan
boos (bn)	љут	ljut
boos maken (ww)	разљутити (нг)	razljútiti
vernedering (de)	понижење (с)	poniženje
vernederen (ww)	понижавати (нг)	ponižávati
zich vernederen (ww)	понижавати се	ponižávati se
schok (de)	шок (м)	šok
schokken (ww)	шокирати (нг)	šokírati

onaangenaamheid (de)	неприлика (ж)	neprílika
onaangenaam (bn)	непријатан	néprijatan
vrees (de)	страх (м)	strah
vreselijk (bijv. ~ onweer)	страшан	strášan
eng (bn)	страшан	strášan
gruwel (de)	ужас (м)	úžas
vreselijk (~ nieuws)	ужасан	úžasan
beginnen te beven	почети дрхтати	póčeti dŕhtati
huilen (wenen)	плакати (нг)	plákati
beginnen te huilen (wenen)	заплакати (нг)	záplakati
traan (de)	суза (ж)	súza
schuld (~ geven aan)	грешка (ж)	gréška
schuldgevoel (het)	кривица (ж)	krivíca
schande (de)	срамота (ж)	sramóta
protest (het)	протест (м)	prótest
stress (de)	стрес (м)	stres
storen (lastigvallen)	сметати (пг)	smétati
kwaad zijn (ww)	љутити се	ljútiti se
kwaad (bn)	љут	ljut
beëindigen (een relatie ~)	прекидати (пг)	prekídati
vloeken (ww)	грдити (пг)	gŕditi
schrikken (schrik krijgen)	плашити се	plášiti se
slaan (iemand ~)	ударити (пг)	údariti
vechten (ww)	тући се	túći se
regelen (conflict)	решити (пг)	réšiti
ontevreden (bn)	незадовољан	nézadovoljan
woedend (bn)	бесан	bésan
Dat is niet goed!	То није добро!	To níje dóbro!
Dat is slecht!	То је лоше!	To je lóše!

Geneeskunde

71. Ziekten

ziekte (de)	болест (ж)	bólest
ziek zijn (ww)	боловати (нг)	bolóvati
gezondheid (de)	здравље (с)	zdrávlje
snotneus (de)	кијавица (ж)	kíjavica
angina (de)	ангина (ж)	angína
verkoudheid (de)	прехлада (ж)	préhlada
verkouden raken (ww)	прехладити се	prehláditi se
bronchitis (de)	бронхитис (м)	bronhítis
longontsteking (de)	упала (ж) плућа	úpala plúća
griep (de)	грип (м)	grip
bijziend (bn)	кратковид	kratkóvid
verziend (bn)	далековид	dalekóvid
scheelheid (de)	разрокост (ж)	rázrokost
scheel (bn)	разрок	rázrok
grauwe staar (de)	катаракта (ж)	katarákta
glaucoom (het)	глауком (м)	gláukom
beroerte (de)	мождани удар (м)	móždani údar
hartinfarct (het)	инфаркт (м)	ínfarkt
myocardiaal infarct (het)	инфаркт (м) миокарда	ínfarkt míokarda
verlamming (de)	парализа (ж)	paralíza
verlammen (ww)	парализовати (пг)	parálizovati
allergie (de)	алергија (ж)	alérgija
astma (de/het)	астма (ж)	ástma
diabetes (de)	дијабетес (м)	dijabétes
tandpijn (de)	зубобоља (ж)	zubóbolja
tandbederf (het)	каријес (м)	kárijes
diarree (de)	дијареја (ж), пролив (м)	dijaréja, próliv
constipatie (de)	затвор (м)	zátvor
maagstoornis (de)	лоша пробава (ж)	lóša próbava
voedselvergiftiging (de)	тровање (с)	tróvanje
voedselvergiftiging oplopen	отровати се	otróvati se
artritis (de)	артритис (м)	artrítis
rachitis (de)	рахитис (м)	rahítis
reuma (het)	реуматизам (м)	reumatízam
arteriosclerose (de)	атеросклероза (ж)	ateroskleróza
gastritis (de)	гастритис (м)	gastrítis
blindedarmontsteking (de)	апендицитис (м)	apendicítis

| galblaasontsteking (de) | холециститис (м) | holecístitis |
| zweer (de) | чир (м) | čir |

mazelen (mv.)	мале богиње (мн)	mále bóginje
rodehond (de)	рубеола (ж)	rubéola
geelzucht (de)	жутица (ж)	žútica
leverontsteking (de)	хепатитис (м)	hepatítis

schizofrenie (de)	шизофренија (ж)	šizofrénija
dolheid (de)	беснило (с)	bésnilo
neurose (de)	неуроза (ж)	neuróza
hersenschudding (de)	потрес (м) мозга	pótres mózga

kanker (de)	рак (м)	rak
sclerose (de)	склероза (ж)	skleróza
multiple sclerose (de)	мултипла склероза (ж)	múltipla skleróza

alcoholisme (het)	алкохолизам (м)	alkoholízam
alcoholicus (de)	алкохоличар (м)	alkohóličar
syfilis (de)	сифилис (м)	sífilis
AIDS (de)	Сида (ж)	Sída

tumor (de)	тумор (м)	túmor
kwaadaardig (bn)	малигни, злоћудан	máligni, zlóćudan
goedaardig (bn)	доброћудан	dóbroćudan

koorts (de)	грозница (ж)	gróznica
malaria (de)	маларија (ж)	málarija
gangreen (het)	гангрена (ж)	gangréna
zeeziekte (de)	морска болест (ж)	mórska bólest
epilepsie (de)	епилепсија (ж)	epilépsija

epidemie (de)	епидемија (ж)	epidémija
tyfus (de)	тифус (м)	tífus
tuberculose (de)	туберкулоза (ж)	tuberkulóza
cholera (de)	колера (ж)	koléra
pest (de)	куга (ж)	kúga

72. Symptomen. Behandelingen. Deel 1

symptoom (het)	симптом (м)	símptom
temperatuur (de)	температура (ж)	temperatúra
verhoogde temperatuur (de)	висока температура (ж)	vísoka temperatúra
polsslag (de)	пулс (м)	puls

duizeling (de)	вртоглавица (ж)	vrtóglavica
heet (erg warm)	врућ	vruć
koude rillingen (mv.)	језа (ж)	jéza
bleek (bn)	блед	bled

hoest (de)	кашаљ (м)	kášalj
hoesten (ww)	кашљати (нг)	kášljati
niezen (ww)	кијати (нг)	kíjati
flauwte (de)	несвестица (ж)	nésvestica

flauwvallen (ww)	онесвестити се	onesvéstiti se
blauwe plek (de)	модрица (ж)	módrica
buil (de)	чворуга (ж)	čvóruga
zich stoten (ww)	ударити се	údariti se
kneuzing (de)	озледа (ж)	ózleda
kneuzen (gekneusd zijn)	озледити се	ozléditi se

hinken (ww)	храмати (нг)	hrámati
verstuiking (de)	ишчашење (с)	iščašénje
verstuiken (enkel, enz.)	ишчашити (пг)	íščašiti
breuk (de)	прелом (м)	prélom
een breuk oplopen	задобити прелом	zadóbiti prélom

snijwond (de)	посекотина (ж)	posekótina
zich snijden (ww)	порезати се	pórezati se
bloeding (de)	крварење (с)	krvárenje

| brandwond (de) | опекотина (ж) | opekótina |
| zich branden (ww) | опећи се | ópeći se |

prikken (ww)	убости (пг)	úbosti
zich prikken (ww)	убости се	úbosti se
blesseren (ww)	повредити (пг)	povréditi
blessure (letsel)	повреда (ж)	póvreda
wond (de)	рана (ж)	rána
trauma (het)	траума (ж)	tráuma

ijlen (ww)	бунцати (нг)	búncati
stotteren (ww)	муцати (нг)	múcati
zonnesteek (de)	сунчаница (ж)	súnčanica

73. Symptomen. Behandelingen. Deel 2

| pijn (de) | бол (ж) | bol |
| splinter (de) | трн (м) | trn |

zweet (het)	зној (м)	znoj
zweten (ww)	знојити се	znójiti se
braking (de)	повраћање (с)	póvraćanje
stuiptrekkingen (mv.)	грчеви (мн)	gŕčevi

zwanger (bn)	трудна	trúdna
geboren worden (ww)	родити се	róditi se
geboorte (de)	порођај (м)	pórođaj
baren (ww)	рађати (пг)	ráđati
abortus (de)	абортус, побачај (м)	abórtus, póbačaj

ademhaling (de)	дисање (с)	dísanje
inademing (de)	удисај (м)	údisaj
uitademing (de)	издах (м)	ízdah
uitademen (ww)	издахнути (нг)	izdáhnuti
inademen (ww)	удисати (нг)	údisati
invalide (de)	инвалид (м)	inválid
gehandicapte (de)	богаљ (м)	bógalj

drugsverslaafde (de)	наркоман (м)	nárkoman
doof (bn)	глув	gluv
stom (bn)	нем	nem
doofstom (bn)	глувонем	glúvonem

krankzinnig (bn)	луд	lud
krankzinnige (man)	лудак (м)	lúdak
krankzinnige (vrouw)	луда (ж)	lúda
krankzinnig worden	полудети (нг)	polúdeti

gen (het)	ген (м)	gen
immuniteit (de)	имунитет (м)	imunítet
erfelijk (bn)	наследни	následni
aangeboren (bn)	урођен	úrođen

virus (het)	вирус (м)	vírus
microbe (de)	микроб (м)	míkrob
bacterie (de)	бактерија (ж)	baktérija
infectie (de)	инфекција (ж)	infékcija

74. Symptomen. Behandelingen. Deel 3

ziekenhuis (het)	болница (ж)	bólnica
patiënt (de)	пацијент (м)	pacíjent

diagnose (de)	дијагноза (ж)	dijagnóza
genezing (de)	лечење (с)	léčenje
medische behandeling (de)	медицински третман (м)	médicinski trétman
onder behandeling zijn	лечити се	léčiti se
behandelen (ww)	лечити (нг)	léčiti
zorgen (zieken ~)	неговати (нг)	négovati
ziekenzorg (de)	нега (ж)	néga

operatie (de)	операција (ж)	operácija
verbinden (een arm ~)	превити (нг)	préviti
verband (het)	превијање (с)	prevíjanje

vaccin (het)	вакцинација (ж)	vakcinácija
inenten (vaccineren)	вакцинисати (нг)	vakcinísati
injectie (de)	ињекција (ж)	injékcija
een injectie geven	давати ињекцију	dávati injékciju

aanval (de)	напад (м)	nápad
amputatie (de)	ампутација (ж)	amputácija
amputeren (ww)	ампутирати (нг)	amputírati
coma (het)	кома (ж)	kóma
in coma liggen	бити у коми	bíti u kómi
intensieve zorg, ICU (de)	реанимација (ж)	reanimácija

zich herstellen (ww)	оздрављати (нг)	ódzdravljati
toestand (de)	стање (с)	stánje
bewustzijn (het)	свест (ж)	svest
geheugen (het)	памћење (с)	pámćenje
trekken (een kies ~)	вадити (нг)	váditi

vulling (de)	пломба (ж)	plómba
vullen (ww)	пломбирати (пг)	plombírati

hypnose (de)	хипноза (ж)	hipnóza
hypnotiseren (ww)	хипнотизирати (пг)	hipnotizírati

75. Artsen

dokter, arts (de)	лекар (м)	lékar
ziekenzuster (de)	медицинска сестра (ж)	médicinska séstra
lijfarts (de)	лични лекар (м)	líčni lékar

tandarts (de)	зубар (м)	zúbar
oogarts (de)	окулиста (м)	okulísta
therapeut (de)	терапеут (м)	terapéut
chirurg (de)	хирург (м)	hírurg

psychiater (de)	психијатар (м)	psihijátar
pediater (de)	педијатар (м)	pedíjatar
psycholoog (de)	психолог (м)	psihólog
gynaecoloog (de)	гинеколог (м)	ginekólog
cardioloog (de)	кардиолог (м)	kardiólog

76. Geneeskunde. Medicijnen. Accessoires

geneesmiddel (het)	лек (м)	lek
middel (het)	средство (с)	srédstvo
voorschrijven (ww)	преписивати (пг)	prepisívati
recept (het)	рецепт (м)	récept

tablet (de/het)	таблета (ж)	tabléta
zalf (de)	маст (ж)	mast
ampul (de)	ампула (ж)	ámpula
drank (de)	микстура (ж)	mikstúra
siroop (de)	сируп (м)	sírup
pil (de)	пилула (ж)	pílula
poeder (de/het)	прашак (м)	prášak

verband (het)	завој (м)	závoj
watten (mv.)	вата (ж)	váta
jodium (het)	јод (м)	jod

pleister (de)	фластер (м)	fláster
pipet (de)	пипета (ж)	pipéta
thermometer (de)	термометар (м)	térmometar
spuit (de)	шприц (м)	špric

rolstoel (de)	инвалидска колица (мн)	inválidska kolíca
krukken (mv.)	штаке (мн)	štáke

pijnstiller (de)	аналгетик (м)	analgétik
laxeermiddel (het)	лаксатив (м)	láksativ

spiritus (de)	алкохол (м)	álkohol
medicinale kruiden (mv.)	лековито биље (с)	lékovito bílje
kruiden- (abn)	биљни	bíljni

77. Roken. Tabaksproducten

tabak (de)	дуван (м)	dúvan
sigaret (de)	цигарета (ж)	cigaréta
sigaar (de)	цигара (ж)	cigára
pijp (de)	лула (ж)	lúla
pakje (~ sigaretten)	пакло (с)	páklo

lucifers (mv.)	шибице (мн)	šíbice
luciferdoosje (het)	кутија (ж) шибица	kútija šíbica
aansteker (de)	упаљач (м)	upáljač
asbak (de)	пепељара (ж)	pepéljara
sigarettendoosje (het)	табакера (ж)	tabakéra

sigarettenpijpje (het)	муштикла (ж)	múštikla
filter (de/het)	филтар (м)	fíltar

roken (ww)	пушити (нг, пг)	púšiti
een sigaret opsteken	запалити цигарету	zapáliti cigarétu
roken (het)	пушење (с)	púšenje
roker (de)	пушач (м)	púšač

peuk (de)	опушак (м)	ópušak
rook (de)	дим (м)	dim
as (de)	пепео (м)	pépeo

HET MENSELIJKE LEEFGEBIED

Stad

78. Stad. Het leven in de stad

stad (de)	град (м)	grad
hoofdstad (de)	главни град (м), престоница (ж)	glávni grad, préstonica
dorp (het)	село (с)	sélo
plattegrond (de)	план (м) града	plan gráda
centrum (ov. een stad)	центар (м) града	céntar gráda
voorstad (de)	предграђе (с)	prédgrađe
voorstads- (abn)	приградски	prígradski
randgemeente (de)	предграђе (с)	prédgrađe
omgeving (de)	околина (ж)	ókolina
blok (huizenblok)	четврт (ж)	čétvrt
woonwijk (de)	стамбена четврт (ж)	stámbena četvrt
verkeer (het)	саобраћај (м)	sáobraćaj
verkeerslicht (het)	семафор (м)	sémafor
openbaar vervoer (het)	градски превоз (м)	grádski prévoz
kruispunt (het)	раскрсница (ж)	ráskrsnica
zebrapad (oversteekplaats)	пешачки прелаз (м)	péšački prélaz
onderdoorgang (de)	подземни пролаз (м)	pódzemni prólaz
oversteken (de straat ~)	прелазити (пг)	prélaziti
voetganger (de)	пешак (м)	péšak
trottoir (het)	тротоар (м)	trotóar
brug (de)	мост (м)	most
dijk (de)	кеј (м)	kej
fontein (de)	чесма (ж)	čésma
allee (de)	алеја (ж)	aléja
park (het)	парк (м)	park
boulevard (de)	булевар (м)	bulévar
plein (het)	трг (м)	tȓg
laan (de)	авенија (ж)	avénija
straat (de)	улица (ж)	úlica
zijstraat (de)	споредна улица (ж)	spóredna úlica
doodlopende straat (de)	ћорсокак (м)	ćorsókak
huis (het)	кућа (ж)	kúća
gebouw (het)	зграда (ж)	zgráda
wolkenkrabber (de)	небодер (м)	néboder
gevel (de)	фасада (ж)	fasáda

dak (het)	кров (м)	krov
venster (het)	прозор (м)	prózor
boog (de)	лук (м)	luk
pilaar (de)	колона (ж)	kolóna
hoek (ov. een gebouw)	угао, ћошак (м)	úgao, ćóšak

vitrine (de)	излог (м)	ízlog
gevelreclame (de)	натпис (м)	nátpis
affiche (de/het)	плакат (м)	plákat
reclameposter (de)	рекламни постер (м)	réklamni póster
aanplakbord (het)	билборд (м)	bílbord

vuilnis (de/het)	смеће, ђубре (с)	smeće, đúbre
vuilnisbak (de)	корпа (ж) за смеће	kórpa za sméće
afval weggooien (ww)	бацати ђубре	bácati đúbre
stortplaats (de)	депонија (ж)	depónija

telefooncel (de)	говорница (ж)	góvornica
straatlicht (het)	стуб (м)	stub
bank (de)	клупа (ж)	klúpa

politieagent (de)	полицајац (м)	policájac
politie (de)	полиција (ж)	polícija
zwerver (de)	просјак (м)	prósjak
dakloze (de)	бескућник (м)	béskućnik

79. Stedelijke instellingen

winkel (de)	продавница (ж)	pródavnica
apotheek (de)	апотека (ж)	apotéka
optiek (de)	оптика (ж)	óptika
winkelcentrum (het)	тржни центар (м)	tržni céntar
supermarkt (de)	супермаркет (м)	supermárket

bakkerij (de)	пекара (ж)	pékara
bakker (de)	пекар (м)	pékar
banketbakkerij (de)	посластичарница (ж)	poslastičárnica
kruidenier (de)	бакалница (ж)	bakálnica
slagerij (de)	месара (ж)	mésara

| groentewinkel (de) | пиљарница (ж) | píljarnica |
| markt (de) | пијаца (ж) | píjaca |

koffiehuis (het)	кафић (м), кафана (ж)	káfić, kafána
restaurant (het)	ресторан (м)	restóran
bar (de)	пивница (ж)	pívnica
pizzeria (de)	пицерија (ж)	picérija

kapperssalon (de/het)	фризерски салон (м)	frízerski sálon
postkantoor (het)	пошта (ж)	póšta
stomerij (de)	хемијско чишћење (с)	hémijsko číšćenje
fotostudio (de)	фото атеље (м)	fóto atélje
schoenwinkel (de)	продавница (ж) обуће	pródavnica óbuće
boekhandel (de)	књижара (ж)	knjížara

sportwinkel (de)	спортска радња (ж)	spórtska rádnja
kledingreparatie (de)	поправка (ж) одеће	pópravka ódeće
kledingverhuur (de)	изнајмљивање (с) одеће	iznajmljívanje ódeće
videotheek (de)	изнајмљивање (с) филмова	iznajmljívanje fílmova

circus (de/het)	циркус (м)	církus
dierentuin (de)	зоолошки врт (м)	zoóloški vŕt
bioscoop (de)	биоскоп (м)	bíoskop
museum (het)	музеј (м)	múzej
bibliotheek (de)	библиотека (ж)	bibliotéka

theater (het)	позориште (с)	pózorište
opera (de)	опера (ж)	ópera
nachtclub (de)	ноћни клуб (м)	nóćni klub
casino (het)	коцкарница (ж)	kóckarnica

moskee (de)	џамија (ж)	džámija
synagoge (de)	синагога (ж)	sinagóga
kathedraal (de)	катедрала (ж)	katedrála
tempel (de)	храм (м)	hram
kerk (de)	црква (ж)	cŕkva

instituut (het)	институт (м)	instítut
universiteit (de)	универзитет (м)	univerzitét
school (de)	школа (ж)	škóla

gemeentehuis (het)	управа (ж)	úprava
stadhuis (het)	градска кућа (ж)	grádska kúća
hotel (het)	хотел (м)	hótel
bank (de)	банка (ж)	bánka

ambassade (de)	амбасада (ж)	ambasáda
reisbureau (het)	туристичка агенција (ж)	turística agéncija
informatieloket (het)	биро (с) за информације	bíro za informácije
wisselkantoor (het)	мењачница (ж)	menjáčnica

| metro (de) | метро (м) | métro |
| ziekenhuis (het) | болница (ж) | bólnica |

| benzinestation (het) | бензинска станица (ж) | bénzinska stánica |
| parking (de) | паркиралиште (с) | parkíralište |

80. Borden

gevelreclame (de)	натпис (м)	nátpis
opschrift (het)	натпис (м)	nátpis
poster (de)	плакат (м)	plákat
wegwijzer (de)	путоказ (м)	pútokaz
pijl (de)	стрелица (ж)	strélica

waarschuwing (verwittiging)	упозорење (с)	upozorénje
waarschuwingsbord (het)	знак (м) упозорења	znak upozorénja
waarschuwen (ww)	упозорити (пг)	upozóriti

77

vrije dag (de)	слободан дан (м)	slóbodan dan
dienstregeling (de)	распоред (м)	ráspored
openingsuren (mv.)	радно време (с)	rádno vréme

WELKOM!	ДОБРО ДОШЛИ!	DOBRO DOŠLI!
INGANG	УЛАЗ	ULAZ
UITGANG	ИЗЛАЗ	IZLAZ

DUWEN	ГУРАЈ	GURAJ
TREKKEN	ВУЦИ	VUCI
OPEN	ОТВОРЕНО	OTVORENO
GESLOTEN	ЗАТВОРЕНО	ZATVORENO

| DAMES | ЖЕНЕ | ŽENE |
| HEREN | МУШКАРЦИ | MUŠKARCI |

KORTING	ПОПУСТИ	POPUSTI
UITVERKOOP	РАСПРОДАЈА	RASPRODAJA
NIEUW!	НОВО!	NOVO!
GRATIS	БЕСПЛАТНО	BESPLATNO

PAS OP!	ПАЖЊА!	PAŽNJA!
VOLGEBOEKT	НЕМА СЛОБОДНИХ СОБА	NEMA SLOBODNIH SOBA
GERESERVEERD	РЕЗЕРВИСАНО	REZERVISANO

| ADMINISTRATIE | УПРАВА | UPRAVA |
| ALLEEN VOOR PERSONEEL | САМО ЗА ОСОБЉЕ | SAMO ZA OSOBLJE |

GEVAARLIJKE HOND	ЧУВАЈ СЕ ПСА	ČUVAJ SE PSA
VERBODEN TE ROKEN!	ЗАБРАЊЕНО ПУШЕЊЕ	ZABRANJENO PUŠENJE
NIET AANRAKEN!	НЕ ДИРАТИ	NE DIRATI

GEVAARLIJK	ОПАСНО	OPASNO
GEVAAR	ОПАСНОСТ	OPASNOST
HOOGSPANNING	ВИСОКИ НАПОН	VISOKI NAPON
VERBODEN TE ZWEMMEN	ЗАБРАЊЕНО КУПАЊЕ	ZABRANJENO KUPANJE
BUITEN GEBRUIK	НЕ РАДИ	NE RADI

ONTVLAMBAAR	ЗАПАЉИВО	ZAPALJIVO
VERBODEN	ЗАБРАЊЕНО	ZABRANJENO
DOORGANG VERBODEN	ЗАБРАЊЕН ПРОЛАЗ	ZABRANJEN PROLAZ
OPGELET PAS GEVERFD	СВЕЖЕ ОФАРБАНО	SVEŽE OFARBANO

81. Stedelijk vervoer

bus, autobus (de)	аутобус (м)	autóbus
tram (de)	трамвај (м)	trámvaj
trolleybus (de)	тролејбус (м)	troléjbus
route (de)	маршрута (ж)	maršrúta
nummer (busnummer, enz.)	број (м)	broj

| rijden met ... | ићи ... | íći ... |
| stappen (in de bus ~) | ући у ... | úći u ... |

afstappen (ww)	сићи (нг), изаћи из ...	síći, ízaći iz ...
halte (de)	станица (ж)	stánica
volgende halte (de)	следећа станица (ж)	slédeća stánica
eindpunt (het)	последња станица (ж)	póslednja stánica
dienstregeling (de)	ред (м) вожње	red vóžnje
wachten (ww)	чекати (нг, пг)	čékati
kaartje (het)	карта (ж)	kárta
reiskosten (de)	цена (ж) карте	céna kárte
kassier (de)	благајник (м)	blágajnik
kaartcontrole (de)	контрола (ж)	kontróla
controleur (de)	контролер (м)	kontróler
te laat zijn (ww)	каснити (нг)	kásniti
missen (de bus ~)	пропустити (пг)	propústiti
zich haasten (ww)	журити (нг)	žúriti
taxi (de)	такси (м)	táksi
taxichauffeur (de)	таксиста (м)	táksista
met de taxi (bw)	таксијем	táksijem
taxistandplaats (de)	такси станица (ж)	táksi stánica
een taxi bestellen	позвати такси	pózvati táksi
een taxi nemen	узети такси	úzeti taksi
verkeer (het)	саобраћај (м)	sáobraćaj
file (de)	гужва (ж)	gúžva
spitsuur (het)	шпиц (м)	špic
parkeren (on.ww.)	паркирати се	parkírati se
parkeren (ov.ww.)	паркирати (пг)	parkírati
parking (de)	паркиралиште (с)	parkíralište
metro (de)	метро (м)	métro
halte (bijv. kleine treinhalte)	станица (ж)	stánica
de metro nemen	ићи метроом	ići metróom
trein (de)	воз (м)	voz
station (treinstation)	железничка станица (ж)	žélezníčka stánica

82. Bezienswaardigheden

monument (het)	споменик (м)	spómenik
vesting (de)	тврђава (ж)	tvŕđava
paleis (het)	палата (ж)	paláta
kasteel (het)	замак (м)	zámak
toren (de)	кула (ж)	kúla
mausoleum (het)	маузолеј (м)	mauzólej
architectuur (de)	архитектура (ж)	arhitektúra
middeleeuws (bn)	средњовековни	srednjovékovni
oud (bn)	старински	starínski
nationaal (bn)	национални	nacionálni
bekend (bn)	чувен	čúven
toerist (de)	туриста (м)	turísta
gids (de)	водич (м)	vódič

rondleiding (de)	екскурзија (ж)	ekskúrzija
tonen (ww)	показивати (нг)	pokazívati
vertellen (ww)	причати (нг)	príčati

vinden (ww)	наћи (нг)	náći
verdwalen (de weg kwijt zijn)	изгубити се	izgúbiti se
plattegrond (~ van de metro)	мапа (ж)	mápa
plattegrond (~ van de stad)	план (м)	plan

souvenir (het)	сувенир (м)	suvénir
souvenirwinkel (de)	продавница (ж) сувенира	pródavnica suveníra
foto's maken	сликати (нг)	slíkati
zich laten fotograferen	сликати се	slíkati se

83. Winkelen

kopen (ww)	куповати (нг)	kupóvati
aankoop (de)	куповина (ж)	kupóvina
winkelen (ww)	ићи у шопинг	íći u šóping
winkelen (het)	куповина (ж)	kupóvina

open zijn (ov. een winkel, enz.)	бити отворен	bíti ótvoren
gesloten zijn (ww)	бити затворен	bíti zátvoren

schoeisel (het)	обућа (ж)	óbuća
kleren (mv.)	одећа (ж)	ódeća
cosmetica (mv.)	козметика (ж)	kozmétika
voedingswaren (mv.)	намирнице (мн)	námirnice
geschenk (het)	поклон (м)	póklon

verkoper (de)	продавач (м)	prodávač
verkoopster (de)	продавачица (ж)	prodaváčica

kassa (de)	благајна (ж)	blágajna
spiegel (de)	огледало (с)	oglédalo
toonbank (de)	тезга (ж)	tézga
paskamer (de)	кабина (ж)	kabína

aanpassen (ww)	пробати (нг)	próbati
passen (ov. kleren)	пристајати (нг)	prístajati
bevallen (prettig vinden)	свиђати се	svíđati se

prijs (de)	цена (ж)	céna
prijskaartje (het)	ценовник (м)	cénovnik
kosten (ww)	коштати (нг)	kóštati
Hoeveel?	Колико?	Kolíko?
korting (de)	попуст (м)	pópust

niet duur (bn)	није скуп	níje skup
goedkoop (bn)	јефтин	jéftin
duur (bn)	скуп	skup
Dat is duur.	То је скупо	To je skúpo
verhuur (de)	изнајмљивање (с)	iznajmljívanje

huren (smoking, enz.)	изнајмити (пг)	iznájmiti
krediet (het)	кредит (м)	krédit
op krediet (bw)	на кредит	na krédit

84. Geld

geld (het)	новац (м)	nóvac
ruil (de)	размена (ж)	rázmena
koers (de)	курс (м)	kurs
geldautomaat (de)	банкомат (м)	bánkomat
muntstuk (de)	новчић (м)	nóvčić

dollar (de)	долар (м)	dólar
euro (de)	евро (м)	évro

lire (de)	италијанска лира (ж)	itálijanska líra
Duitse mark (de)	немачка марка (ж)	némačka márka
frank (de)	франак (м)	frának
pond sterling (het)	фунта (ж)	fúnta
yen (de)	јен (м)	jen

schuld (geldbedrag)	дуг (м)	dug
schuldenaar (de)	дужник (м)	dúžnik
uitlenen (ww)	посудити	posúditi
lenen (geld ~)	позајмити (пг)	pozájmiti

bank (de)	банка (ж)	bánka
bankrekening (de)	рачун (м)	ráčun
storten (ww)	положити (пг)	polóžiti
op rekening storten	положити на рачун	polóžiti na ráčun
opnemen (ww)	подићи са рачуна	pódići sa račúna

kredietkaart (de)	кредитна картица (ж)	kréditna kártica
baar geld (het)	готовина (ж)	gótovina
cheque (de)	чек (м)	ček
een cheque uitschrijven	написати чек	napísati ček
chequeboekje (het)	чековна књижица (ж)	čékovna knjížica

portefeuille (de)	новчаник (м)	novčánik
geldbeugel (de)	новчаник (м)	novčánik
safe (de)	сеф (м)	sef

erfgenaam (de)	наследник (м)	následnik
erfenis (de)	наследство (с)	následstvo
fortuin (het)	богатство (с)	bogátstvo

huur (de)	закуп, најам (м)	zákup, nájam
huurprijs (de)	станарина (ж)	stánarina
huren (huis, kamer)	изнајмити (пг)	iznájmiti

prijs (de)	цена (ж)	céna
kostprijs (de)	вредност (ж)	vrédnost
som (de)	износ (м)	íznos
uitgeven (geld besteden)	трошити (пг)	tróšiti

kosten (mv.)	трошкови (мн)	tróškovi
bezuinigen (ww)	штедети (нг, пг)	štédeti
zuinig (bn)	штедљив	štédljiv

betalen (ww)	платити (нг, пг)	plátiti
betaling (de)	плаћање (с)	pláćanje
wisselgeld (het)	кусур (м)	kúsur

belasting (de)	порез (м)	pórez
boete (de)	новчана казна (ж)	nóvčana kázna
beboeten (bekeuren)	кажњавати (пг)	kažnjávati

85. Post. Postkantoor

postkantoor (het)	пошта (ж)	póšta
post (de)	пошта (ж)	póšta
postbode (de)	поштар (м)	póštar
openingsuren (mv.)	радно време (с)	rádno vréme

brief (de)	писмо (с)	písmo
aangetekende brief (de)	препоручено писмо (с)	préporučeno písmo
briefkaart (de)	разгледница (ж)	rázglednica
telegram (het)	телеграм (м)	télegram
postpakket (het)	пакет (м)	páket
overschrijving (de)	пренос (м) новца	prénos nóvca

ontvangen (ww)	примити (пг)	prímiti
sturen (zenden)	послати (пг)	póslati
verzending (de)	слање (с)	slánje

adres (het)	адреса (ж)	adrésa
postcode (de)	поштански број (м)	póštanski broj
verzender (de)	пошиљалац (м)	póšiljalac
ontvanger (de)	прималац (м)	prímalac

| naam (de) | име (с) | íme |
| achternaam (de) | презиме (с) | prézime |

tarief (het)	тарифа (ж)	tarífa
standaard (bn)	обичан	óbičan
zuinig (bn)	економичан	ekónomičan

gewicht (het)	тежина (ж)	težína
afwegen (op de weegschaal)	вагати (пг)	vágati
envelop (de)	коверат (м)	kovérat
postzegel (de)	поштанска марка (ж)	poštanska márka
een postzegel plakken op	лепити марку	lépiti márku

Woning. Huis. Thuis

huis (het)	кућа (ж)	kúća
thuis (bw)	код куће	kod kúće
cour (de)	двориште (с)	dvórište
omheining (de)	ограда (ж)	ógrada
baksteen (de)	опека, цигла (ж)	ópeka, cígla
van bakstenen	циглени	cígleni
steen (de)	камен (м)	kámen
stenen (bn)	камени	kámeni
beton (het)	бетон (м)	béton
van beton	бетонски	bétonski
nieuw (bn)	нов	nov
oud (bn)	стар	star
vervallen (bn)	трошан	tróšan
modern (bn)	савремен	sávremen
met veel verdiepingen	вишеспратни	višesprátni
hoog (bn)	висок	vísok
verdieping (de)	спрат (м)	sprat
met een verdieping	једноспратан	jédnospratan
laagste verdieping (de)	приземље (с)	prízemlje
bovenverdieping (de)	горњи спрат (м)	górnji sprat
dak (het)	кров (м)	krov
schoorsteen (de)	димњак (м)	dímnjak
dakpan (de)	цреп (м)	crep
pannen- (abn)	поплочан, од црепа	pópločan, od crépa
zolder (de)	поткровље (с), таван (м)	pótkrovlje, távan
venster (het)	прозор (м)	prózor
glas (het)	стакло (с)	stáklo
vensterbank (de)	прозорска даска (ж)	prózorska dáska
luiken (mv.)	прозорски капци (мн)	prózorski kápci
muur (de)	зид (м)	zid
balkon (het)	балкон (м)	bálkon
regenpijp (de)	олучна цев (ж)	ólučna cev
boven (bw)	на горњем спрату	na górnjem sprátu
naar boven gaan (ww)	пењати се	pénjati se
afdalen (on.ww.)	спуштати се	spúštati se
verhuizen (ww)	преселити се	preséliti se

87. Huis. Ingang. Lift

ingang (de)	улаз (м)	úlaz
trap (de)	степениште (c)	stépenište
treden (mv.)	степенице (мн)	stépenice
trapleuning (de)	ограда (ж) за степенице	ógrada za stépenice
hal (de)	хол (м)	hol
postbus (de)	поштанско сандуче (c)	póštansko sánduče
vuilnisbak (de)	канта (ж) за ђубре	kánta za đúbre
vuilniskoker (de)	одводна цев (ж) за ђубре	ódvodna cev za đúbre
lift (de)	лифт (м)	lift
goederenlift (de)	теретни лифт (м)	téretni lift
liftcabine (de)	кабина (ж)	kabína
de lift nemen	возити се лифтом	vóziti se líftom
appartement (het)	стан (м)	stan
bewoners (mv.)	станари (мн)	stánari
buurman (de)	комшија (м)	kómšija
buurvrouw (de)	комшиница (ж)	kómšinica
buren (mv.)	комшије (мн)	kómšije

88. Huis. Elektriciteit

elektriciteit (de)	струја (ж)	strúja
lamp (de)	сијалица (ж)	síjalica
schakelaar (de)	прекидач (м)	prekídač
zekering (de)	осигурач (м)	osigúrač
draad (de)	жица (ж), кабл (м)	žíca, kabl
bedrading (de)	електрична инсталација (ж)	eléktrična instalácija
elektriciteitsmeter (de)	струјомер (м)	strújomer
gegevens (mv.)	стање (c)	stánje

89. Huis. Deuren. Sloten

deur (de)	врата (мн)	vráta
toegangspoort (de)	капија (ж)	kápija
deurkruk (de)	квака (ж)	kváka
ontsluiten (ontgrendelen)	откључати (пг)	otključati
openen (ww)	отварати (пг)	otvárati
sluiten (ww)	затварати (пг)	zatvárati
sleutel (de)	кључ (м)	ključ
sleutelbos (de)	свежањ (м)	svéžanj
knarsen (bijv. scharnier)	шкрипати (пг)	škrípati
knarsgeluid (het)	шкрипа (ж)	škrípa
scharnier (het)	шарка (ж)	šárka
deurmat (de)	отирач (м)	otírač

slot (het)	брава (ж)	bráva
sleutelgat (het)	кључаоница (ж)	ključaónica
grendel (de)	засун (м)	zásun
schuif (de)	реза (ж)	réza
hangslot (het)	катанац (м)	kátanac

aanbellen (ww)	звонити (нг)	zvóniti
bel (geluid)	звоно (с)	zvóno
deurbel (de)	звонце (с)	zvónce
belknop (de)	дугме (с)	dúgme
geklop (het)	куцање (с)	kúcanje
kloppen (ww)	куцати (нг)	kúcati

code (de)	код (м)	kod
cijferslot (het)	брава (ж) са шифром	bráva sa šífrom
parlofoon (de)	интерфон (м)	ínterfon
nummer (het)	број (м)	broj
naambordje (het)	плочица (ж) на вратима	plóčica na vrátima
deurspion (de)	шпијунка (ж)	špíjunka

90. Huis op het platteland

dorp (het)	село (с)	sélo
moestuin (de)	повртњак (м)	póvrtnjak
hek (het)	ограда (ж)	ógrada
houten hekwerk (het)	дрвена ограда (ж)	dŕvena ógrada
tuinpoortje (het)	капија (ж), капиџик (м)	kápija, kapídžik

graanschuur (de)	амбар (м)	ámbar
wortelkelder (de)	подрум (м)	pódrum
schuur (de)	шупа (ж)	šúpa
waterput (de)	бунар (м)	búnar

kachel (de)	пећ (ж)	peć
de kachel stoken	ложити пећ	lóžiti peć
brandhout (het)	дрва (мн)	dŕva
houtblok (het)	цепаница (ж)	cépanica

veranda (de)	веранда (ж)	veránda
terras (het)	тераса (ж)	terása
bordes (het)	трем (м)	trem
schommel (de)	љуљашка (ж)	ljúljaška

91. Villa. Herenhuis

landhuisje (het)	сеоска кућа (ж)	séoska kúća
villa (de)	вила (ж)	víla
vleugel (de)	крило (с)	krílo

tuin (de)	врт (м)	vŕt
park (het)	парк (м)	park
oranjerie (de)	стакленик (м)	stáklenik

onderhouden (tuin, enz.)	припазити на ...	pripaziti na ...
zwembad (het)	базен (м)	bázen
gym (het)	теретана (ж)	teretána
tennisveld (het)	тениски терен (м)	téniski téren
bioscoopkamer (de)	кућни биоскоп (м)	kúćni bíoskop
garage (de)	гаража (ж)	garáža
privé-eigendom (het)	приватна својина (ж)	prívatna svójina
eigen terrein (het)	приватни посед (м)	prívatni pósed
waarschuwing (de)	упозорење (с)	upozorénje
waarschuwingsbord (het)	знак (м) упозорења	znak upozorénja
bewaking (de)	обезбеђење (с)	obezbeđénje
bewaker (de)	чувар (м)	čúvar
inbraakalarm (het)	аларм (м)	alárm

92. Kasteel. Paleis

kasteel (het)	замак (м)	zámak
paleis (het)	палата (ж)	paláta
vesting (de)	тврђава (ж)	tvŕđava
ringmuur (de)	зид (м)	zid
toren (de)	кула (ж)	kúla
donjon (de)	главна кула (ж)	glávna kúla
valhek (het)	подизна решетка (ж)	pódizna réšetka
onderaardse gang (de)	подземни пролаз (м)	pódzemni prólaz
slotgracht (de)	шанац (м)	šánac
ketting (de)	ланац (м)	lánac
schietgat (het)	пушкарница (ж)	púškarnica
prachtig (bn)	велелепан	velelépan
majestueus (bn)	величанствен	veličánstven
onneembaar (bn)	неосвојив	neosvójiv
middeleeuws (bn)	средњовековни	srednjovékovni

93. Appartement

appartement (het)	стан (м)	stan
kamer (de)	соба (ж)	sóba
slaapkamer (de)	спаваћа соба (ж)	spávaća sóba
eetkamer (de)	трпезарија (ж)	trpezárija
salon (de)	дневна соба (ж)	dnévna sóba
studeerkamer (de)	кабинет (м)	kabínet
gang (de)	ходник (м)	hódnik
badkamer (de)	купатило (с)	kupátilo
toilot (hot)	тоалет (м)	toálet
plafond (het)	плафон (м)	pláfon
vloer (de)	под (м)	pod
hoek (de)	угао, ћошак (м)	úgao, ćóšak

94. Appartement. Schoonmaken

schoonmaken (ww)	поспремати (пг)	posprémati
opbergen (in de kast, enz.)	склонити (пг)	sklóniti
stof (het)	прашина (ж)	prášina
stoffig (bn)	прашњав	prášnjav
stoffen (ww)	брисати прашину	brísati prášinu
stofzuiger (de)	усисивач (м)	usisívač
stofzuigen (ww)	усисавати (нг, пг)	usisávati
vegen (de vloer ~)	мести (нг, пг)	mésti
veegsel (het)	прљавштина (ж)	prljávština
orde (de)	ред (м)	red
wanorde (de)	неред (м)	néred
zwabber (de)	џогер (м)	džóger
poetsdoek (de)	крпа (ж)	kŕpa
veger (de)	метла (ж)	métla
stofblik (het)	ђубровник (м)	đúbrovnik

95. Meubels. Interieur

meubels (mv.)	намештај (м)	námeštaj
tafel (de)	сто (м)	sto
stoel (de)	столица (ж)	stólica
bed (het)	кревет (м)	krévet
bankstel (het)	диван (м)	dívan
fauteuil (de)	фотеља (ж)	fotélja
boekenkast (de)	орман (м) за књиге	órman za knjíge
boekenrek (het)	полица (ж)	pólica
kledingkast (de)	орман (м)	órman
kapstok (de)	вешалица (ж)	véšalica
staande kapstok (de)	чивилук (м)	číviluk
commode (de)	комода (ж)	komóda
salontafeltje (het)	столиц (м) за кафу	stólic za kafu
spiegel (de)	огледало (с)	oglédalo
tapijt (het)	тепих (м)	tépih
tapijtje (het)	ћилимче (с)	ćilímče
haard (de)	камин (м)	kámin
kaars (de)	свећа (ж)	svéća
kandelaar (de)	свећњак (м)	svéćnjak
gordijnen (mv.)	завесе (мн)	závese
behang (het)	тапете (мн)	tapéte
jaloezie (de)	ролетна (ж)	róletna
bureaulamp (de)	стона лампа (ж)	stóna lámpa
wandlamp (de)	зидна светиљка (ж)	zídna svétiljka

staande lamp (de)	подна лампа (ж)	pódna lámpa
luchter (de)	лустер (м)	lúster

poot (ov. een tafel, enz.)	нога (ж)	nóga
armleuning (de)	наслон (м) за руку	náslon za rúku
rugleuning (de)	наслон (м)	náslon
la (de)	фиока (ж)	fióka

96. Beddengoed

beddengoed (het)	постељина (ж)	posteljína
kussen (het)	јастук (м)	jástuk
kussenovertrek (de)	јастучница (ж)	jástučnica
deken (de)	јорган (м)	jórgan
laken (het)	чаршав (м)	čáršav
sprei (de)	покривач (м)	pokrívač

97. Keuken

keuken (de)	кухиња (ж)	kúhinja
gas (het)	гас (м)	gas
gasfornuis (het)	плински шпорет (м)	plínski špóret
elektrisch fornuis (het)	електрични шпорет (м)	eléktrični šporet
oven (de)	рерна (ж)	rérna
magnetronoven (de)	микроталасна рерна (ж)	mikrotálasna rérna

koelkast (de)	фрижидер (м)	frížider
diepvriezer (de)	замрзивач (м)	zamrzívač
vaatwasmachine (de)	машина (ж) за прање судова	mašína za pránje súdova

vleesmolen (de)	млин (м) за месо	mlin za méso
vruchtenpers (de)	соковник (м)	sókovnik
toaster (de)	тостер (м)	tóster
mixer (de)	миксер (м)	míkser

koffiemachine (de)	апарат (м) за кафу	apárat za káfu
koffiepot (de)	лонче (с) за кафу	lónče za káfu
koffiemolen (de)	млин (м) за кафу	mlin za káfu

fluitketel (de)	кувало, чајник (м)	kúvalo, čájnik
theepot (de)	чајник (м)	čájnik
deksel (de/het)	поклопац (м)	póklopac
theezeefje (het)	цедиљка (ж)	cédiljka

lepel (de)	кашика (ж)	kášika
theelepeltje (het)	кашичица (ж)	kášičica
eetlepel (de)	супена кашика (ж)	súpena kášika
vork (de)	виљушка (ж)	víljuška
mes (het)	нож (м)	nož
vaatwerk (het)	посуђе (с)	pósuđe
bord (het)	тањир (м)	tánjir

schoteltje (het)	тацна (ж)	tácna
likeurglas (het)	чашица (ж)	čášica
glas (het)	чаша (ж)	čáša
kopje (het)	шоља (ж)	šólja

suikerpot (de)	шећерница (ж)	šéćernica
zoutvat (het)	сланик (м)	slánik
pepervat (het)	биберница (ж)	bíbernica
boterschaaltje (het)	посуда (ж) за маслац	pósuda za máslac

pan (de)	шерпа (ж), лонац (м)	šerpa, lónac
bakpan (de)	тигањ (м)	tíganj
pollepel (de)	кутлача (ж)	kútlača
vergiet (de/het)	цедиљка (ж)	cédiljka
dienblad (het)	послужавник (м)	poslúžavnik

fles (de)	боца, флаша (ж)	bóca, fláša
glazen pot (de)	тегла (ж)	tégla
blik (conserven~)	лименка (ж)	límenka

flesopener (de)	отварач (м)	otvárač
blikopener (de)	отварач (м)	otvárač
kurkentrekker (de)	вадичеп (м)	vádičep
filter (de/het)	филтар (м)	fíltar
filteren (ww)	филтрирати (пг)	filtrírati

| huisvuil (het) | смеће, ђубре (с) | smeće, ðúbre |
| vuilnisemmer (de) | канта (ж) за ђубре | kánta za ðúbre |

98. Badkamer

badkamer (de)	купатило (с)	kupátilo
water (het)	вода (ж)	vóda
kraan (de)	славина (ж)	slávina
warm water (het)	топла вода (ж)	tópla vóda
koud water (het)	хладна вода (ж)	hládna vóda

tandpasta (de)	паста (ж) за зубе	pásta za zúbe
tanden poetsen (ww)	прати зубе	práti zúbe
tandenborstel (de)	четкица (ж) за зубе	čétkica za zúbe

zich scheren (ww)	бријати се	bríjati se
scheercrème (de)	пена (ж) за бријање	péna za bríjanje
scheermes (het)	бријач (м)	bríjač

wassen (ww)	прати (пг)	práti
een bad nemen	купати се	kúpati se
douche (de)	туш (м)	tuš
een douche nemen	туширати се	tušírati se

bad (het)	када (ж)	káda
toiletpot (de)	ВЦ шоља (ж)	VC šólja
wastafel (de)	лавабо (м)	lavábo
zeep (de)	сапун (м)	sápun

zeepbakje (het)	кутија (ж) за сапун	kútija za sápun
spons (de)	сунђер (м)	súnđer
shampoo (de)	шампон (м)	šámpon
handdoek (de)	пешкир (м)	péškir
badjas (de)	баде мантил (м)	báde mántil

was (bijv. handwas)	прање (с)	pránje
wasmachine (de)	веш машина (ж)	veš mašína
de was doen	прати веш	práti veš
waspoeder (de)	прашак (м) за веш	prášak za veš

99. Huishoudelijke apparaten

televisie (de)	телевизор (м)	televízor
cassettespeler (de)	касетофон (м)	kasetofon
videorecorder (de)	видео рекордер (м)	vídeo rekórder
radio (de)	радио (м)	rádio
speler (de)	плејер (м)	pléjer

videoprojector (de)	видео пројектор (м)	vídeo projéktor
home theater systeem (het)	кућни биоскоп (м)	kúćni bíoskop
DVD-speler (de)	ДВД плејер (м)	DVD plejer
versterker (de)	појачало (с)	pojáčalo
spelconsole (de)	играћа конзола (ж)	ígraća konzóla

videocamera (de)	видеокамера (ж)	vídeokámera
fotocamera (de)	фотоапарат (м)	fotoapárat
digitale camera (de)	дигитални фотоапарат (м)	dígitalni fotoapárat

stofzuiger (de)	усисивач (м)	usisívač
strijkijzer (het)	пегла (ж)	pégla
strijkplank (de)	даска (ж) за пеглање	dáska za péglanje

telefoon (de)	телефон (м)	teléfon
mobieltje (het)	мобилни телефон (м)	móbilni teléfon
schrijfmachine (de)	писаћа машина (ж)	písaća mašína
naaimachine (de)	шиваћа машина (ж)	šívaća mašína

microfoon (de)	микрофон (м)	míkrofon
koptelefoon (de)	слушалице (мн)	slúšalice
afstandsbediening (de)	даљински управљач (м)	daljínski uprávljač

CD (de)	ЦД диск (м)	CD disk
cassette (de)	касета (ж)	kaséta
vinylplaat (de)	плоча (ж)	plóča

100. Reparaties. Renovatie

renovatie (de)	реновирање (с)	renovíranje
renoveren (ww)	реновирати (пг)	renovírati
repareren (ww)	поправљати (пг)	pópravljati
op orde brengen	доводити у ред	dovóditi u red

overdoen (ww)	поново урадити	pónovo uráditi
verf (de)	фарба (ж)	fárba
verven (muur ~)	бојити (пг)	bójiti
schilder (de)	молер (м)	móler
kwast (de)	четка (ж)	čétka

| kalk (de) | белило (с), креч (м) | bélilo, kreč |
| kalken (ww) | белити (нг) | béliti |

behang (het)	тапете (мн)	tapéte
behangen (ww)	налепити тапете	nálepiti tapéte
lak (de/het)	лак (м)	lak
lakken (ww)	лакирати	lakírati

101. Loodgieterswerk

water (het)	вода (ж)	vóda
warm water (het)	топла вода (ж)	tópla vóda
koud water (het)	хладна вода (ж)	hládna vóda
kraan (de)	славина (ж)	slávina

druppel (de)	кап (ж)	kap
druppelen (ww)	капати (нг)	kápati
lekken (een lek hebben)	цурити (нг)	cúriti
lekkage (de)	цурење (с)	cúrenje
plasje (het)	бара (ж)	bára

buis, leiding (de)	цев (ж)	cev
stopkraan (de)	вентил (м)	véntil
verstopt raken (ww)	зачепити се	začépiti se

gereedschap (het)	алати (мн)	álati
Engelse sleutel (de)	подешавајући кључ (м)	podešávajući ključ
losschroeven (ww)	одврнути (пг)	odvŕnuti
aanschroeven (ww)	заврнути, стегнути (пг)	závrnuti, stégnuti

ontstoppen (riool, enz.)	отпушити (пг)	otpúšiti
loodgieter (de)	водоинсталатер (м)	vodoinstaláter
kelder (de)	подрум (м)	pódrum
riolering (de)	канализација (ж)	kanalizácija

102. Brand. Vuurzee

brand (de)	пожар (м)	póžar
vlam (de)	пламен (м)	plámen
vonk (de)	искра (ж)	ískra
rook (de)	дим (м)	dim
fakkel (de)	бакља (ж)	báklja
kampvuur (het)	логорска ватра (ж)	lógorska vátra

| benzine (de) | бензин (м) | bénzin |
| kerosine (de) | керозин (м) | kerózin |

brandbaar (bn)	запаљив	zápaljiv
ontplofbaar (bn)	експлозиван	éksplozivan
VERBODEN TE ROKEN!	ЗАБРАЊЕНО ПУШЕЊЕ	ZABRANJENO PUŠENJE
veiligheid (de)	безбедност (ж)	bezbédnost
gevaar (het)	опасност (ж)	opásnost
gevaarlijk (bn)	опасан	ópasan
in brand vliegen (ww)	запалити се	zapáliti se
explosie (de)	експлозија (ж)	eksplózija
in brand steken (ww)	запалити (пг)	zapáliti
brandstichter (de)	потпаљивач (м)	potpaljívač
brandstichting (de)	палеж (м), паљевина (ж)	pálež, páljevina
vlammen (ww)	пламтети (нг)	plámteti
branden (ww)	горети (нг)	góreti
afbranden (ww)	изгорети (нг)	izgóreti
de brandweer bellen	позвати ватрогасце	pózvati vátrogasce
brandweerman (de)	ватрогасац (м)	vatrogásac
brandweerwagen (de)	ватрогасно возило (с)	vátrogasno vózilo
brandweer (de)	ватрогасна бригада (ж)	vátrogasna brigáda
uitschuifbare ladder (de)	ватрогасне мердевине (мн)	vátrogasne mérdevine
brandslang (de)	црево (с)	crévo
brandblusser (de)	противпожарни апарат (м)	protivpóžarni apárat
helm (de)	шлем (м)	šlem
sirene (de)	сирена (ж)	siréna
roepen (ww)	викати (нг)	víkati
hulp roepen	звати у помоћ	zváti u pómoć
redder (de)	спасилац (м)	spásilac
redden (ww)	спасавати (пг)	spasávati
aankomen (per auto, enz.)	пристићи (нг)	prístići
blussen (ww)	гасити (пг)	gásiti
water (het)	вода (ж)	vóda
zand (het)	песак (м)	pésak
ruïnes (mv.)	рушевине (мн)	rúševine
instorten (gebouw, enz.)	срушити се	srúšiti se
ineenstorten (ww)	срушити се	srúšiti se
inzakken (ww)	срушити се	srúšiti se
brokstuk (het)	крхотина (ж)	krhótina
as (de)	пепео (м)	pépeo
verstikken (ww)	загушити се	zagušiti se
omkomen (ww)	погинути (нг)	póginuti

MENSELIJKE ACTIVITEITEN

Baan. Business. Deel 1

103.   Kantoor. Op kantoor werken

kantoor (het)	биро (c)	bíro
kamer (de)	кабинет (м)	kabínet
receptie (de)	рецепција (ж)	recépcija
secretaris (de)	секретар (м)	sekrétar
secretaresse (de)	секретарица (ж)	sekretárica
directeur (de)	директор (м)	dírektor
manager (de)	менаџер (м)	ménadžer
boekhouder (de)	књиговођа (м)	knjígovođa
werknemer (de)	радник (м)	rádnik
meubilair (het)	намештај (м)	námeštaj
tafel (de)	сто (м)	sto
bureaustoel (de)	столица (ж)	stólica
ladeblok (het)	мобилна касета (ж)	móbilna kaseta
kapstok (de)	чивилук (м)	číviluk
computer (de)	рачунар (м)	račúnar
printer (de)	штампач (м)	štámpač
fax (de)	факс (м)	faks
kopieerapparaat (het)	фотокопир (м)	fotokópir
papier (het)	папир (м)	pápir
kantoorartikelen (mv.)	канцеларијски прибор (м)	kancelárijski príbor
muismat (de)	подлога (ж) за миша	pódloga za miša
blad (het)	лист (м)	list
ordner (de)	фасцикла (ж)	fáscikla
catalogus (de)	каталог (м)	katálog
telefoongids (de)	телефонски именик (м)	teléfonski ímenik
documentatie (de)	документација (ж)	dokumentácija
brochure (de)	брошура (ж)	brošúra
flyer (de)	летак (м)	létak
monster (het), staal (de)	узорак (м)	úzorak
training (de)	тренинг (м)	tréning
vergadering (de)	састанак (м)	sástanak
lunchpauze (de)	пауза (ж) за ручак	páuza za rúčak
een kopie maken	направити копију	nápraviti kópiju
de kopieën maken	направити копије	nápraviti kópije
een fax ontvangen	примати факс	prímati faks

een fax versturen	послати факс	póslati faks
opbellen (ww)	позвати (пг)	pózvati
antwoorden (ww)	јавити се	jáviti se
doorverbinden (ww)	повезати (пг)	povézati

afspreken (ww)	наместити (пг)	námestiti
demonstreren (ww)	показати (пг)	pokázati
absent zijn (ww)	одсуствовати (нг)	ódsustvovati
afwezigheid (de)	пропуштање (с)	propúštanje

104. Bedrijfsprocessen. Deel 1

bedrijf (business)	посао (м)	pósao
zaak (de), beroep (het)	занимање (с)	zanímanje
firma (de)	фирма (ж)	fírma
bedrijf (maatschap)	компанија (ж)	kompánija
corporatie (de)	корпорација (ж)	korporácija
onderneming (de)	предузеће (с)	preduzéće
agentschap (het)	агенција (ж)	agéncija

overeenkomst (de)	споразум (м)	spórazum
contract (het)	уговор (м)	úgovor
transactie (de)	погодба (ж)	pógodba
bestelling (de)	наруџбина (ж)	narudžbina
voorwaarde (de)	услов (м)	úslov

in het groot (bw)	на велико	na véliko
groothandels- (abn)	на велико	na véliko
groothandel (de)	велепродаја (ж)	vELEpródaja
kleinhandels- (abn)	малопродајни	malopródajni
kleinhandel (de)	малопродаја (ж)	malopródaja

concurrent (de)	конкурент (м)	konkúrent
concurrentie (de)	конкуренција (ж)	konkuréncija
concurreren (ww)	конкурисати (пг)	konkúrisati

partner (de)	партнер (м)	pártner
partnerschap (het)	партнерство (с)	pártnerstvo

crisis (de)	криза (ж)	kríza
bankroet (het)	банкротство (с)	bankrótstvo
bankroet gaan (ww)	банкротирати (нг)	bankrotírati
moeilijkheid (de)	потешкоћа (ж)	poteškóća
probleem (het)	проблем (м)	próblem
catastrofe (de)	катастрофа (ж)	katastrófa

economie (de)	економика (ж)	ekonómika
economisch (bn)	економски	ekónomski
economische recessie (de)	економски пад (м)	ekónomski pad

doel (het)	циљ (м)	cilj
taak (de)	задатак (м)	zadátak
handelen (handel drijven)	трговати (нг)	trgóvati
netwerk (het)	мрежа (ж)	mréža

voorraad (de)	залихе (мн)	zálihe
assortiment (het)	асортиман (м)	asortíman

leider (de)	вођа (м)	vóđa
groot (bn)	велик	vélik
monopolie (het)	монопол (м)	mónopol

theorie (de)	теорија (ж)	téorija
praktijk (de)	пракса (ж)	práksa
ervaring (de)	искуство (с)	iskústvo
tendentie (de)	тенденција (ж)	tendéncija
ontwikkeling (de)	развој (м)	rázvoj

105. Bedrijfsprocessen. Deel 2

voordeel (het)	профит (м), добит (ж)	prófit, dóbit
voordelig (bn)	пробитачан	próbitačan

delegatie (de)	делегација (ж)	delegácija
salaris (het)	плата, зарада (ж)	pláta, zárada
corrigeren (fouten ~)	исправљати (нг)	íspravljati
zakenreis (de)	службено путовање (с)	slúžbeno putovánje
commissie (de)	комисија (ж)	komísija

controleren (ww)	контролисати (нг)	kontrólisati
conferentie (de)	конференција (ж)	konferéncija
licentie (de)	лиценца (ж)	licénca
betrouwbaar (partner, enz.)	поуздан	póuzdan

aanzet (de)	иницијатива (ж)	inicijatíva
norm (bijv. ~ stellen)	норма (ж)	nórma
omstandigheid (de)	околност (ж)	okólnost
taak, plicht (de)	дужност (ж)	dúžnost

organisatie (bedrijf, zaak)	организација (ж)	organizácija
organisatie (proces)	организација (ж)	organizácija
georganiseerd (bn)	организован	orgánizovan
afzegging (de)	отказивање (с)	otkazívanje
afzeggen (ww)	отказати (нг)	otkázati
verslag (het)	извештај (м)	ízveštaj

patent (het)	патент (м)	pátent
patenteren (ww)	патентирати (нг)	patentírati
plannen (ww)	планирати (нг)	planírati

premie (de)	бонус (м)	bónus
professioneel (bn)	професионалан	prófesionalan
procedure (de)	поступак (м)	póstupak

onderzoeken (contract, enz.)	размотрити (нг)	razmótriti
berekening (de)	обрачун (м)	óbračun
reputatie (de)	репутација (ж)	reputácija
risico (het)	ризик (м)	rízik
beheren (managen)	руководити (нг)	rukovóditi

informatie (de)	информације (мн)	informácije
eigendom (bezit)	својина (ж)	svojína
unie (de)	савез (м)	sávez

levensverzekering (de)	животно осигурање (с)	žívotno osiguránje
verzekeren (ww)	осигурати (пг)	osigúrati
verzekering (de)	осигурање (с)	osiguránje

veiling (de)	лицитација (ж)	licitácija
verwittigen (ww)	обавестити (пг)	obavéstiti
beheer (het)	управљање (с)	úpravljanje
dienst (de)	услуга (ж)	úsluga

forum (het)	форум (м)	fórum
functioneren (ww)	функционисати (нг)	funkcionísati
stap, etappe (de)	етапа (ж)	etápa
juridisch (bn)	правни	právni
jurist (de)	правник (м)	právnik

106. Productie. Werken

industriële installatie (fabriek)	фабрика (ж)	fábrika
fabriek (de)	фабрика (ж)	fábrika
werkplaatsruimte (de)	радионица (ж)	radiónica
productielocatie (de)	производња (ж)	próizvodnja

industrie (de)	индустрија (ж)	indústrija
industrieel (bn)	индустријски	indústrijski
zware industrie (de)	тешка индустрија (ж)	téška indústrija
lichte industrie (de)	лака индустрија (ж)	láka indústrija

productie (de)	производ (м)	proízvod
produceren (ww)	производити (пг)	proizvóditi
grondstof (de)	сировине (мн)	sírovine

voorman, ploegbaas (de)	бригадир, предрадник (м)	brigádir, prédradnik
ploeg (de)	екипа (ж)	ekípa
arbeider (de)	радник (м)	rádnik

werkdag (de)	радни дан (м)	rádni dan
pauze (de)	станка (ж)	stánka
samenkomst (de)	састанак (м)	sástanak
bespreken (spreken over)	расправљати (пг)	ráspravljati

plan (het)	план (м)	plan
het plan uitvoeren	испунити план	íspuniti plan
productienorm (de)	норма (ж) производње	nórma próizvodnje
kwaliteit (de)	квалитет (м)	kvalítet
controle (de)	контрола (ж)	kontróla
kwaliteitscontrole (de)	контрола (ж) квалитета	kontróla kvalitéta

arbeidsveiligheid (de)	безбедност (ж) на раду	bezbédnost na rádu
discipline (de)	дисциплина (ж)	disciplína
overtreding (de)	кршење (с)	kŕšenje

overtreden (ww)	кршити (пг)	kŕšiti
staking (de)	штрајк (м)	štrajk
staker (de)	штрајкач (м)	štrájkač
staken (ww)	штрајковати (нг)	štrájkovati
vakbond (de)	синдикат (м)	sindíkat

uitvinden (machine, enz.)	проналазити (пг)	pronálaziti
uitvinding (de)	проналазак, изум (м)	pronálazak, ízum
onderzoek (het)	истраживање (с)	istražívanje
verbeteren (beter maken)	побољшати (пг)	póbóljšati
technologie (de)	технологија (ж)	tehnológija
technische tekening (de)	цртеж (м)	cŕtež

vracht (de)	терет (м)	téret
lader (de)	утоваривач (м)	utovarívač
laden (vrachtwagen)	товарити (пг)	tóvariti
laden (het)	утовар (м)	útovar
lossen (ww)	истоваривати (пг)	istovarívati
lossen (het)	истовар (м)	ístovar

transport (het)	превоз (м)	prévoz
transportbedrijf (de)	транспортно предузеће (с)	tránsportno preduzéće
transporteren (ww)	превозити (пг)	prevóziti

goederenwagon (de)	теретни вагон (м)	téretni vágon
tank (bijv. ketelwagen)	цистерна (ж)	cistérna
vrachtwagen (de)	камион (м)	kamíon

| machine (de) | строј (м), машина (ж) токарски | stroj, mašina токарски |
| mechanisme (het) | механизам (м) | mehanízam |

industrieel afval (het)	отпад (м)	ótpad
verpakking (de)	паковање (с)	pákovanje
verpakken (ww)	упаковати (пг)	upakóvati

107. Contract. Overeenstemming

contract (het)	уговор (м)	úgovor
overeenkomst (de)	споразум (м)	spórazum
bijlage (de)	прилог (м)	prílog

een contract sluiten	склопити уговор	sklópiti úgovor
handtekening (de)	потпис (м)	pótpis
ondertekenen (ww)	потписати (пг)	potpísati
stempel (de)	печат (м)	péčat

| voorwerp (het) van de overeenkomst | предмет (м) уговора | prédmet úgovora |

clausule (de)	тачка (ж)	táčka
partijen (mv.)	стране (мн)	stráne
vestigingsadres (het)	легална адреса (ж)	légalna adrésa
het contract verbreken (overtreden)	прекршити уговор	prékršiti úgovor

verplichting (de)	обавеза (ж)	óbaveza
verantwoordelijkheid (de)	одговорност (ж)	odgovórnost
overmacht (de)	виша сила (ж)	viša sila
geschil (het)	спор (м)	spor
sancties (mv.)	казне (мн)	kázne

108. Import & Export

import (de)	увоз (м)	úvoz
importeur (de)	увозник (м)	úvoznik
importeren (ww)	импортирати, увозити	importírati, uvóziti
import- (abn)	увозни	úvozni
uitvoer (export)	извоз (м)	ízvoz
exporteur (de)	извозник (м)	ízvoznik
exporteren (ww)	извозити (пг)	izvóziti
uitvoer- (bijv., ~goederen)	извозни	ízvozni
goederen (mv.)	роба (ж)	róba
partij (de)	партија (ж)	pártija
gewicht (het)	тежина (ж)	težína
volume (het)	запремина (ж)	zápremina
kubieke meter (de)	кубни метар (м)	kúbni métar
producent (de)	произвођач (м)	proizvóđač
transportbedrijf (de)	превозник (м)	prévoznik
container (de)	контејнер (м)	kontéjner
grens (de)	граница (ж)	gránica
douane (de)	царина (ж)	cárina
douanerecht (het)	царинска дажбина (ж)	cárinska dážbina
douanier (de)	цариник (м)	cárinik
smokkelen (het)	шверц (м)	šverc
smokkelwaar (de)	шверцована роба (ж)	švércovana róba

109. Financiën

aandeel (het)	акција (ж)	ákcija
obligatie (de)	обвезница (ж)	óbveznica
wissel (de)	меница (ж)	ménica
beurs (de)	берза (ж)	bérza
aandelenkoers (de)	цена (ж) акција	céna ákcija
dalen (ww)	појефтинити (нг)	pojeftíniti
stijgen (ww)	поскупјети (нг)	poskúpjeti
deel (het)	удео (м)	údeo
meerderheidsbelang (het)	контролни пакет (м)	kóntrolni páket
investeringen (mv.)	инвестиција (ж)	investícija
investeren (ww)	инвестирати (нг, пг)	investírati

| procent (het) | процена, постотак (м) | prócenat, póstotak |
| rente (de) | камата (ж) | kámata |

winst (de)	профит (м)	prófit
winstgevend (bn)	профитабилан	prófitabilan
belasting (de)	порез (м)	pórez

valuta (vreemde ~)	валута (ж)	valúta
nationaal (bn)	национални	nacionálni
ruil (de)	размена (ж)	rázmena

| boekhouder (de) | књиговођа (м) | knjígovođa |
| boekhouding (de) | књиговодство (с) | knjigovódstvo |

bankroet (het)	банкротство (с)	bankrótstvo
ondergang (de)	крах (м)	krah
faillissement (het)	пропаст (ж)	própast
geruïneerd zijn (ww)	пропасти (нг)	própasti
inflatie (de)	инфлација (ж)	inflácija
devaluatie (de)	девалвација (ж)	devalvácija

kapitaal (het)	капитал (м)	kapítal
inkomen (het)	приход (м)	príhod
omzet (de)	промет (м)	prómet
middelen (mv.)	ресурси (мн)	resúrsi
financiële middelen (mv.)	новац (м)	nóvac
operationele kosten (mv.)	режијски трошкови (мн)	réžijski tróškovi
reduceren (kosten ~)	смањити (пг)	smánjiti

110. Marketing

marketing (de)	маркетинг (м)	márketing
markt (de)	тржиште (с)	tržíšte
marktsegment (het)	тржишни сегмент (м)	tržíšni ségment
product (het)	производ (м)	proízvod
goederen (mv.)	роба (ж)	róba

merk (het)	марка (ж), бренд (м)	márka, brend
handelsmerk (het)	заштитни знак (м)	záštitni znak
beeldmerk (het)	логотип, лого (м)	lógotip, lógo
logo (het)	лого (м)	lógo
vraag (de)	потражња (ж)	pótražnja
aanbod (het)	понуда (ж)	pónuda
behoefte (de)	потреба (ж)	pótreba
consument (de)	потрошач (м)	potróšač

analyse (de)	анализа (ж)	analíza
analyseren (ww)	анализирати (пг)	analizírati
positionering (de)	позиционирање (с)	pozicioníranje
positioneren (ww)	позиционирати (пг)	pozicionírati

prijs (de)	цена (ж)	céna
prijspolitiek (de)	политика (ж) цена	polítika céna
prijsvorming (de)	формирање (с) цена	formíranje céna

111. Reclame

reclame (de)	реклама (ж)	rekláma
adverteren (ww)	рекламирати (nr)	reklamírati
budget (het)	буџет (м)	búdžet
advertentie, reclame (de)	реклама (ж)	rekláma
TV-reclame (de)	телевизијска реклама (ж)	televízijska rekláma
radioreclame (de)	радио оглашавање (c)	rádio oglašávanje
buitenreclame (de)	спољна реклама (ж)	spóljna réklama
massamedia (de)	масовни медији (мн)	másovni médiji
periodiek (de)	периодично издање (c)	periódično izdánje
imago (het)	имиџ (м)	ímidž
slagzin (de)	слоган (м)	slógan
motto (het)	девиза (ж)	devíza
campagne (de)	кампања (ж)	kampánja
reclamecampagne (de)	рекламна кампања (ж)	réklamna kampánja
doelpubliek (het)	циљна група (ж)	cíljna grúpa
visitekaartje (het)	визиткарта (ж)	vízitkarta
flyer (de)	летак (м)	létak
brochure (de)	брошура (ж)	brošúra
folder (de)	брошура (ж)	brošúra
nieuwsbrief (de)	билтен (м)	bílten
gevelreclame (de)	натпис (м)	nátpis
poster (de)	плакат (м)	plákat
aanplakbord (het)	билборд (м)	bílbord

112. Bankieren

bank (de)	банка (ж)	bánka
bankfiliaal (het)	експозитура (ж)	ekspozitúra
bankbediende (de)	банкарски службеник (м)	bánkarski slúžbenik
manager (de)	менаџер (м)	ménadžer
bankrekening (de)	рачун (м)	ráčun
rekeningnummer (het)	број (м) рачуна	broj račúna
lopende rekening (de)	текући рачун (м)	tékući ráčun
spaarrekening (de)	штедни рачун (м)	štédni ráčun
een rekening openen	отворити рачун	ótvoriti ráčun
de rekening sluiten	затворити рачун	zatvóriti ráčun
op rekening storten	поставити на рачун	póstaviti na ráčun
opnemen (ww)	подићи са рачуна	pódići sa račúna
storting (de)	депозит (м)	depózit
een storting maken	ставити новац на рачун	stáviti nóvac na ráčun
overschrijving (de)	трансфер (м) новца	tránsfer nóvca

een overschrijving maken	послати новац	póslati nóvac
som (de)	износ (м)	íznos
Hoeveel?	Колико?	Kolíko?

handtekening (de)	потпис (м)	pótpis
ondertekenen (ww)	потписати (пг)	potpísati

kredietkaart (de)	кредитна картица (ж)	kréditna kártica
code (de)	код (м)	kod
kredietkaartnummer (het)	број (м) кредитне картице	broj kréditne kártice
geldautomaat (de)	банкомат (м)	bánkomat

cheque (de)	чек (м)	ček
een cheque uitschrijven	написати чек	napísati ček
chequeboekje (het)	чековна књижица (ж)	čékovna knjížica

lening, krediet (de)	кредит (м)	krédit
een lening aanvragen	затражити кредит	zátražiti krédit
een lening nemen	узимати кредит	uzímati krédit
een lening verlenen	давати кредит	dávati krédit
garantie (de)	гаранција (ж)	garáncija

113. Telefoon. Telefoongesprek

telefoon (de)	телефон (м)	teléfon
mobieltje (het)	мобилни телефон (м)	móbilni teléfon
antwoordapparaat (het)	секретарица (ж)	sekretárica

bellen (ww)	звати (пг)	zváti
belletje (telefoontje)	позив (м)	póziv

een nummer draaien	позвати број	pózvati broj
Hallo!	Хало!	Hálo!

vragen (ww)	упитати (пг)	upítati
antwoorden (ww)	јавити се	jáviti se

horen (ww)	чути (нг, пг)	čúti
goed (bw)	добро	dóbro

slecht (bw)	лоше	loše
storingen (mv.)	сметње (мн)	smétnje

hoorn (de)	слушалица (ж)	slúšalica
opnemen (ww)	подићи слушалицу	pódići slúšalicu
ophangen (ww)	спустити слушалицу	spústiti slúšalicu

bezet (bn)	заузето	záuzeto
overgaan (ww)	звонити (нг)	zvóniti
telefoonboek (het)	телефонски именик (м)	teléfonski ímenik

lokaal (bn)	локалан	lókalan
interlokaal (bn)	међуградски	međugrádski
buitenlands (bn)	међународни	međunárodni

114. Mobiele telefoon

mobieltje (het)	мобилни телефон (м)	móbilni teléfon
scherm (het)	дисплеј (м)	displéj
toets, knop (de)	дугме (с)	dúgme
simkaart (de)	СИМ картица (ж)	SIM kártica
batterij (de)	батерија (ж)	báterija
leeg zijn (ww)	испразнити се	isprázniti se
acculader (de)	пуњач (м)	púnjač
menu (het)	мени (м)	méni
instellingen (mv.)	подешавања (мн)	podešávanja
melodie (beltoon)	мелодија (ж)	mélodija
selecteren (ww)	изабрати (пг)	izábrati
rekenmachine (de)	калкулатор (м)	kalkulátor
voicemail (de)	говорна пошта (ж)	góvorna póšta
wekker (de)	будилник (м)	búdilnik
contacten (mv.)	контакти (мн)	kóntakti
SMS-bericht (het)	СМС порука (ж)	SMS póruka
abonnee (de)	претплатник (м)	prétplatnik

115. Schrijfbehoeften

balpen (de)	хемијска оловка (ж)	hémijska ólovka
vulpen (de)	наливперо (с)	nálivpero
potlood (het)	оловка (ж)	ólovka
marker (de)	маркер (м)	márker
viltstift (de)	фломастер (м)	flómaster
notitieboekje (het)	нотес (м)	nótes
agenda (boekje)	роковник (м)	rokóvnik
liniaal (de/het)	лењир (м)	lénjir
rekenmachine (de)	калкулатор (м)	kalkulátor
gom (de)	гумица (ж)	gúmica
punaise (de)	пајснадла (ж)	pájsnadla
paperclip (de)	спајалица (ж)	spájalica
lijm (de)	лепак (м)	lépak
nietmachine (de)	хефталица (ж)	héftalica
perforator (de)	бушилица (ж) за папир	búšilica za pápir
potloodslijper (de)	резач (м)	rézač

116. Verschillende soorten documenten

verslag (het)	извештај (м)	ízveštaj
overeenkomst (de)	споразум (м)	spórazum

aanvraagformulier (het)	пријава (ж)	príjava
origineel, authentiek (bn)	оригиналан	óriginalan
badge, kaart (de)	бец (м), ИД картица (ж)	bédž, ID kartica
visitekaartje (het)	визиткарта (ж)	vízitkarta

certificaat (het)	сертификат (м)	sertífikat
cheque (de)	чек (м)	ček
rekening (in restaurant)	рачун (м)	ráčun
grondwet (de)	устав (м)	ústav

contract (het)	уговор (м)	úgovor
kopie (de)	копија (ж)	kópija
exemplaar (het)	примерак (м)	prímerak

douaneaangifte (de)	царинска декларација (ж)	cárinska deklarácija
document (het)	документ (м)	dokúmenat
rijbewijs (het)	возачка дозвола (ж)	vózačka dózvola
bijlage (de)	прилог (м)	prílog
formulier (het)	анкета (ж)	ankéta

identiteitskaart (de)	легитимација (ж)	legitimácija
aanvraag (de)	упит (м)	úpit
uitnodigingskaart (de)	позивница (ж)	pózivnica
factuur (de)	рачун (м), фактура (ж)	ráčun, faktúra

wet (de)	закон (м)	zákon
brief (de)	писмо (с)	písmo
briefhoofd (het)	меморандум (м)	memorándum
lijst (de)	списак (м)	spísak
manuscript (het)	рукопис (м)	rúkopis
nieuwsbrief (de)	билтен (м)	bílten
briefje (het)	порука, белешка (ж)	póruka, béleška

pasje (voor personeel, enz.)	пропусница (ж)	própusnica
paspoort (het)	пасош (м)	pásoš
vergunning (de)	дозвола (ж)	dózvola
CV, curriculum vitae (het)	резиме (м)	rezíme
schuldbekentenis (de)	признаница (ж)	príznanica
kwitantie (de)	признаница (ж)	príznanica

bon (kassabon)	фискални рачун (м)	fískalni ráčun
rapport (het)	рапорт, извештај (м)	ráport, ízveštaj

tonen (paspoort, enz.)	показивати (пг)	pokazívati
ondertekenen (ww)	потписати (пг)	potpísati
handtekening (de)	потпис (м)	pótpis
stempel (de)	печат (м)	péčat

tekst (de)	текст (м)	tekst
biljet (het)	улазница (ж)	úlaznica

doorhalen (doorstrepen)	прецртати (пг)	précrtati
invullen (een formulier ~)	попунити (пг)	pópuniti

vrachtbrief (de)	товарни лист (м)	tóvarni list
testament (het)	тестамент (м)	téstament

117. Soorten bedrijven

uitzendbureau (het)	регрутна агенција (ж)	régrutna agéncija
bewakingsfirma (de)	агенција (ж) за обезбеђење	agéncija za obezbeđénje
persbureau (het)	новинска агенција (ж)	nóvinska agéncija
reclamebureau (het)	рекламна агенција (ж)	réklamna agéncija
antiek (het)	антиквитет (м)	antikvitét
verzekering (de)	осигурање (с)	osiguránje
naaiatelier (het)	кројачка радња (ж)	krójačka rádnja
banken (mv.)	банкарство (с)	bankárstvo
bar (de)	бар (м)	bar
bouwbedrijven (mv.)	грађевинарство (с)	građevinárstvo
juwelen (mv.)	накит (м)	nákit
juwelier (de)	златар (м)	zlátar
wasserette (de)	перионица (ж)	periónica
alcoholische dranken (mv.)	алкохолна пића (мн)	álkoholna píća
nachtclub (de)	ноћни клуб (м)	nóćni klub
handelsbeurs (de)	берза (ж)	bérza
bierbrouwerij (de)	пивара (ж)	pívara
uitvaartcentrum (het)	погребно предузеће (с)	pógrebno preduzéće
casino (het)	коцкарница (ж)	kóckarnica
zakencentrum (het)	пословни центар (м)	póslovni céntar
bioscoop (de)	биоскоп (м)	bíoskop
airconditioning (de)	клима уређаји (мн)	klíma úređaji
handel (de)	трговина (ж)	trgóvina
luchtvaartmaatschappij (de)	авио-компанија (ж)	ávio-kompánija
adviesbureau (het)	консалтинг (м)	konsálting
koerierdienst (de)	курирска служба (ж)	kúrirska slúžba
tandheelkunde (de)	стоматологија (ж)	stomatológija
design (het)	дизајн (м)	dízajn
business school (de)	пословна школа (ж)	póslovna škóla
magazijn (het)	складиште (с)	skládište
kunstgalerie (de)	уметничка галерија (ж)	umétnička gálerija
ijsje (het)	сладолед (м)	sládoled
hotel (het)	хотел (м)	hótel
vastgoed (het)	некретнина (ж)	nekretnína
drukkerij (de)	полиграфија (ж)	poligráfija
industrie (de)	индустрија (ж)	indústrija
Internet (het)	интернет (м)	ínternet
investeringen (mv.)	инвестиције (мн)	investícije
krant (de)	новине (мн)	nóvine
boekhandel (de)	књижара (ж)	knjížara
lichte industrie (de)	лака индустрија (ж)	láka indústrija
winkel (de)	продавница (ж)	pródavnica
uitgeverij (de)	издавачка кућа (ж)	izdávačka kúća
medicijnen (mv.)	медицина (ж)	medicína

| meubilair (het) | намештај (м) | námeštaj |
| museum (het) | музеј (м) | múzej |

olie (aardolie)	нафта (ж)	náfta
apotheek (de)	апотека (ж)	apotéka
farmacie (de)	фармацеутика (ж)	farmacéutika
zwembad (het)	базен (м)	bázen
stomerij (de)	хемијско чишћење (с)	hémijsko číšćenje
voedingswaren (mv.)	намирнице (мн)	námirnice
reclame (de)	реклама (ж)	rekláma

radio (de)	радио (м)	rádio
afvalinzameling (de)	одношење (с) смећа	ódnošenje sméća
restaurant (het)	ресторан (м)	restóran
tijdschrift (het)	часопис (м)	čásopis

schoonheidssalon (de/het)	козметички салон (м)	kozmétički sálon
financiële diensten (mv.)	финансијске услуге (мн)	finánsijske úsluge
juridische diensten (mv.)	правне услуге (мн)	právne úsluge
boekhouddiensten (mv.)	рачуноводствене услуге (мн)	računovódstvene úsluge
audit diensten (mv.)	ревизорске услуге (мн)	revízorske úsluge
sport (de)	спорт (м)	sport
supermarkt (de)	супермаркет (м)	supermárket

televisie (de)	телевизија (ж)	televízija
theater (het)	позориште (с)	pózorište
toerisme (het)	туризам (м)	turízam
transport (het)	превоз (м)	prévoz

postorderbedrijven (mv.)	каталошка продаја (ж)	katáloška pródaja
kleding (de)	одећа (ж)	ódeća
dierenarts (de)	ветеринар (м)	veterínar

Baan. Business. Deel 2

118. Show. Tentoonstelling

beurs (de)	изложба (ж)	ízložba
vakbeurs, handelsbeurs (de)	трговински сајам (м)	trgóvinski sájam
deelneming (de)	учешће (с)	účešće
deelnemen (ww)	учествовати (нг)	účestvovati
deelnemer (de)	учесник (м)	účesnik
directeur (de)	директор (м)	dírektor
organisatiecomité (het)	дирекција (ж)	dirékcija
organisator (de)	организатор (м)	organízator
organiseren (ww)	организовати (пг)	orgánizovati
deelnemingsaanvraag (de)	пријава (ж) за излагаче	príjava za izlagače
invullen (een formulier ~)	попунити (пг)	pópuniti
details (mv.)	детаљи (мн)	détalji
informatie (de)	информација (ж)	informácija
prijs (de)	цена (ж)	céna
inclusief (bijv. ~ BTW)	укључујући	ukljúčujući
inbegrepen (alles ~)	укључивати (пг)	uključívati
betalen (ww)	платити (нг, пг)	plátiti
registratietarief (het)	уписнина (ж)	upisnína
ingang (de)	улаз (м)	úlaz
paviljoen (het), hal (de)	павиљон (м)	pavíljon
registreren (ww)	регистровати (пг)	régistrovati
badge, kaart (de)	беџ (м), ИД картица (ж)	bédž, ID kartica
beursstand (de)	штанд (м)	štand
reserveren (een stand ~)	резервисати (пг)	rezervísati
vitrine (de)	витрина (ж)	vitrína
licht (het)	рефлектор (м)	réflektor
design (het)	дизајн (м)	dízajn
plaatsen (ww)	смештати (пг)	sméštati
geplaatst zijn (ww)	бити постављен	bíti póstavljen
distributeur (de)	дистрибутер (м)	distribúter
leverancier (de)	добављач (м)	dobávljač
leveren (ww)	снабдевати (пг)	snabdévati
land (het)	земља (ж)	zémlja
buitenlands (bn)	стран	stran
product (het)	производ (м)	proízvod
associatie (de)	удружење (с)	udružénje
conferentiezaal (de)	сала (ж) за конференције	sála za konferéncije

| congres (het) | конгрес (м) | kóngres |
| wedstrijd (de) | конкурс (м) | kónkurs |

bezoeker (de)	посетилац (м)	posétilac
bezoeken (ww)	посећивати (пг)	posećívati
afnemer (de)	муштерија (м)	muštérija

119. Massamedia

krant (de)	новине (мн)	nóvine
tijdschrift (het)	часопис (м)	čásopis
pers (gedrukte media)	штампа (ж)	štámpa
radio (de)	радио (м)	rádio
radiostation (het)	радио станица (ж)	rádio stánica
televisie (de)	телевизија (ж)	televízija

presentator (de)	водитељ (м)	vóditelj
nieuwslezer (de)	спикер (м)	spíker
commentator (de)	коментатор (м)	koméntator

journalist (de)	новинар (м)	nóvinar
correspondent (de)	дописник (м)	dópisnik
fotocorrespondent (de)	фоторепортер (м)	fotorepórter
reporter (de)	репортер (м)	repórter

| redacteur (de) | уредник (м) | úrednik |
| chef-redacteur (de) | главни уредник (м) | glávni úrednik |

zich abonneren op	претплатити се	pretplátiti se
abonnement (het)	претплата (ж)	prétplata
abonnee (de)	претплатник (м)	prétplatnik
lezen (ww)	читати (нг, пг)	čítati
lezer (de)	читалац (м)	čítalac

oplage (de)	тираж (м)	tíraž
maand-, maandelijks (bn)	месечни	mésečni
wekelijks (bn)	недељни	nédeljni
nummer (het)	број (м)	broj
vers (~ van de pers)	нов	nov

kop (de)	наслов (м)	náslov
korte artikel (het)	чланак (м)	člának
rubriek (de)	рубрика (ж)	rúbrika
artikel (het)	чланак (м)	člának
pagina (de)	страна (ж)	strána

reportage (de)	репортажа (ж)	reportáža
gebeurtenis (de)	догађај (м)	dógađaj
sensatie (de)	сензација (ж)	senzácija
schandaal (het)	скандал (м)	skándal
schandalig (bn)	скандалозан	skándalozan
groot (~ schandaal, enz.)	велики	véliki
programma (het)	емисија (ж)	emísija
interview (het)	интервју (м)	intérvju

| live uitzending (de) | директан пренос (м) | diréktan prénos |
| kanaal (het) | канал (м) | kánal |

120. Landbouw

landbouw (de)	пољопривреда (ж)	poljoprívreda
boer (de)	сељак (м)	séljak
boerin (de)	сељанка (ж)	séljanka
landbouwer (de)	фармер (м)	fármer

| tractor (de) | трактор (м) | tráktor |
| maaidorser (de) | комбајн (м) | kómbajn |

ploeg (de)	плуг (м)	plug
ploegen (ww)	орати (пг)	órati
akkerland (het)	ораница (ж)	óranica
voor (de)	бразда (ж)	brázda

zaaien (ww)	сејати (нг, пг)	séjati
zaaimachine (de)	сејалица (ж)	séjalica
zaaien (het)	сетва (ж)	sétva

| zeis (de) | коса (ж) | kósa |
| maaien (ww) | косити (пг) | kósiti |

| schop (de) | лопата (ж) | lópata |
| spitten (ww) | орати (пг) | órati |

schoffel (de)	мотика (ж)	mótika
wieden (ww)	плевити (пг)	pléviti
onkruid (het)	коров (м)	kórov

gieter (de)	канта (ж) за заливање	kánta za zalívanje
begieten (water geven)	заливати (пг)	zalívati
bewatering (de)	заливање (с)	zalívanje

| riek, hooivork (de) | виле (ж) | víle |
| hark (de) | грабуље (мн) | grábulje |

kunstmest (de)	ђубриво (с)	đúbrivo
bemesten (ww)	ђубрити (пг)	đúbriti
mest (de)	балега (ж)	bálega

veld (het)	поље (с)	pólje
wei (de)	ливада (ж)	lívada
moestuin (de)	повртњак (м)	póvrtnjak
boomgaard (de)	воћњак (м)	vóćnjak

weiden (ww)	пасти (пг)	pásti
herder (de)	пастир, чобан (м)	pástir, čóban
weiland (de)	пашњак (м)	pášnjak

| veehouderij (de) | сточарство (с) | stočárstvo |
| schapenteelt (de) | овчарство (с) | ovčárstvo |

plantage (de)	плантажа (ж)	plantáža
rijtje (het)	гредица (ж)	grédica
broeikas (de)	стакленик (м)	stáklenik

| droogte (de) | суша (ж) | súša |
| droog (bn) | сушан | súšan |

graan (het)	зрно (с)	zŕno
graangewassen (mv.)	житарице (мн)	žitárice
oogsten (ww)	брати (пг)	bráti

molenaar (de)	млинар (м)	mlínar
molen (de)	млин (м)	mlin
malen (graan ~)	мљети (пг)	mljéti
bloem (bijv. tarwebloem)	брашно (с)	brášno
stro (het)	слама (ж)	sláma

121. Gebouw. Bouwproces

bouwplaats (de)	градилиште (с)	grádilište
bouwen (ww)	градити (пг)	gráditi
bouwvakker (de)	грађевинар (м)	građevínar

project (het)	пројекат (м)	projékat
architect (de)	архитекта (м)	arhitékta
arbeider (de)	радник (м)	rádnik

fundering (de)	темељ (м)	témelj
dak (het)	кров (м)	krov
heipaal (de)	шип (м)	šip
muur (de)	зид (м)	zid

| betonstaal (het) | арматура (ж) | armatúra |
| steigers (mv.) | скеле (мн) | skéle |

beton (het)	бетон (м)	béton
graniet (het)	гранит (м)	gránit
steen (de)	камен (м)	kámen
baksteen (de)	опека, цигла (ж)	ópeka, cígla

zand (het)	песак (м)	pésak
cement (de/het)	цемент (м)	cément
pleister (het)	малтер (м)	málter
pleisteren (ww)	малтерисати (пг)	maltérisati
verf (de)	фарба (ж)	fárba
verven (muur ~)	бојити (пг)	bójiti
ton (de)	буре (с)	búre

kraan (de)	дизалица (ж)	dízalica
heffen, hijsen (ww)	дизати (пг)	dízati
neerlaten (ww)	спуштати (пг)	spúštati

| bulldozer (de) | булдожер (м) | búldožer |
| graafmachine (de) | багер (м) | báger |

graafbak (de)	кашика (ж)	kášika
graven (tunnel, enz.)	копати (пг)	kópati
helm (de)	шлем (м)	šlem

122. Wetenschap. Onderzoek. Wetenschappers

wetenschap (de)	наука (ж)	náuka
wetenschappelijk (bn)	научни	náučni
wetenschapper (de)	научник (м)	náučnik
theorie (de)	теорија (ж)	téorija

axioma (het)	аксиом (м)	aksíom
analyse (de)	анализа (ж)	analíza
analyseren (ww)	анализирати (пг)	analizírati
argument (het)	аргумент (м)	argúment
substantie (de)	материја, супстанца (ж)	máterija, supstánca

hypothese (de)	хипотеза (ж)	hipotéza
dilemma (het)	дилема (ж)	diléma
dissertatie (de)	дисертација (ж)	disertácija
dogma (het)	догма (ж)	dógma

doctrine (de)	доктрина (ж)	doktrína
onderzoek (het)	истраживање (с)	istražívanje
onderzoeken (ww)	истраживати (пг)	istražívati
toetsing (de)	контрола (ж)	kontróla
laboratorium (het)	лабораторија (ж)	laboratórija

methode (de)	метода (ж)	metóda
molecule (de/het)	молекул (м)	molékul
monitoring (de)	мониторинг, надзор (м)	monitóring, nádzor
ontdekking (de)	откриће (с)	otkríće

postulaat (het)	постулат (м)	postúlat
principe (het)	принцип (м)	príncip
voorspelling (de)	прогноза (ж)	prognóza
een prognose maken	прогнозирати (пг)	prognozírati

synthese (de)	синтеза (ж)	sintéza
tendentie (de)	тенденција (ж)	tendéncija
theorema (het)	теорема (ж)	teoréma

| leerstellingen (mv.) | учење (с) | účenje |
| feit (het) | чињеница (ж) | čínjenica |

| expeditie (de) | експедиција (ж) | ekspedícija |
| experiment (het) | експеримент (м) | eksperíment |

academicus (de)	академик (м)	akadémik
bachelor (bijv. BA, LLB)	бакалавр (м)	bákalavr
doctor (de)	доктор (м)	dóktor
universitair docent (de)	доцент (м)	dócent
master, magister (de)	магистар (м)	magístar
professor (de)	професор (м)	prófesor

Beroepen en ambachten

baan (de)	посао (м)	pósao
carrière (de)	каријера (ж)	karijéra
vooruitzichten (mv.)	изгледи (мн)	ízgledi
meesterschap (het)	мајсторство (с)	májstorstvo
keuze (de)	одабирање (с)	odábiranje
uitzendbureau (het)	регрутна агенција (ж)	régrutna agéncija
CV, curriculum vitae (het)	резиме (м)	rezíme
sollicitatiegesprek (het)	разговор (м) за посао	rázgovor za pósao
vacature (de)	слободно место (с)	slóbodno mésto
salaris (het)	плата, зарада (ж)	pláta, zárada
vaste salaris (het)	фиксна зарада (ж)	fíksna zárada
loon (het)	плата (ж)	pláta
betrekking (de)	положај (м)	póložaj
taak, plicht (de)	дужност (ж)	dúžnost
takenpakket (het)	радни задаци (мн)	rádni zadáci
bezig (~ zijn)	заузет	záuzet
ontslagen (ww)	отпустити (пг)	otpústiti
ontslag (het)	отпуст (м)	ótpust
werkloosheid (de)	незапосленост (ж)	nezáposlenost
werkloze (de)	незапослен (м)	nezáposlen
pensioen (het)	пензија (ж)	pénzija
met pensioen gaan	отићи у пензију	ótići u pénziju

directeur (de)	директор (м)	dírektor
beheerder (de)	менаџер (м)	ménadžer
hoofd (het)	шеф (м)	šef
baas (de)	шеф, начелник (м)	šef, náčelnik
superieuren (mv.)	руководство (с)	rúkovodstvo
president (de)	председник (м)	prédsednik
voorzitter (de)	председник (м)	prédsednik
adjunct (de)	заменик (м)	zámenik
assistent (de)	помоћник (м)	pomóćnik
secretaris (de)	секретар (м), секретарица (ж)	sekrétar, sekretárica
persoonlijke assistent (de)	лични секретар (м)	líčni sekrétar

zakenman (de)	бизнисмен (м)	bíznismen
ondernemer (de)	предузетник (м)	preduzétnik
oprichter (de)	оснивач (м)	osnívač
oprichten	основати (пг)	osnóvati
(een nieuw bedrijf ~)		

stichter (de)	оснивач (м)	osnívač
partner (de)	партнер (м)	pártner
aandeelhouder (de)	акционар (м)	akciónar

miljonair (de)	милионер (м)	milióner
miljardair (de)	милијардер (м)	milijárder
eigenaar (de)	власник (м)	vlásnik
landeigenaar (de)	земљопоседник (м)	zemljopósednik

klant (de)	клијент (м)	klíjent
vaste klant (de)	стална муштерија (м)	stálna múšterija
koper (de)	купац (м)	kúpac
bezoeker (de)	посетилац (м)	posétilac

professioneel (de)	професионалац (м)	profesionálac
expert (de)	експерт (м)	ékspert
specialist (de)	стручњак (м)	strúčnjak

bankier (de)	банкар (м)	bánkar
makelaar (de)	брокер (м)	bróker

kassier (de)	благајник (м)	blágajnik
boekhouder (de)	књиговођа (м)	knjígovođa
bewaker (de)	чувар (м)	čúvar

investeerder (de)	инвеститор (м)	invéstitor
schuldenaar (de)	дужник (м)	dúžnik
crediteur (de)	зајмодавац, поверилац (м)	zajmodávac, povérilac
lener (de)	зајмопримац (м)	zajmoprímac

importeur (de)	увозник (м)	úvoznik
exporteur (de)	извозник (м)	ízvoznik

producent (de)	произвођач (м)	proizvóđač
distributeur (de)	дистрибутер (м)	distribúter
bemiddelaar (de)	посредник (м)	pósrednik

adviseur, consulent (de)	саветодавац (м)	savetodávac
vertegenwoordiger (de)	представник (м)	prédstavnik
agent (de)	агент (м)	ágent
verzekeringsagent (de)	агент (м) осигурања	ágent osiguránja

125. Dienstverlenende beroepen

kok (de)	кувар (м)	kúvar
chef-kok (de)	главни кувар (м)	glávni kúvar
bakker (de)	пекар (м)	pékar
barman (de)	бармен (м)	bármen

kelner, ober (de)	конобар (м)	kónobar
serveerster (de)	конобарица (ж)	konobárica

advocaat (de)	адвокат (м)	advókat
jurist (de)	правник (м)	právnik
notaris (de)	јавни бележник (м)	jávni béležnik

elektricien (de)	електричар (м)	eléktričar
loodgieter (de)	водоинсталатер (м)	vodoinstaláter
timmerman (de)	столар (м)	stólar

masseur (de)	масер (м)	máser
masseuse (de)	масерка (ж)	máserka
dokter, arts (de)	лекар (м)	lékar

taxichauffeur (de)	таксиста (м)	táksista
chauffeur (de)	возач (м)	vózač
koerier (de)	курир (м)	kúrir

kamermeisje (het)	собарица (ж)	sóbarica
bewaker (de)	чувар (м)	čúvar
stewardess (de)	стјуардеса (ж)	stjuardésa

meester (de)	учитељ (м)	účitelj
bibliothecaris (de)	библиотекар (м)	bibliotékar
vertaler (de)	преводилац (м)	prevódilac
tolk (de)	преводилац (м)	prevódilac
gids (de)	водич (м)	vódič

kapper (de)	фризер (м)	frízer
postbode (de)	поштар (м)	póštar
verkoper (de)	продавач (м)	prodávač

tuinman (de)	баштован (м)	báštovan
huisbediende (de)	слуга (м)	slúga
dienstmeisje (het)	слушкиња (ж)	slúškinja
schoonmaakster (de)	чистачица (ж)	čistáčica

126. Militaire beroepen en rangen

soldaat (rang)	редов (м)	rédov
sergeant (de)	наредник (м)	nárednik
luitenant (de)	поручник (м)	póručnik
kapitein (de)	капетан (м)	kapétan

majoor (de)	мајор (м)	májor
kolonel (de)	пуковник (м)	púkovnik
generaal (de)	генерал (м)	genéral
maarschalk (de)	маршал (м)	máršal
admiraal (de)	адмирал (м)	admíral

militair (de)	војно лице (с)	vójno líce
soldaat (de)	војник (м)	vójnik
officier (de)	официр (м)	ofícir

commandant (de)	командант (м)	komándant
grenswachter (de)	граничар (м)	gráničar
marconist (de)	радио оператер (м)	rádio operáter
verkenner (de)	извиђач (м)	izvíđač
sappeur (de)	деминер (м)	demíner
schutter (de)	стрелац (м)	strélac
stuurman (de)	навигатор (м)	navígator

127. Ambtenaren. Priesters

koning (de)	краљ (м)	kralj
koningin (de)	краљица (ж)	králjica
prins (de)	принц (м)	princ
prinses (de)	принцеза (ж)	princéza
tsaar (de)	цар (м)	car
tsarina (de)	царица (ж)	cárica
president (de)	председник (м)	prédsednik
minister (de)	министар (м)	mínistar
eerste minister (de)	премијер (м)	prémijer
senator (de)	сенатор (м)	sénator
diplomaat (de)	дипломат (м)	diplómat
consul (de)	конзул (м)	kónzul
ambassadeur (de)	амбасадор (м)	ambásador
adviseur (de)	саветник (м)	sávetnik
ambtenaar (de)	чиновник (м)	činóvnik
prefect (de)	префект (м)	préfekt
burgemeester (de)	градоначелник (м)	gradonáčelnik
rechter (de)	судија (м)	súdija
aanklager (de)	тужилац (м)	túžilac
missionaris (de)	мисионар (м)	misiónar
monnik (de)	монах (м)	mónah
abt (de)	опат (м)	ópat
rabbi, rabbijn (de)	рабин (м)	rábin
vizier (de)	везир (м)	vézir
sjah (de)	шах (м)	šah
sjeik (de)	шеик (м)	šéik

128. Agrarische beroepen

imker (de)	пчелар (м)	pčélar
herder (de)	пастир, чобан (м)	pástir, čóban
landbouwkundige (de)	агроном (м)	agrónom
veehouder (de)	сточар (м)	stóčar
dierenarts (de)	ветеринар (м)	veterínar

landbouwer (de)	фармер (м)	fármer
wijnmaker (de)	винар (м)	vínar
zoöloog (de)	зоолог (м)	zoólog
cowboy (de)	каубој (м)	káuboj

129. Kunst beroepen

| acteur (de) | глумац (м) | glúmac |
| actrice (de) | глумица (ж) | glúmica |

| zanger (de) | певач (м) | pévač |
| zangeres (de) | певачица (ж) | peváčica |

| danser (de) | плесач (м) | plésač |
| danseres (de) | плесачица (ж) | plesáčica |

| artiest (mann.) | Уметник (м) | Úmetnik |
| artiest (vrouw.) | Уметница (ж) | Úmetnica |

muzikant (de)	музичар (м)	múzičar
pianist (de)	пијаниста (м)	pijanísta
gitarist (de)	гитариста (м)	gitárista

orkestdirigent (de)	диригент (м)	dírigent
componist (de)	композитор (м)	kompózitor
impresario (de)	импресарио (м)	impresário

filmregisseur (de)	редитељ (м)	réditelj
filmproducent (de)	продуцент (м)	prodúcent
scenarioschrijver (de)	сценариста (м)	scenárista
criticus (de)	критичар (м)	krítičar

schrijver (de)	писац (м)	písac
dichter (de)	песник (м)	pésnik
beeldhouwer (de)	вајар (м)	vájar
kunstenaar (de)	сликар (м)	slíkar

jongleur (de)	жонглер (м)	žóngler
clown (de)	кловн (м)	klovn
acrobaat (de)	акробата (м)	akróbata
goochelaar (de)	мађионичар (м)	mađióničar

130. Verschillende beroepen

dokter, arts (de)	лекар (м)	lékar
ziekenzuster (de)	медицинска сестра (ж)	médicinska séstra
psychiater (de)	психијатар (м)	psihijátar
tandarts (de)	стоматолог (м)	stomatólog
chirurg (de)	хирург (м)	hírurg

| astronaut (de) | астронаут (м) | astronáut |
| astronoom (de) | астроном (м) | astrónom |

piloot (de)	пилот (м)	pílot
chauffeur (de)	возач (м)	vózač
machinist (de)	машиновођа (м)	mašinóvođa
mecanicien (de)	механичар (м)	meháničar

mijnwerker (de)	рудар (м)	rúdar
arbeider (de)	радник (м)	rádnik
bankwerker (de)	бравар (м)	brávar
houtbewerker (de)	столар (м)	stólar
draaier (de)	стругар (м)	strúgar
bouwvakker (de)	грађевинар (м)	građevínar
lasser (de)	варилац (м)	várilac

professor (de)	професор (м)	prófesor
architect (de)	архитекта (м)	arhitékta
historicus (de)	историчар (м)	istóričar
wetenschapper (de)	научник (м)	náučnik
fysicus (de)	физичар (м)	fízičar
scheikundige (de)	хемичар (м)	hémičar

archeoloog (de)	археолог (м)	arheólog
geoloog (de)	геолог (м)	geólog
onderzoeker (de)	истраживач (м)	istražívač

| babysitter (de) | дадиља (ж) | dádilja |
| leraar, pedagoog (de) | учитељ, наставник (м) | účitelj, nástavnik |

redacteur (de)	уредник (м)	úrednik
chef-redacteur (de)	главни уредник (м)	glávni úrednik
correspondent (de)	дописник (м)	dópisnik
typiste (de)	дактилографкиња (ж)	daktilógrafkinja

designer (de)	дизајнер (м)	dizájner
computerexpert (de)	компјутерски стручњак (м)	kompjúterski strúčnjak
programmeur (de)	програмер (м)	prográmer
ingenieur (de)	инжењер (м)	inžénjer

matroos (de)	поморац, морнар (м)	pómorac, mórnar
zeeman (de)	морнар (м)	mórnar
redder (de)	спасилац (м)	spásilac

brandweerman (de)	ватрогасац (м)	vatrogásac
politieagent (de)	полицајац (м)	policájac
nachtwaker (de)	чувар (м)	čúvar
detective (de)	детектив (м)	detéktiv

douanier (de)	цариник (м)	cárinik
lijfwacht (de)	телохранитељ (м)	telohránitelj
gevangenisbewaker (de)	чувар (м)	čúvar
inspecteur (de)	инспектор (м)	ínspektor

sportman (de)	спортиста (м)	sportísta
trainer (de)	тренер (м)	tréner
slager, beenhouwer (de)	касапин (м)	kásapin
schoenlapper (de)	обућар (м)	óbućar
handelaar (de)	трговац (м)	tŕgovac

lader (de)	утоваривач (м)	utovarívač
kledingstilist (de)	модни креатор (м)	módni kreátor
model (het)	манекенка (ж)	manékenka

131. Beroepen. Sociale status

| scholier (de) | ђак (м) | đak |
| student (de) | студент (м) | stúdent |

filosoof (de)	филозоф (м)	filózof
econoom (de)	економиста (м)	ekonómista
uitvinder (de)	проналазач (м)	pronalázač

werkloze (de)	незапослен (м)	nezáposlen
gepensioneerde (de)	пензионер (м)	penzióner
spion (de)	шпијун (м)	špíjun

gedetineerde (de)	затвореник (м)	zatvorénik
staker (de)	штрајкач (м)	štrájkač
bureaucraat (de)	бирократа (м)	birókrata
reiziger (de)	путник (м)	pútnik

homoseksueel (de)	хомосексуалац (м)	homoseksuálac
hacker (computerkraker)	хакер (м)	háker
hippie (de)	хипији (мн)	hípiji

bandiet (de)	бандит (м)	bándit
huurmoordenaar (de)	плаћени убица (м)	pláćeni úbica
drugsverslaafde (de)	наркоман (м)	nárkoman
drugshandelaar (de)	продавац (м) дроге	prodávac dróge
prostituee (de)	проститутка (ж)	próstitutka
pooier (de)	макро (м)	mákro

tovenaar (de)	чаробњак (м)	čaróbnjak
tovenares (de)	чаробница (ж)	čárobnica
piraat (de)	гусар (м)	gúsar
slaaf (de)	роб (м)	rob
samoerai (de)	самурај (м)	samúraj
wilde (de)	дивљак (м)	dívljak

Sport

132. **Soorten sporten. Sporters**

sportman (de)	спортиста (м)	sportísta
soort sport (de/het)	врста (ж) спорта	vŕsta spórta
basketbal (het)	кошарка (ж)	kóšarka
basketbalspeler (de)	кошаркаш (м)	košárkaš
baseball (het)	бејзбол (м)	béjzbol
baseballspeler (de)	играч бејзбола (м)	ígrač béjzbola
voetbal (het)	фудбал (м)	fúdbal
voetballer (de)	фудбалер (м)	fudbáler
doelman (de)	голман (м)	gólman
hockey (het)	хокеј (м)	hókej
hockeyspeler (de)	хокејаш (м)	hokéjaš
volleybal (het)	одбојка (ж)	ódbojka
volleybalspeler (de)	одбојкаш (м)	odbójkaš
boksen (het)	бокс (м)	boks
bokser (de)	боксер (м)	bókser
worstelen (het)	рвање (с), борба (ж)	rvánje, bórba
worstelaar (de)	рвач (м)	ŕvač
karate (de)	карате (м)	karáte
karateka (de)	каратиста (м)	karátista
judo (de)	џудо (с)	džúdo
judoka (de)	џудиста (м)	džudísta
tennis (het)	тенис (м)	ténis
tennisspeler (de)	тенисер (м)	téniser
zwemmen (het)	пливање (с)	plívanje
zwemmer (de)	пливач (м)	plívač
schermen (het)	мачевање (с)	mačévanje
schermer (de)	мачевалац (м)	mačévalac
schaak (het)	шах (м)	šah
schaker (de)	шахиста (м)	šahísta
alpinisme (het)	планинарење (с)	planinárenje
alpinist (de)	планинар (м)	planínar
hardlopen (het)	трчање (с)	tŕčanje

renner (de)	тркач (м)	tŕkač
atletiek (de)	лака атлетика (ж)	láka atlétika
atleet (de)	атлетичар (м)	atlétičar

paardensport (de)	јахање (с)	jáhanje
ruiter (de)	јахач (м)	jáhač

kunstschaatsen (het)	уметничко клизање (с)	umétničko klízanje
kunstschaatser (de)	клизач (м)	Klízač
kunstschaatsster (de)	клизачица (ж)	klizáčica

gewichtheffen (het)	дизање (с) тегова	dízanje tégova
gewichtheffer (de)	дизач (м) тегова	dízač tégova
autoraces (mv.)	аутомобилске трке (мн)	automóbilske tŕke
coureur (de)	возач (м)	vózač

wielersport (de)	бициклизам (м)	biciklízam
wielrenner (de)	бициклиста (м)	bicíklista

verspringen (het)	скок (м) у даљ	skok u dalj
polsstokspringen (het)	скок (м) с мотком	skok s mótkom
verspringer (de)	скакач (м)	skákač

133. Soorten sporten. Diversen

Amerikaans voetbal (het)	амерички фудбал (м)	amérički fúdbal
badminton (het)	бадминтон (м)	bádminton
biatlon (de)	биатлон (м)	bíatlon
biljart (het)	билијар (м)	bilíjar

bobsleeën (het)	боб (м)	bob
bodybuilding (de)	бодибилдинг (м)	bódibilding
waterpolo (het)	ватерполо (м)	váterpolo
handbal (de)	рукомет (м)	rúkomet
golf (het)	голф (м)	golf

roeisport (de)	веслање (с)	véslanje
duiken (het)	роњење (с)	rónjenje
langlaufen (het)	скијашко трчање (с)	skíjaško tŕčanje
tafeltennis (het)	стони тенис (м)	stóni ténis

zeilen (het)	једрење (с)	jédrenje
rally (de)	рели (м)	réli
rugby (het)	рагби (м)	rágbi
snowboarden (het)	сноуборд (м)	snóubord
boogschieten (het)	стреличарство (с)	stréličarstvo

134. Fitnessruimte

lange halter (de)	шипка (ж) за тегове	šípka za tégove
halters (mv.)	бучице (мн)	búčice
training machine (de)	справа (ж) за вежбање	správa za vézbanje

| hometrainer (de) | собни бицикл (м) | sóbni bicíkl |
| loopband (de) | тркачка стаза (ж) | tŕkačka stáza |

rekstok (de)	вратило (с)	vrátilo
brug (de) gelijke leggers	разбој (м)	rázboj
paardsprong (de)	коњ (м)	konj
mat (de)	струњача (ж)	strúnjača

springtouw (het)	вијача (ж), уже (с)	víjača, úže
aerobics (de)	аеробик (м)	aeróbik
yoga (de)	joга (ж)	jóga

135. Hockey

hockey (het)	хокеј (м)	hókej
hockeyspeler (de)	хокејаш (м)	hokéjaš
hockey spelen	играти хокеј	ígrati hókej
ijs (het)	лед (м)	led

puck (de)	пак (м)	pak
hockeystick (de)	палица (ж)	pálica
schaatsen (mv.)	клизаљке (мн)	klízaljke

| boarding (de) | ограда (ж) | ógrada |
| schot (het) | хитац (м) | hítac |

doelman (de)	голман (м)	gólman
goal (de)	гол (м)	gol
een goal scoren	постићи гол	póstići gol

periode (de)	трећина (ж)	trećína
tweede periode (de)	друга трећина	drúga trećína
reservebank (de)	резервна клупа (ж)	rézervna klúpa

136. Voetbal

voetbal (het)	фудбал (м)	fúdbal
voetballer (de)	фудбалер (м)	fudbáler
voetbal spelen	играти фудбал	ígrati fúdbal

eredivisie (de)	виша лига (ж)	víša líga
voetbalclub (de)	фудбалски клуб (м)	fúdbalski klub
trainer (de)	тренер (м)	tréner
eigenaar (de)	власник (м)	vlásnik

team (het)	екипа (ж)	ekípa
aanvoerder (de)	капитен (м) екипе	kapíten ekípe
speler (de)	играч (м)	ígrač
reservespeler (de)	резервни играч (м)	rézervni ígrač

| aanvaller (de) | нападач (м) | napádač |
| centrale aanvaller (de) | центарфор (м) | céntarfor |

doelpuntmaker (de)	стрелац (м)	strélac
verdediger (de)	играч (м) одбране	ígrač odbrane
middenvelder (de)	везни играч (м)	vézni ígrač
match, wedstrijd (de)	меч (м)	meč
elkaar ontmoeten (ww)	сусрести се	súsresti se
finale (de)	финале (с)	finále
halve finale (de)	полуфинале (м)	polufinále
kampioenschap (het)	првенство (с)	prvénstvo
helft (de)	полувреме (с)	póluvreme
eerste helft (de)	прво полувреме (с)	pŕvo póluvreme
pauze (de)	одмор (м)	ódmor
doel (het)	гол (м)	gol
doelman (de)	голман (м)	gólman
doelpaal (de)	статива (ж)	statíva
lat (de)	пречка (ж)	préčka
doelnet (het)	мрежа (ж)	mréža
een goal incasseren	примити гол	prímiti gol
bal (de)	лопта (ж)	lópta
pass (de)	пас (м)	pas
schot (het), schop (de)	ударац (м)	údarac
schieten (de bal ~)	шутнути (пг)	šútnuti
vrije schop (directe ~)	казнени ударац (м)	kázneni údarac
hoekschop, corner (de)	корнер (м)	kórner
aanval (de)	напад (м)	nápad
tegenaanval (de)	контранапад (м)	kontranápad
combinatie (de)	комбинација (ж)	kombinácija
scheidsrechter (de)	судија (м)	súdija
fluiten (ww)	звиждати (нг)	zvíždati
fluitsignaal (het)	звиждаљка (ж)	zvíždaljka
overtreding (de)	прекршај (м)	prékršaj
een overtreding maken	прекршити (пг)	prekŕšiti
uit het veld te sturen	одстранити с терена	ódstraniti s teréna
gele kaart (de)	жути картон (м)	žúti kárton
rode kaart (de)	црвени картон (м)	crvéni kárton
diskwalificatie (de)	дисквалификација (ж)	diskvalifikácija
diskwalificeren (ww)	дисквалификовати (пг)	diskvalifikóvati
strafschop, penalty (de)	пенал (м)	pénal
muur (de)	живи зид (м)	žívi zid
scoren (ww)	забити (пг)	zábiti
goal (de), doelpunt (het)	гол (м)	gol
een goal scoren	постићи гол	póstići gol
vervanging (de)	измена (ж)	ízmena
vervangen (ov.ww.)	заменити (пг)	zaméniti
regels (mv.)	правила (мн)	právila
tactiek (de)	тактика (ж)	táktika
stadion (het)	стадион (м)	stádion

tribune (de)	трибина (ж)	tríbina
fan, supporter (de)	навијач (м)	navíjač
schreeuwen (ww)	викати (нг)	víkati

| scorebord (het) | семафор (м) | sémafor |
| stand (~ is 3-1) | резултат (м) | rezúltat |

nederlaag (de)	пораз (м)	póraz
verliezen (ww)	изгубити (нг, пг)	izgúbiti
gelijkspel (het)	нерешена игра (ж)	neréšena ígra
in gelijk spel eindigen	одиграти нерешено	ódigrati nérešeno

overwinning (de)	победа (ж)	póbeda
overwinnen (ww)	победити (нг)	pobéditi
kampioen (de)	шампион (м)	šampíon
best (bn)	најбољи	najbólji
feliciteren (ww)	честитати (пг)	čestítati

commentator (de)	коментатор (м)	koméntator
becommentariëren (ww)	коментарисати (пг)	komentárisati
uitzending (de)	емисија (ж)	emísija

137. Alpine skiën

ski's (mv.)	скије (мн)	skíje
skiën (ww)	скијати (нг)	skíjati
skigebied (het)	скијалиште (c)	skíjalište
skilift (de)	ски лифт (м)	ski lift

skistokken (mv.)	штапови (мн)	štápovi
helling (de)	нагиб (м)	nágib
slalom (de)	слалом (м)	slálom

138. Tennis. Golf

golf (het)	голф (м)	golf
golfclub (de)	голф клуб (м)	golf klub
golfer (de)	играч (м) голфа	ígrač gólfa

hole (de)	рупа (ж)	rúpa
golfclub (de)	палица (ж)	pálica
trolley (de)	колица (мн) за палице	kolíca za pálice

| tennis (het) | тенис (м) | ténis |
| tennisveld (het) | тениски терен (м) | téniski téren |

| opslag (de) | сервис (м) | sérvis |
| serveren, opslaan (ww) | сервирати (пг) | servírati |

racket (het)	рекет (м)	rékеt
net (het)	мрежа (ж)	mréža
bal (de)	лоптица (ж)	lóptica

139. Schaken

schaak (het)	шах (м)	šah
schaakstukken (mv.)	шаховске фигуре (мн)	šáhovske figúre
schaker (de)	шахиста (м)	šahísta
schaakbord (het)	шаховска табла (ж)	šáhovska tábla
schaakstuk (het)	фигура (ж)	figúra
witte stukken (mv.)	беле фигуре (мн)	béle figúre
zwarte stukken (mv.)	црне (мн)	cŕne
pion (de)	пешак, пион (м)	péšak, píon
loper (de)	ловац (м)	lóvac
paard (het)	коњ (м)	konj
toren (de)	топ (м)	top
dame, koningin (de)	краљица (ж)	králjica
koning (de)	краљ (м)	kralj
zet (de)	потез (м)	pótez
zetten (ww)	повлачити потез	povláčiti pótez
opofferen (ww)	жртвовати (пг)	žŕtvovati
rokade (de)	рокада (ж)	rokáda
schaak (het)	шах (м)	šah
schaakmat (het)	мат (м)	mat
schaakwedstrijd (de)	шаховски турнир (м)	šáhovski túrnir
grootmeester (de)	велемајстор (м)	velemájstor
combinatie (de)	комбинација (ж)	kombinácija
partij (de)	партија (ж)	pártija
dammen (de)	даме (мн)	dáme

140. Boksen

boksen (het)	бокс (м)	boks
boksgevecht (het)	бокс-меч (м)	boks-meč
bokswedstrijd (de)	двобој (м)	dvóboj
ronde (de)	рунда (ж)	rúnda
ring (de)	ринг (м)	ring
gong (de)	гонг (м)	gong
stoot (de)	ударац (м)	údarac
knock-down (de)	нокдаун (м)	nokdáun
knock-out (de)	нокаут (м)	nokáut
knock-out slaan (ww)	нокаутирати (пг)	nokautírati
bokshandschoen (de)	боксерска рукавица (ж)	bókserska rukávica
referee (de)	судија (м)	súdija
lichtgewicht (het)	лака категорија (ж)	láka kategórija
middengewicht (het)	средња категорија (ж)	srédnja kategórija
zwaargewicht (het)	тешка категорија (ж)	téška kategórija

141. Sporten. Diversen

Olympische Spelen (mv.)	Олимпијске игре (мн)	Olímpijske ígre
winnaar (de)	победник (м)	póbednik
overwinnen (ww)	побеђивати (нг)	pobeđívati
winnen (ww)	победити (нг), добити (пг)	pobéditi, dóbiti

leider (de)	лидер (м)	líder
leiden (ww)	бити у вођству	bíti u vóđstvu

eerste plaats (de)	прво место (с)	pŕvo mésto
tweede plaats (de)	друго место (с)	drúgo mésto
derde plaats (de)	треће место (с)	tréće mésto

medaille (de)	медаља (ж)	médalja
trofee (de)	трофеј (м)	trófej
beker (de)	куп (м)	kup
prijs (de)	награда (ж)	nágrada
hoofdprijs (de)	главна награда (ж)	glávna nágrada

record (het)	рекорд (м)	rékord
een record breken	поставити рекорд	póstaviti rékord

finale (de)	финале (с)	finále
finale (bn)	финални	fínalni

kampioen (de)	шампион (м)	šampíon
kampioenschap (het)	првенство (с)	prvénstvo

stadion (het)	стадион (м)	stádion
tribune (de)	трибина (ж)	tríbina
fan, supporter (de)	навијач (м)	navíjač
tegenstander (de)	противник (м)	prótivnik

start (de)	старт (м)	start
finish (de)	циљ (м)	cilj

nederlaag (de)	пораз (м)	póraz
verliezen (ww)	изгубити (нг, пг)	izgúbiti

rechter (de)	судија (м)	súdija
jury (de)	жири (м)	žíri
stand (~ is 3-1)	резултат (м)	rezúltat
gelijkspel (het)	нерешена игра (ж)	neréšena ígra
in gelijk spel eindigen	одиграти нерешено	ódigrati nérešeno
punt (het)	бод (м)	bod
uitslag (de)	резултат (м)	rezúltat

periode (de)	период (м)	períod
pauze (de)	одмор (м)	ódmor
doping (de)	допинг (м)	dóping
straffen (ww)	кажњавати (пг)	kažnjávati
diskwalificeren (ww)	дисквалификовати (пг)	diskvalifikóvati
toestel (het)	справа (ж)	správa
speer (de)	копље (с)	kóplje

kogel (de)	кугла (ж)	kúgla
bal (de)	кугла (ж)	kúgla
doel (het)	циљ (м)	cilj
schietkaart (de)	мета (ж)	méta
schieten (ww)	пуцати (нг)	púcati
precies (bijv. precieze schot)	тачан	táčan
trainer, coach (de)	тренер (м)	tréner
trainen (ww)	тренирати (пг)	trenírati
zich trainen (ww)	тренирати (нг)	trenírati
training (de)	тренинг (м), вежбање (с)	tréning, véžbanje
gymnastiekzaal (de)	теретана (ж)	teretána
oefening (de)	вежба (ж)	véžba
opwarming (de)	загревање (с)	zágrevanje

Onderwijs

142. School

school (de)	школа (ж)	škóla
schooldirecteur (de)	директор (м)	dírektor
leerling (de)	ученик (м)	účenik
leerlinge (de)	ученица (ж)	účenica
scholier (de)	школарац, ђак (м)	škólarac, đak
scholiere (de)	школарка, ђак (ж)	škólarka, đak
leren (lesgeven)	учити (нг)	účiti
studeren (bijv. een taal ~)	учити (нг)	účiti
van buiten leren	учити напамет	účiti nápamet
leren (bijv. ~ tellen)	учити (нг)	účiti
in school zijn	ходати у школу	hódati u školu
(schooljongen zijn)		
naar school gaan	ићи у школу	íći u škólu
alfabet (het)	азбука, абецеда (ж)	ázbuka, abecéda
vak (schoolvak)	предмет (м)	prédmet
klaslokaal (het)	учионица (ж)	učiónica
les (de)	час (м)	čas
pauze (de)	одмор (м)	ódmor
bel (de)	звоно (с)	zvóno
schooltafel (de)	клупа (ж)	klúpa
schoolbord (het)	школска табла (ж)	škólska tábla
cijfer (het)	оцена (ж)	ócena
goed cijfer (het)	добра оцена (ж)	dóbra ócena
slecht cijfer (het)	лоша оцена (ж)	lóša ócena
een cijfer geven	давати оцену	dávati ócenu
fout (de)	грешка (ж)	gréška
fouten maken	правити грешке	práviti gréške
corrigeren (fouten ~)	исправљати (нг)	íspravljati
spiekbriefje (het)	пушкица (ж)	púškica
huiswerk (het)	домаћи задатак (м)	dómaći zadátak
oefening (de)	вежба (ж)	véžba
aanwezig zijn (ww)	присуствовати (нг)	prísustvovati
absent zijn (ww)	одсуствовати (нг)	ódsustvovati
school verzuimen	пропуштати школу	propúštati škólu
bestraffen (een stout kind ~)	кажњавати (нг)	kažnjávati
bestraffing (de)	казна (ж)	kázna

gedrag (het)	понашање (с)	ponášanje
cijferlijst (de)	ђачка књижица (ж)	đáčka knjížica
potlood (het)	оловка (ж)	ólovka
gom (de)	гумица (ж)	gúmica
krijt (het)	креда (ж)	kréda
pennendoos (de)	перница (ж)	pérnica

boekentas (de)	торба (ж)	tórba
pen (de)	оловка (ж)	ólovka
schrift (de)	свеска (ж)	svéska
leerboek (het)	уџбеник (м)	údžbenik
passer (de)	шестар (м)	šéstar

| technisch tekenen (ww) | цртати (нг, пг) | cŕtati |
| technische tekening (de) | цртеж (м) | cŕtež |

gedicht (het)	песма (ж)	pésma
van buiten (bw)	напамет	nápamet
van buiten leren	учити напамет	účiti nápamet

vakantie (de)	распуст (м)	ráspust
met vakantie zijn	бити на распусту	bíti na ráspustu
vakantie doorbrengen	провести распуст	próvesti ráspust

toets (schriftelijke ~)	контролни рад (м)	kóntrolni rad
opstel (het)	састав (м)	sástav
dictee (het)	диктат (м)	díktat
examen (het)	испит (м)	íspit
examen afleggen	полагати испит	polágati íspit
experiment (het)	експеримент (м)	eksperíment

143. Hogeschool. Universiteit

academie (de)	академија (ж)	akadémija
universiteit (de)	универзитет (м)	univerzitét
faculteit (de)	факултет (м)	fakúltet

student (de)	студент (м)	stúdent
studente (de)	студенткиња (ж)	stúdentkinja
leraar (de)	предавач (м)	predávač

| collegezaal (de) | слушаоница (ж) | slušaónica |
| afgestudeerde (de) | дипломац (м) | diplómac |

| diploma (het) | диплома (ж) | diplóma |
| dissertatie (de) | дисертација (ж) | disertácija |

| onderzoek (het) | истраживање (с) | istražívanje |
| laboratorium (het) | лабораторија (ж) | laboratórija |

college (het)	предавање (с)	predávanje
medestudent (de)	факултетски друг (м)	fakúltetski drug
studiebeurs (de)	стипендија (ж)	stipéndija
academische graad (de)	академски степен (м)	ákademski stépen

144. Wetenschappen. Disciplines

wiskunde (de)	математика (ж)	matemátika
algebra (de)	алгебра (ж)	álgebra
meetkunde (de)	геометрија (ж)	geométrija
astronomie (de)	астрономија (ж)	astronómija
biologie (de)	биологија (ж)	biológija
geografie (de)	географија (ж)	geográfija
geologie (de)	геологија (ж)	geológija
geschiedenis (de)	историја (ж)	istórija
geneeskunde (de)	медицина (ж)	medicína
pedagogiek (de)	педагогија (ж)	pedagógija
rechten (mv.)	право (с)	právo
fysica, natuurkunde (de)	физика (ж)	fízika
scheikunde (de)	хемија (ж)	hémija
filosofie (de)	филозофија (ж)	filozófija
psychologie (de)	психологија (ж)	psihológija

145. Schrift. Spelling

grammatica (de)	граматика (ж)	gramátika
vocabulaire (het)	лексикон (м)	léksikon
fonetiek (de)	фонетика (ж)	fonétika
zelfstandig naamwoord (het)	именица (ж)	ímenica
bijvoeglijk naamwoord (het)	придев (м)	prídev
werkwoord (het)	глагол (м)	glágol
bijwoord (het)	прилог (м)	prílog
voornaamwoord (het)	заменица (ж)	zámenica
tussenwerpsel (het)	узвик (м)	úzvik
voorzetsel (het)	предлог (м)	prédlog
stam (de)	корен (м) речи	kořen réči
achtervoegsel (het)	наставак (м)	nástavak
voorvoegsel (het)	префикс (м)	préfiks
lettergreep (de)	слог (м)	slog
achtervoegsel (het)	суфикс (м)	súfiks
nadruk (de)	акцент (м)	ákcent
afkappingsteken (het)	апостроф (м)	ápostrof
punt (de)	тачка (ж)	táčka
komma (de/het)	зарез (м)	zárez
puntkomma (de)	тачка (ж) и зарез	táčka i zárez
dubbelpunt (de)	две тачке (мн)	dve táčke
beletselteken (hot)	три тачке (мн)	tri táčke
vraagteken (het)	упитник (м)	úpitnik
uitroepteken (het)	ускличник, узвичник (м)	úskličnik, úzvičnik

aanhalingstekens (mv.)	наводници (мн)	návodnici
tussen aanhalingstekens (bw)	под наводницима	pod návodnicima
haakjes (mv.)	заграда (ж)	zágrada
tussen haakjes (bw)	у загради	u zágradi

streepje (het)	цртица (ж)	cŕtica
gedachtestreepje (het)	повлака (ж)	póvlaka
spatie	размак (м)	rázmak
(~ tussen twee woorden)		

letter (de)	слово (с)	slóvo
hoofdletter (de)	велико слово (с)	véliko slóvo

klinker (de)	самогласник (м)	sámoglasnik
medeklinker (de)	сугласник (м)	súglasnik

zin (de)	реченица (ж)	rečénica
onderwerp (het)	субјекат (м)	súbjekt
gezegde (het)	предикат (м)	prédikat

regel (in een tekst)	ред (м)	red
op een nieuwe regel (bw)	у новом реду	u nóvom rédu
alinea (de)	пасус (м)	pásus

woord (het)	реч (ж)	reč
woordgroep (de)	група (ж) речи	grúpa réči
uitdrukking (de)	израз (м)	ízraz
synoniem (het)	синоним (м)	sinónim
antoniem (het)	антоним (м)	antónim

regel (de)	правило (с)	právilo
uitzondering (de)	изузетак (м)	izuzétak
correct (bijv. ~e spelling)	исправан	íspravan

vervoeging, conjugatie (de)	коњугација (ж)	konjugácija
verbuiging, declinatie (de)	деклинација (ж)	deklinácija
naamval (de)	падеж (м)	pádež
vraag (de)	питање (с)	pítanje
onderstrepen (ww)	подвући (пг)	pódvući
stippellijn (de)	испрекидана линија (ж)	isprékidana línija

146. Vreemde talen

taal (de)	језик (м)	jézik
vreemd (bn)	стран	stran
vreemde taal (de)	страни језик (м)	stráni jézik
leren (bijv. van buiten ~)	студирати (пг)	studírati
studeren (Nederlands ~)	учити (пг)	účiti

lezen (ww)	читати (нг, пг)	čítati
spreken (ww)	говорити (нг)	govóriti
begrijpen (ww)	разумевати (пг)	razumévati
schrijven (ww)	писати (пг)	písati
snel (bw)	брзо	bŕzo

| langzaam (bw) | споро, полако | spóro, poláko |
| vloeiend (bw) | течно | téčno |

regels (mv.)	правила (мн)	právila
grammatica (de)	граматика (ж)	gramátika
vocabulaire (het)	лексикон (м)	léksikon
fonetiek (de)	фонетика (ж)	fonétika

leerboek (het)	уџбеник (м)	údžbenik
woordenboek (het)	речник (м)	réčnik
leerboek (het) voor zelfstudie	приручник (м)	príručnik
taalgids (de)	приручник (м) за конверзацију	príručnik za konverzáciju

cassette (de)	касета (ж)	kaséta
videocassette (de)	видео касета (ж)	vídeo kaséta
CD (de)	ЦД диск (м)	CD disk
DVD (de)	ДВД (м)	DVD

alfabet (het)	азбука, абецеда (ж)	ázbuka, abecéda
spellen (ww)	спеловати (пг)	spélovati
uitspraak (de)	изговор (м)	ízgovor

accent (het)	нагласак (м)	náglasak
met een accent (bw)	са нагласком	sa náglaskom
zonder accent (bw)	без нагласка	bez náglaska

| woord (het) | реч (ж) | reč |
| betekenis (de) | смисао (м) | smísao |

cursus (de)	течај (м)	téčaj
zich inschrijven (ww)	уписати се	upísati se
leraar (de)	професор (м)	prófesor

vertaling (een ~ maken)	превођење (с)	prevóđenje
vertaling (tekst)	превод (м)	prévod
vertaler (de)	преводилац (м)	prevódilac
tolk (de)	преводилац (м)	prevódilac

| polyglot (de) | полиглота (м) | poliglóta |
| geheugen (het) | памћење (с) | pámćenje |

147. Sprookjesfiguren

Sinterklaas (de)	Деда Мраз (м)	Déda Mraz
Assepoester (de)	Пепељуга (ж)	Pepéljuga
zeemeermin (de)	сирена (ж)	siréna
Neptunus (de)	Нептун (м)	Néptun

magiër, tovenaar (de)	чаробњак (м)	čaróbnjak
goede heks (de)	чаробница (ж)	čárobnica
magisch (bn)	чаробан	čároban
toverstokje (het)	чаробни штап (м)	čárobni štap
sprookje (het)	бајка (ж)	bájka

wonder (het)	чудо (с)	čúdo
dwerg (de)	патуљак (м)	patúljak
veranderen in ...	претворити се у ...	pretvóriti se u ...
(anders worden)		

geest (de)	дух (м)	duh
spook (het)	сабласт (ж)	sáblast
monster (het)	чудовиште (с)	čúdovište
draak (de)	змај (м)	zmaj
reus (de)	див (м)	div

148. Dierenriem

Ram (de)	Ован (м)	Óvan
Stier (de)	Бик (м)	Bik
Tweelingen (mv.)	Близанци (мн)	Blizánci
Kreeft (de)	Рак (м)	Rak
Leeuw (de)	Лав (м)	Lav
Maagd (de)	Девица (ж)	Dévica

Weegschaal (de)	Вага (ж)	Vága
Schorpioen (de)	Шкорпија (ж)	Škórpija
Boogschutter (de)	Стрелац (м)	Strélac
Steenbok (de)	Јарац (м)	Járac
Waterman (de)	Водолија (м)	Vodólija
Vissen (mv.)	Рибе (мн)	Ríbe

karakter (het)	карактер (м)	karákter
karaktertrekken (mv.)	црте (мн) карактера	cŕte káraktera
gedrag (het)	понашање (с)	ponášanje
waarzeggen (ww)	гатати (нг)	gátati
waarzegster (de)	гатара (ж)	gátara
horoscoop (de)	хороскоп (м)	hóroskop

Kunst

theater (het)	позориште (с)	pózorište
opera (de)	опера (ж)	ópera
operette (de)	оперета (ж)	operéta
ballet (het)	балет (м)	bálet
affiche (de/het)	плакат (м)	plákat
theatergezelschap (het)	трупа (ж)	trúpa
tournee (de)	гостовање (с)	góstovanje
op tournee zijn	гостовати (нг)	gostóvati
repeteren (ww)	пробати (пг)	próbati
repetitie (de)	проба (ж)	próba
repertoire (het)	репертоар (м)	repertóar
voorstelling (de)	представа (ж)	prédstava
spektakel (het)	представа (ж)	prédstava
toneelstuk (het)	драма (ж)	dráma
biljet (het)	улазница (ж)	úlaznica
kassa (de)	благајна (ж)	blágajna
foyer (de)	фоаје (м)	foáje
garderobe (de)	гардероба (ж)	garderóba
garderobe nummer (het)	број (м)	broj
verrekijker (de)	двоглед (м)	dvógled
plaatsaanwijzer (de)	разводник (м)	rázvodnik
parterre (de)	партер (м)	párter
balkon (het)	балкон (м)	bálkon
gouden rang (de)	прва галерија (ж)	pŕva galérija
loge (de)	ложа (ж)	lóža
rij (de)	ред (м)	red
plaats (de)	седиште (с)	sédište
publiek (het)	публика (ж)	públika
kijker (de)	гледалац (м)	glédalac
klappen (ww)	тапшати (нг)	tápšati
applaus (het)	аплауз (м)	áplauz
ovatie (de)	овација (ж)	ovácija
toneel (op het ~ staan)	бина (ж)	bína
gordijn, doek (het)	завеса (ж)	závesa
toneeldecor (het)	декорација (ж)	dekorácija
backstage (de)	кулиса (ж)	kulísa
scène (de)	сцена (ж)	scéna
bedrijf (het)	акт, чин (м)	akt, čin
pauze (de)	пауза (ж)	páuza

150. Bioscoop

acteur (de)	глумац (м)	glúmac
actrice (de)	глумица (ж)	glúmica
bioscoop (de)	кино (с)	kino
speelfilm (de)	филм (м)	film
aflevering (de)	епизода (ж)	epizóda
detectivefilm (de)	детектив (м)	detéktiv
actiefilm (de)	акциони филм (м)	ákcioni film
avonturenfilm (de)	авантуристички филм (м)	avantúristički film
sciencefictionfilm (de)	научнофантастични филм (м)	náučnofantástični film
griezelfilm (de)	хорор филм (м)	hóror film
komedie (de)	комедија (ж)	kómedija
melodrama (het)	мелодрама (ж)	mélodrama
drama (het)	драма (ж)	dráma
speelfilm (de)	играни филм (м)	ígrani fílm
documentaire (de)	документарни филм (м)	dókumentarni film
tekenfilm (de)	цртани филм (м)	cŕtani film
stomme film (de)	неми филм (м)	némi film
rol (de)	улога (ж)	úloga
hoofdrol (de)	главна улога (ж)	glávna úloga
spelen (ww)	играти (пг)	ígrati
filmster (de)	филмска звезда (ж)	fílmska zvézda
bekend (bn)	чувен	čúven
beroemd (bn)	познат	póznat
populair (bn)	популаран	pópularan
scenario (het)	сценарио (м)	scenário
scenarioschrijver (de)	сценариста (м)	scenárista
regisseur (de)	режисер (м)	režíser
filmproducent (de)	продуцент (м)	prodúcent
assistent (de)	асистент (м)	asístent
cameraman (de)	сниматељ (м)	snímatelj
stuntman (de)	каскадер (м)	kaskáder
stuntdubbel (de)	двојник (м)	dvójnik
een film maken	снимати филм	snímati film
auditie (de)	аудиција (ж)	audícija
opnamen (mv.)	снимање (с)	snímanje
filmploeg (de)	филмска екипа (ж)	fílmska ekípa
filmset (de)	терен (м)	téren
filmcamera (de)	филмска камера (ж)	fílmska kámera
bioscoop (de)	биоскоп (м)	bíoskop
scherm (het)	екран (м)	ékran
een film vertonen	приказивати филм	prikazívati film
geluidsspoor (de)	звучни запис (м)	zvúčni zápis
speciale effecten (mv.)	специјални ефекти (мн)	spécijalni efékti

ondertiteling (de)	титлови (мн)	títlovi
voortiteling, aftiteling (de)	имена (мн) глумаца	iména glúmaca
vertaling (de)	превод (м)	prévod

151. Schilderij

kunst (de)	уметност (ж)	úmetnost
schone kunsten (mv.)	ликовна уметност (ж)	líkovna úmetnost
kunstgalerie (de)	уметничка галерија (ж)	umétnička gálerija
kunsttentoonstelling (de)	изложба (ж) слика	ízložba slíka

schilderkunst (de)	сликарство (с)	slikárstvo
grafiek (de)	графика (ж)	gráfika
abstracte kunst (de)	апстракционизам (м)	apstrakcionízam
impressionisme (het)	импресионизам (м)	impresionízam

schilderij (het)	слика (ж)	slíka
tekening (de)	цртеж (м)	cŕtež
poster (de)	постер (м)	póster

illustratie (de)	илустрација (ж)	ilustrácija
miniatuur (de)	минијатура (ж)	minijatúra
kopie (de)	копија (ж)	kópija
reproductie (de)	репродукција (ж)	reprodúkcija

mozaïek (het)	мозаик (м)	mozáik
gebrandschilderd glas (het)	витраж (м)	vítraž
fresco (het)	фреска (ж)	fréska
gravure (de)	гравура (ж)	gravúra

buste (de)	попрсје (с)	póprsje
beeldhouwwerk (het)	скулптура (ж)	skulptúra
beeld (bronzen ~)	кип (м)	kip
gips (het)	гипс (м)	gips
gipsen (bn)	од гипса	od gípsa

portret (het)	портрет (м)	pórtret
zelfportret (het)	аутопортрет (м)	autopórtret
landschap (het)	пејзаж (м)	péjzaž
stilleven (het)	мртва природа (ж)	mŕtva príroda
karikatuur (de)	карикатура (ж)	karikatúra
schets (de)	нацрт (м)	nacrt

verf (de)	боја (ж)	bója
aquarel (de)	акварел (м)	akvárel
olieverf (de)	уљана боја (ж)	úljana bója
potlood (het)	оловка (ж)	ólovka
Oost-Indische inkt (de)	туш (м)	tuš
houtskool (de)	угаљ (м)	úgalj

tekenen (mot krijt)	цртати (нг, пг)	cŕtati
schilderen (ww)	сликати (пг)	slíkati
poseren (ww)	позирати (нг)	pozírati
naaktmodel (man)	сликарски модел (м)	slíkarski módel

naaktmodel (vrouw)	сликарски модел (м)	slíkarski módel
kunstenaar (de)	сликар (м)	slíkar
kunstwerk (het)	уметничко дело (с)	umétničko délo
meesterwerk (het)	ремек-дело (с)	rémek-délo
studio, werkruimte (de)	радионица (ж)	radiónica

schildersdoek (het)	платно (м)	plátno
schildersezel (de)	штафелај (м)	štafélaj
palet (het)	палета (ж)	paléta

lijst (een vergulde ~)	оквир (м)	ókvir
restauratie (de)	рестаурација (ж)	restaurácija
restaureren (ww)	рестаурирати (пг)	restaurírati

152. Literatuur & Poëzie

literatuur (de)	књижевност (ж)	književnost
auteur (de)	аутор (м)	áutor
pseudoniem (het)	псеудоним (м)	pseudónim

boek (het)	књига (ж)	knjíga
boekdeel (het)	том (м)	tom
inhoudsopgave (de)	садржај (м)	sádržaj
pagina (de)	страна (ж)	strána
hoofdpersoon (de)	главни јунак (м)	glávni júnak
handtekening (de)	аутограм (м)	autógram

verhaal (het)	кратка прича (ж)	krátka príča
novelle (de)	прича (ж)	príča
roman (de)	роман (м)	róman
werk (literatuur)	дело (с)	délo
fabel (de)	басна (ж)	básna
detectiveroman (de)	детектив (м)	detéktiv

gedicht (het)	песма (ж)	pésma
poëzie (de)	поезија (ж)	póezija
epos (het)	поема (ж)	póema
dichter (de)	песник (м)	pésnik

fictie (de)	белетристика (ж)	beletrístika
sciencefiction (de)	научна фантастика (ж)	náučna fantástika
avonturenroman (de)	доживљаји (мн)	dóživljaji
opvoedkundige literatuur (de)	образовна литература (ж)	óbrazovna literatúra
kinderliteratuur (de)	књижевност (ж) за децу	kniževnost za décu

153. Circus

circus (de/het)	циркус (м)	církus
chapiteau circus (de/het)	путујући циркус (м)	pútujući církus
programma (het)	програм (м)	prógram
voorstelling (de)	представа (ж)	prédstava
nummer (circus ~)	тачка (ж)	táčka

arena (de)	арена (ж)	aréna
pantomime (de)	пантомима (ж)	pantomíma
clown (de)	кловн (м)	klovn

acrobaat (de)	акробата (м) .	akróbata
acrobatiek (de)	акробатика (ж)	akrobátika
gymnast (de)	гимнастичар (м)	gimnástičar
gymnastiek (de)	гимнастика (ж)	gimnástika
salto (de)	салто (м)	sálto

sterke man (de)	атлета (м)	atleta
temmer (de)	укротитељ (м)	ukrótitelj
ruiter (de)	јахач (м)	jáhač
assistent (de)	асистент (м)	asístent

stunt (de)	трик (м)	trik
goocheltruc (de)	трик (м)	trik
goochelaar (de)	мађионичар (м)	mađióničar

jongleur (de)	жонглер (м)	žóngler
jongleren (ww)	жонглирати (нг)	žonglírati
dierentrainer (de)	дресер (м)	dréser
dressuur (de)	дресура (ж)	dresúra
dresseren (ww)	дресирати (пг)	dresírati

154. Muziek. Popmuziek

muziek (de)	музика (ж)	múzika
muzikant (de)	музичар (м)	múzičar
muziekinstrument (het)	музички инструмент (м)	múzički instrúment
spelen (bijv. gitaar ~)	свирати ...	svírati ...

gitaar (de)	гитара (ж)	gitára
viool (de)	виолина (ж)	violína
cello (de)	виолончело (с)	violónčelo
contrabas (de)	контрабас (м)	kóntrabas
harp (de)	харфа (ж)	hárfa

piano (de)	клавир (м)	klávir
vleugel (de)	велики клавир (м)	véliki klávir
orgel (het)	оргуље (мн)	órgulje

blaasinstrumenten (mv.)	дувачки инструменти (мн)	dúvački instruménti
hobo (de)	обоа (ж)	obóa
saxofoon (de)	саксофон (м)	sáksofon
klarinet (de)	кларинет (м)	klarínet
fluit (de)	флаута (ж)	fláuta
trompet (de)	труба (ж)	trúba

accordeon (de/het)	хармоника (ж)	harmónika
trommel (de)	бубањ (м)	búbanj

duet (het)	дует (м)	dúet
trio (het)	трио (м)	trío

kwartet (het)	квартет (м)	kvártet
koor (het)	хор (м)	hor
orkest (het)	оркестар (м)	órkestar
popmuziek (de)	поп музика (ж)	pop múzika
rockmuziek (de)	рок музика (ж)	rok múzika
rockgroep (de)	рок група (ж)	rok grúpa
jazz (de)	џез (м)	džez
idool (het)	идол (м)	ídol
bewonderaar (de)	поштовалац (м)	poštóvalac
concert (het)	концерт (м)	kóncert
symfonie (de)	симфонија (ж)	símfonija
compositie (de)	дело (с)	délo
componeren (muziek ~)	компоновати (пг)	komponóvati
zang (de)	певање (с)	pévanje
lied (het)	песма (ж)	pésma
melodie (de)	мелодија (ж)	mélodija
ritme (het)	ритам (м)	rítam
blues (de)	блуз (м)	blúz
bladmuziek (de)	ноте (мн)	nóte
dirigeerstok (baton)	палица (ж)	pálica
strijkstok (de)	гудало (с)	gúdalo
snaar (de)	жица (ж)	žíca
koffer (de)	футрола (ж)	futróla

Rusten. Entertainment. Reizen

155. Trip. Reizen

toerisme (het)	туризам (м)	turízam
toerist (de)	туриста (м)	turísta
reis (de)	путовање (c)	putovánje
avontuur (het)	авантура (ж)	avantúra
tocht (de)	путовање (c)	putovánje
vakantie (de)	одмор (м)	ódmor
met vakantie zijn	бити на годишњем одмору	bíti na gódišnjem ódmoru
rust (de)	одмор (м)	ódmor
trein (de)	воз (м)	voz
met de trein	возом	vózom
vliegtuig (het)	авион (м)	avíon
met het vliegtuig	авионом	avіónom
met de auto	колима, аутом	kólima, áutom
per schip (bw)	бродом	bródom
bagage (de)	пртљаг (м)	p̀rtljag
valies (de)	кофер (м)	kófer
bagagekarretje (het)	колица (мн) за пртљаг	kolíca za p̀rtljag
paspoort (het)	пасош (м)	pásoš
visum (het)	виза (ж)	víza
kaartje (het)	карта (ж)	kárta
vliegticket (het)	авионска карта (ж)	avіónska kárta
reisgids (de)	водич (м)	vódič
kaart (de)	мапа (ж)	mápa
gebied (landelijk ~)	подручје (c)	pódručje
plaats (de)	место (c)	mésto
exotische bestemming (de)	егзотика (ж)	egzótika
exotisch (bn)	егзотичан	egzótičan
verwonderlijk (bn)	диван	dívan
groep (de)	група (ж)	grúpa
rondleiding (de)	екскурзија (ж)	ekskúrzija
gids (de)	водич (м)	vódič

156. Hotel

hotel (het)	хотел (м)	hótel
motel (het)	мотел (м)	mótel

3-sterren	три звездице	tri zvézdice
5-sterren	пет звездица	pet zvézdica
overnachten (ww)	одсести (нг)	ódsesti

kamer (de)	соба (ж)	sóba
eenpersoonskamer (de)	једнокреветна соба (ж)	jédnokrevetna sóba
tweepersoonskamer (de)	двокреветна соба (ж)	dvókrevetna sóba
een kamer reserveren	резервисати собу	rezervísati sóbu

halfpension (het)	полупансион (м)	polupansíon
volpension (het)	пун пансион (м)	pun pansíon

met badkamer	са кадом	sa kádom
met douche	са тушем	sa túšem
satelliet-tv (de)	сателитска телевизија (ж)	satelítska televízija
airconditioner (de)	клима (ж)	klíma
handdoek (de)	пешкир (м)	péškir
sleutel (de)	кључ (м)	ključ

administrateur (de)	администратор (м)	administrátor
kamermeisje (het)	собарица (ж)	sóbarica
piccolo (de)	носач (м)	nósač
portier (de)	вратар (м)	vrátar

restaurant (het)	ресторан (м)	restóran
bar (de)	бар (м)	bar
ontbijt (het)	доручак (м)	dóručak
avondeten (het)	вечера (ж)	véčera
buffet (het)	шведски сто (м)	švédski sto

hal (de)	фоаје (м)	foáje
lift (de)	лифт (м)	lift

NIET STOREN	НЕ УЗНЕМИРАВАТИ	NE UZNEMIRAVATI
VERBODEN TE ROKEN!	ЗАБРАЊЕНО ПУШЕЊЕ	ZABRANJENO PUŠENJE

157. Boeken. Lezen

boek (het)	књига (ж)	knjíga
auteur (de)	аутор (м)	áutor
schrijver (de)	писац (м)	písac
schrijven (een boek)	написати (пг)	napísati

lezer (de)	читалац (м)	čítalac
lezen (ww)	читати (нг, пг)	čítati
lezen (het)	читање (с)	čítanje

stil (~ lezen)	у себи	u sébi
hardop (~ lezen)	наглас	náglas

uitgeven (boek ~)	издавати (пг)	izdávati
uitgeven (het)	издање (с)	izdánje
uitgever (de)	издавач (м)	izdávač
uitgeverij (de)	издавачка кућа (ж)	izdávačka kúća

verschijnen (bijv. boek)	изаћи (нг)	ízaći
verschijnen (het)	излазак (м)	ízlazak
oplage (de)	тираж (м)	tíraž
boekhandel (de)	књижара (ж)	knjížara
bibliotheek (de)	библиотека (ж)	bibliotéka
novelle (de)	прича (ж)	príča
verhaal (het)	кратка прича (ж)	krátka príča
roman (de)	роман (м)	róman
detectiveroman (de)	детектив (м)	detéktiv
memoires (mv.)	мемоари (мн)	memoári
legende (de)	легенда (ж)	légenda
mythe (de)	мит (м)	mit
gedichten (mv.)	песме (мн)	pésme
autobiografie (de)	аутобиографија (ж)	autobiográfija
bloemlezing (de)	изабрана дела (мн)	ízabrana déla
sciencefiction (de)	научна фантастика (ж)	náučna fantástika
naam (de)	назив (м)	náziv
inleiding (de)	увод (м)	úvod
voorblad (het)	насловна страна (ж)	náslovna strána
hoofdstuk (het)	поглавље (с)	póglavlje
fragment (het)	одломак (м)	ódlomak
episode (de)	епизода (ж)	epizóda
intrige (de)	сиже (м)	síže
inhoud (de)	садржина (ж)	sádržina
inhoudsopgave (de)	садржај (м)	sádržaj
hoofdpersonage (het)	главни јунак (м)	glávni júnak
boekdeel (het)	том (м)	tom
omslag (de/het)	корица (ж)	kórica
boekband (de)	корице (мн)	kórice
bladwijzer (de)	ознака (ж)	óznaka
pagina (de)	страна (ж)	strána
bladeren (ww)	листати (пг)	lístati
marges (mv.)	маргине (мн)	márgine
annotatie (de)	забелешка (ж)	zábeleška
opmerking (de)	фуснота (ж)	fúsnota
tekst (de)	текст (м)	tekst
lettertype (het)	фонт (м)	font
drukfout (de)	штампарска грешка (ж)	štámparska gréška
vertaling (de)	превод (м)	prévod
vertalen (ww)	преводити (пг)	prevóditi
origineel (het)	оригинал (м)	origínal
beroemd (bn)	познат	póznat
onbekend (bn)	непознат	népoznat
interessant (bn)	интересантан	interesántan

bestseller (de)	бестселер (м)	bestséler
woordenboek (het)	речник (м)	réčnik
leerboek (het)	уџбеник (м)	údžbenik
encyclopedie (de)	енциклопедија (ж)	enciklopédija

158. Jacht. Vissen

jacht (de)	лов (м)	lov
jagen (ww)	ловити (пг)	lóviti
jager (de)	ловац (м)	lóvac

schieten (ww)	пуцати (нг)	púcati
geweer (het)	пушка (ж)	púška
patroon (de)	метак (м)	métak
hagel (de)	сачма (ж)	sáčma

val (de)	замка (ж)	zámka
valstrik (de)	клопка (ж)	klópka
in de val trappen	упасти у замку	úpasti u zámku
een val zetten	поставити замку	póstaviti zámku

stroper (de)	ловокрадица (м)	lovokrádica
wild (het)	дивљач (ж)	dívljač
jachthond (de)	ловачки пас (м)	lóvački pas
safari (de)	сафари (м)	safári
opgezet dier (het)	препарирана животиња (ж)	preparírana živótinja

visser (de)	риболовац, пецарош (м)	ríbolovac, pécaroš
visvangst (de)	пецање (с), риболов (м)	pecanje, ríbolov
vissen (ww)	пецати (нг)	pécati

hengel (de)	пецаљка (ж)	pécaljka
vislijn (de)	струна (ж)	strúna
haak (de)	удица (ж)	údica
dobber (de)	пловак (м)	plóvak
aas (het)	мамац (м)	mámac

| de hengel uitwerpen | бацити удицу | báciti údicu |
| bijten (ov. de vissen) | гристи (нг) | grísti |

| vangst (de) | улов (м) | úlov |
| wak (het) | рупа (ж) у леду | rúpa u lédu |

| net (het) | мрежа (ж) | mréža |
| boot (de) | чамац (м) | čámac |

vissen met netten	ловити мрежом	lóviti mréžom
het net uitwerpen	бацати мрежу	bácati mréžu
het net binnenhalen	извлачити мрежу	izvláčiti mréžu
in het net vallen	упасти у мрежу	úpasti u mréžu

walvisvangst (de)	китоловац (м)	kitolóvac
walvisvaarder (de)	китоловац (м)	kitolóvac
harpoen (de)	харпун (м)	hárpun

159. Spellen. Biljart

biljart (het)	билијар (м)	bilíjar
biljartzaal (de)	билијарска сала (ж)	bilíjarska sála
biljartbal (de)	билијарска кугла (ж)	bilíjarska kugla
een bal in het gat jagen	убацити (пг) куглу	úbaciti kúglu
keu (de)	так (м)	tak
gat (het)	рупа (ж)	rúpa

160. Spellen. Speelkaarten

ruiten (mv.)	каро (м)	káro
schoppen (mv.)	пик (м)	pik
klaveren (mv.)	херц (м)	herc
harten (mv.)	треф (м)	tref
aas (de)	кец (м)	kec
koning (de)	краљ (м)	kralj
dame (de)	дама (ж)	dáma
boer (de)	жандар (м)	žándar
speelkaart (de)	карта (ж) за играње	kárta za ígranje
kaarten (mv.)	карте (мн)	kárte
troef (de)	адут (м)	ádut
pak (het) kaarten	шпил (м)	špil
punt (bijv. vijftig ~en)	бод (м)	bod
uitdelen (kaarten ~)	делити (пг)	déliti
schudden (de kaarten ~)	мешати (пг)	méšati
beurt (de)	потез (м)	pótez
valsspeler (de)	варалица (м)	váralica

161. Casino. Roulette

casino (het)	коцкарница (ж)	kóckarnica
roulette (de)	рулет (м)	rulét
inzet (de)	улог (м)	úlog
een bod doen	кладити се (нг)	kláditi se
rood (de)	црвено (с)	cŕveno
zwart (de)	црно (с)	cŕno
inzetten op rood	ставити на црвено	stáviti na crvéno
inzetten op zwart	ставити на црно	stáviti na cŕno
croupier (de)	крупје (м)	krúpje
de cilinder draaien	вртети рулет	vŕteti rúlet
spelregels (mv.)	правила (мн) игре	právila ígre
fiche (pokerfiche, etc.)	жетон (м)	žéton
winnen (ww)	добити (пг)	dóbiti
winst (de)	добитак (м)	dobítak

verliezen (ww)	изгубити (нг, пг)	izgúbiti
verlies (het)	губитак (м)	gubítak

speler (de)	играч (м)	ígrač
blackjack (kaartspel)	блек џек (м)	blek džek
dobbelspel (het)	игра (ж) са коцкицама	ígra sa kóckicama
dobbelstenen (mv.)	коцкице (мн)	kóckice
speelautomaat (de)	слот машина (ж)	slot mašína

162. Rusten. Spellen. Diversen

wandelen (on.ww.)	шетати се	šétati se
wandeling (de)	шетња (ж)	šétnja
trip (per auto)	излет (м)	ízlet
avontuur (het)	авантура (ж)	avantúra
picknick (de)	пикник (м)	píknik

spel (het)	игра (ж)	ígra
speler (de)	играч (м)	ígrač
partij (de)	партија (ж)	pártija

collectioneur (de)	колекционар (м)	kolékcionar
collectioneren (ww)	колектирати (пг)	kolektírati
collectie (de)	колекција (ж)	kolékcija

kruiswoordraadsel (het)	укрштеница (ж)	úkrštenica
hippodroom (de)	хиподром (м)	hípodrom
discotheek (de)	дискотека (ж)	diskotéka

sauna (de)	сауна (ж)	sáuna
loterij (de)	лутрија (ж)	lútrija

trektocht (kampeertocht)	камповање (с)	kampovanje
kamp (het)	камп (м)	kamp
tent (de)	шатор (м)	šátor
kompas (het)	компас (м)	kómpas
rugzaktoerist (de)	кампер (м)	kámper

bekijken (een film ~)	гледати (пг)	glédati
kijker (televisie~)	гледалац (м)	glédalac
televisie-uitzending (de)	телевизијска емисија (ж)	televízijska emísija

163. Fotografie

fotocamera (de)	фотоапарат (м)	fotoapárat
foto (de)	фотографија (ж)	fotográfija

fotograaf (de)	фотограф (м)	fotógraf
fotostudio (de)	фото студио (м)	fóto stúdio
fotoalbum (het)	фото албум (м)	fóto álbum
lens (de), objectief (het)	објектив (м)	óbjektiv
telelens (de)	телеобјектив (м)	teleobjéktiv

| filter (de/het) | филтар (м) | fíltar |
| lens (de) | сочиво (с) | sóčivo |

optiek (de)	оптика (ж)	óptika
diafragma (het)	дијафрагма (ж)	dijafrágma
belichtingstijd (de)	експозиција (ж)	ekspozícija
zoeker (de)	тражило (с)	trážilo

digitale camera (de)	дигитална камера (ж)	dígitalna kámera
statief (het)	троножац (м)	trónožac
flits (de)	блиц (м)	blic

fotograferen (ww)	сликати (пг)	slíkati
foto's maken	сликати (пг)	slíkati
zich laten fotograferen	сликати се	slíkati se

focus (de)	фокус (м)	fókus
scherpstellen (ww)	фокусирати (пг)	fokusírati
scherp (bn)	оштар	óštar
scherpte (de)	оштрина (ж)	oštrína

| contrast (het) | контраст (м) | kóntrast |
| contrastrijk (bn) | контрастан | kóntrastan |

kiekje (het)	слика (ж)	slíka
negatief (het)	негатив (м)	négativ
filmpje (het)	филм (м)	film
beeld (frame)	кадар (м)	kádar
afdrukken (foto's ~)	штампати (пг)	štámpati

164. Strand. Zwemmen

strand (het)	плажа (ж)	pláža
zand (het)	песак (м)	pésak
leeg (~ strand)	пуст	pust

bruine kleur (de)	препланулост (ж)	preplánulost
zonnebaden (ww)	сунчати се	súnčati se
gebruind (bn)	преплануо	preplánuo
zonnecrème (de)	крема (ж) за сунчање	kréma za súnčanje

bikini (de)	бикини (м)	bikíni
badpak (het)	купаћи костим (м)	kúpaći kóstim
zwembroek (de)	купаће гаће (мн)	kúpaće gáće

zwembad (het)	базен (м)	bázen
zwemmen (ww)	пливати (нг)	plívati
douche (de)	туш (м)	tuš
zich omkleden (ww)	пресвлачити се	presvláčiti se
handdoek (de)	пешкир (м)	péškir

boot (de)	чамац (м)	čámac
motorboot (de)	моторни брод (м)	mótorni brod
waterski's (mv.)	водене скије (мн)	vódene skije

waterfiets (de)	педалина (ж)	pedalína
surfen (het)	сурфовање (с)	súrfovanje
surfer (de)	сурфер (м)	súrfer

scuba, aqualong (de)	ронилачка опрема (ж)	rónilačka óprema
zwemvliezen (mv.)	пераја (мн)	péraja
duikmasker (het)	маска (ж)	máska
duiker (de)	ронилац (м)	rónilac
duiken (ww)	ронити (нг)	róniti
onder water (bw)	под водом	pod vódom

parasol (de)	сунцобран (м)	súncobran
ligstoel (de)	лежаљка (ж)	léžaljka
zonnebril (de)	наочаре (мн)	náočare
luchtmatras (de/het)	душек (м) за пливање	dúšek za plívanje

| spelen (ww) | играти се | ígrati se |
| gaan zwemmen (ww) | купати се | kúpati se |

bal (de)	лопта (ж)	lópta
opblazen (oppompen)	пумпати (пг)	púmpati
lucht-, opblaasbare (bn)	на надувавање	na naduvavanje

golf (hoge ~)	талас (м)	tálas
boei (de)	бова (ж)	bóva
verdrinken (ww)	давити се	dáviti se

redden (ww)	спасавати (пг)	spasávati
reddingsvest (de)	прслук (м) за спасавање	pŕsluk za spásavanje
waarnemen (ww)	посматрати (нг)	posmátrati
redder (de)	спасилац (м)	spásilac

TECHNISCHE APPARATUUR. VERVOER

Technische apparatuur

165. Computer

computer (de)	рачунар (м)	računar
laptop (de)	лаптоп (м)	láptop
aanzetten (ww)	укључити (пг)	uključiti
uitzetten (ww)	искључити (пг)	isključiti
toetsenbord (het)	тастатура (ж)	tastatúra
toets (enter~)	тастер (м)	táster
muis (de)	миш (ж)	miš
muismat (de)	подлога (ж) за миша	pódloga za miša
knopje (het)	дугме (с)	dúgme
cursor (de)	курсор (м)	kúrsor
monitor (de)	монитор (м)	mónitor
scherm (het)	екран (м)	ékran
harde schijf (de)	хард диск (м)	hard disk
volume (het) van de harde schijf	капацитет (м) хард диска	kapacítet hard díska
geheugen (het)	меморија (ж)	mémorija
RAM-geheugen (het)	РАМ меморија (ж)	RAM mémorija
bestand (het)	фајл (м)	fajl
folder (de)	фолдер (м)	fólder
openen (ww)	отворити (пг)	ótvoriti
sluiten (ww)	затворити (пг)	zatvóriti
opslaan (ww)	снимити, сачувати (пг)	snímiti, sačúvati
verwijderen (wissen)	избрисати (пг)	ízbrisati
kopiëren (ww)	копирати (пг)	kopírati
sorteren (ww)	сортирати (пг)	sortírati
overplaatsen (ww)	пребацити (пг)	prebáciti
programma (het)	програм (м)	prógram
software (de)	софтвер (м)	sóftver
programmeur (de)	програмер (м)	prográmer
programmeren (ww)	програмирати (пг)	programírati
hacker (computerkraker)	хакер (м)	háker
wachtwoord (het)	лозинка (ж)	lózinka
virus (het)	вирус (м)	vírus
ontdekken (virus ~)	пронаћи (пг)	prónaći

| byte (de) | бајт (м) | bajt |
| megabyte (de) | мегабајт (м) | mégabajt |

| data (de) | подаци (мн) | pódaci |
| databank (de) | база (ж) података | báza pódataka |

kabel (USB-~, enz.)	кабл (м)	kabl
afsluiten (ww)	искључити (пг)	isključiti
aansluiten op (ww)	спојити (пг)	spójiti

166. Internet. E-mail

internet (het)	интернет (м)	ínternet
browser (de)	прегледач (м)	prégledač
zoekmachine (de)	претраживач (м)	pretražívač
internetprovider (de)	провајдер (м)	provájder

webmaster (de)	вебмастер (м)	vebmáster
website (de)	веб-сајт (м)	veb-sajt
webpagina (de)	веб-страница (ж)	veb-stránica

| adres (het) | адреса (ж) | adrésa |
| adresboek (het) | адресар (м) | adrésar |

postvak (het)	поштанско сандуче (с)	póštansko sánduče
post (de)	пошта (ж)	póšta
vol (~ postvak)	пун	pun

bericht (het)	порука (ж)	póruka
binnenkomende berichten (mv.)	долазне поруке (мн)	dólazne póruke
uitgaande berichten (mv.)	одлазне поруке (мн)	ódlazne póruke
verzender (de)	пошиљалац (м)	póšiljalac
verzenden (ww)	послати (пг)	póslati
verzending (de)	слање (с)	slánje

| ontvanger (de) | прималац (м) | prímalac |
| ontvangen (ww) | примити (пг) | prímiti |

| correspondentie (de) | дописивање (с) | dopisívanje |
| corresponderen (met ...) | водити преписку | vóditi prépisku |

bestand (het)	фајл (м)	fajl
downloaden (ww)	преузети (пг)	preúzeti
creëren (ww)	створити (пг)	stvóriti
verwijderen (een bestand ~)	избрисати (пг)	ízbrisati
verwijderd (bn)	избрисан	ízbrisan

verbinding (de)	веза (ж)	véza
snelheid (de)	брзина (ж)	brzína
modem (de)	модем (м)	módem
toegang (de)	приступ (м)	prístup
poort (de)	порт (м)	port
aansluiting (de)	повезивање (с)	povezívanje

zich aansluiten (ww)	повезати се	povézati se
selecteren (ww)	изабрати (пг)	izábrati
zoeken (ww)	тражити (пг)	trážiti

167. Elektriciteit

elektriciteit (de)	струја (ж)	strúja
elektrisch (bn)	електрични	eléktrični
elektriciteitscentrale (de)	електрана (ж)	elektrána
energie (de)	енергија (ж)	enérgija
elektrisch vermogen (het)	електрична енергија (ж)	eléktrična enérgija

lamp (de)	сијалица (ж)	síjalica
zaklamp (de)	батеријска лампа (ж)	batérijska lámpa
straatlantaarn (de)	улична расвета (ж)	úlična rásveta

licht (elektriciteit)	светло (с)	svétlo
aandoen (ww)	укључивати (пг)	uključívati
uitdoen (ww)	угасити (пг)	ugásiti
het licht uitdoen	угасити светло	ugásiti svétlo

doorbranden (gloeilamp)	прегорети (нг)	pregóreti
kortsluiting (de)	кратак спој (м)	krátak spoj
onderbreking (de)	прекид (м)	prékid
contact (het)	контакт (м)	kóntakt

schakelaar (de)	прекидач (м)	prekídač
stopcontact (het)	утичница (ж)	útičnica
stekker (de)	утикач (м)	utíkač
verlengsnoer (de)	продужни кабл (м)	pródužni kabl
zekering (de)	осигурач (м)	osigúrač
kabel (de)	жица (ж), кабл (м)	žíca, kabl
bedrading (de)	електрична инсталација (ж)	eléktrična instalácija

ampère (de)	ампер (м)	ámper
stroomsterkte (de)	јачина (ж) струје	jačína strúje
volt (de)	волт (м)	volt
spanning (de)	напон (м)	nápon

| elektrisch toestel (het) | електрични апарат (м) | eléktrični apárat |
| indicator (de) | индикатор (м) | indikátor |

elektricien (de)	електричар (м)	eléktričar
solderen (ww)	лемити (пг)	lémiti
soldeerbout (de)	лемилица (с)	lémilica
stroom (de)	струја (ж)	strúja

168. Gereedschappen

| werktuig (stuk gereedschap) | алат (м) | álat |
| gereedschap (het) | алати (мн) | álati |

uitrusting (de)	опрема (ж)	óprema
hamer (de)	чекић (м)	čékić
schroevendraaier (de)	шрафцигер (м)	šráfciger
bijl (de)	секира (ж)	sekíra
zaag (de)	тестера (ж)	téstera
zagen (ww)	тестерисати (пг)	testérisati
schaaf (de)	блања (ж)	blánja
schaven (ww)	стругати (пг)	strúgati
soldeerbout (de)	лемилица (с)	lémilica
solderen (ww)	лемити (пг)	lémiti
vijl (de)	турпија (ж)	túrpija
nijptang (de)	клешта (ж)	kléšta
combinatietang (de)	пљосната клешта (ж)	pljósnata kléšta
beitel (de)	длето (с)	dléto
boorkop (de)	бургија (ж)	búrgija
boormachine (de)	бушилица (ж)	búšilica
boren (ww)	бушити (пг)	búšiti
mes (het)	нож (м)	nož
lemmet (het)	сечиво (с)	séčivo
scherp (bijv. ~ mes)	оштар	óštar
bot (bn)	тупи	túpi
bot raken (ww)	затупити се	zatúpiti se
slijpen (een mes ~)	оштрити (пг)	óštriti
bout (de)	завртањ (м)	závrtanj
moer (de)	навртка (ж)	návrtka
schroefdraad (de)	навој (м)	návoj
houtschroef (de)	шраф (м)	šraf
spijker (de)	ексер (м)	ékser
kop (de)	глава (ж)	gláva
liniaal (de/het)	лењир (м)	lénjir
rolmeter (de)	метар (м)	métar
waterpas (de/het)	либела (ж)	libéla
loep (de)	лупа (ж)	lúpa
meetinstrument (het)	апарат (м) за мерење	apárat za mérenje
opmeten (ww)	измерити (пг)	ízmeriti
schaal (meetschaal)	скала (ж)	skála
gegevens (mv.)	стање (с)	stánje
compressor (de)	компресор (м)	kómprésor
microscoop (de)	микроскоп (м)	míkroskop
pomp (de)	пумпа (ж)	púmpa
robot (de)	робот (м)	róbot
laser (de)	ласер (м)	láser
moersleutel (de)	матични кључ (м)	mátični ključ
plakband (de)	лепљива трака (ж)	lépljiva tráka

lijm (de)	лепак (м)	lépak
schuurpapier (het)	шмиргла (ж)	šmírgla
veer (de)	опруга (ж)	ópruga
magneet (de)	магнет (м)	mágnet
handschoenen (mv.)	рукавице (мн)	rukávice

touw (bijv. henneptouw)	уже (с)	úže
snoer (het)	врпца (ж)	vŕpca
draad (de)	жица (ж), кабл (м)	žíca, kabl
kabel (de)	кабл (м)	kabl

moker (de)	маљ (м)	malj
breekijzer (het)	ћускија (ж)	ćúskija
ladder (de)	мердевине (мн)	mérdevine
trapje (inklapbaar ~)	мердевине (мн) на расклапање	mérdevine na rásklapanje

aanschroeven (ww)	завртати (пг)	závrtati
losschroeven (ww)	одвртати (пг)	ódvrtati
dichtpersen (ww)	стезати (пг)	stézati
vastlijmen (ww)	прилепити (пг)	prilépiti
snijden (ww)	сећи (пг)	séći

defect (het)	неисправност (ж)	neisprávnost
reparatie (de)	поправка (ж)	pópravka
repareren (ww)	поправљати (пг)	pópravljati
regelen (een machine ~)	регулисати (пг)	regulísati

checken (ww)	проверавати (пг)	proverávati
controle (de)	провера (ж)	próvera
gegevens (mv.)	стање (с)	stánje

| degelijk (bijv. ~ machine) | поуздан | póuzdan |
| ingewikkeld (bn) | сложен | slóžen |

roesten (ww)	рђати (нг)	ŕđati
roestig (bn)	рђав	rđav
roest (de/het)	рђа (ж)	ŕđa

Vervoer

vliegtuig (het)	авион (м)	avíon
vliegticket (het)	авионска карта (ж)	aviónska kárta
luchtvaartmaatschappij (de)	авио-компанија (ж)	ávio-kompánija
luchthaven (de)	аеродром (м)	aeródrom
supersonisch (bn)	суперсоничан	supersóničan
gezagvoerder (de)	капетан (м) авиона	kapétan avíona
bemanning (de)	посада (ж)	pósada
piloot (de)	пилот (м)	pílot
stewardess (de)	стјуардеса (ж)	stjuardésa
stuurman (de)	навигатор (м)	navígator
vleugels (mv.)	крила (мн)	kríla
staart (de)	реп (м)	rep
cabine (de)	кабина (ж)	kabína
motor (de)	мотор (м)	mótor
landingsgestel (het)	шасија (ж)	šásija
turbine (de)	турбина (ж)	turbína
propeller (de)	пропелер (м)	propéler
zwarte doos (de)	црна кутија (ж)	cŕna kútija
stuur (het)	управљач (м)	uprávljač
brandstof (de)	гориво (м)	górivo
veiligheidskaart (de)	упутство (с) за ванредне ситуације	úputstvo za vanredne situácije
zuurstofmasker (het)	маска (ж) за кисеоник	máska za kiseónik
uniform (het)	униформа (ж)	úniforma
reddingsvest (de)	прслук (м) за спасавање	pŕsluk za spásavanje
parachute (de)	падобран (м)	pádobran
opstijgen (het)	полетање, узлетање (с)	polétanje, uzlétanje
opstijgen (ww)	полетати (нг)	polétati
startbaan (de)	писта (ж)	písta
zicht (het)	видљивост (ж)	vídljivost
vlucht (de)	лет (м)	let
hoogte (de)	висина (ж)	visína
luchtzak (de)	ваздушни џеп (м)	vázdušni džep
plaats (de)	седиште (с)	sédište
koptelefoon (de)	слушалице (мн)	slúšalice
tafeltje (het)	сточић (м) на расклапање	stóčić na rasklápanje
venster (het)	прозор (м)	prózor
gangpad (het)	пролаз (м)	prólaz

170. Trein

trein (de)	воз (м)	voz
elektrische trein (de)	електрични воз (м)	eléktrični voz
sneltrein (de)	брзи воз (м)	bŕzi voz
diesellocomotief (de)	дизел локомотива (ж)	dízel lokomotíva
stoomlocomotief (de)	парна локомотива (ж)	párna lokomotíva
rijtuig (het)	вагон (м)	vágon
restauratierijtuig (het)	вагон ресторан (м)	vágon restóran
rails (mv.)	шине (мн)	šíne
spoorweg (de)	железница (ж)	žéleznica
dwarsligger (de)	праг (м)	prag
perron (het)	перон (м)	péron
spoor (het)	колосек (м)	kólosek
semafoor (de)	семафор (м)	sémafor
halte (bijv. kleine treinhalte)	станица (ж)	stánica
machinist (de)	машиновођа (м)	mašinóvođa
kruier (de)	носач (м)	nósač
conducteur (de)	послужитељ (м) у возу	poslúžitelj u vózu
passagier (de)	путник (м)	pútnik
controleur (de)	контролер (м)	kontróler
gang (in een trein)	ходник (м)	hódnik
noodrem (de)	кочница (ж)	kóčnica
coupé (de)	купе (м)	kúpe
bed (slaapplaats)	лежај (м)	léžaj
bovenste bed (het)	горњи лежај (м)	górnji léžaj
onderste bed (het)	доњи лежај (м)	dónji léžaj
beddengoed (het)	постељина (ж)	posteljína
kaartje (het)	карта (ж)	kárta
dienstregeling (de)	ред (м) вожње	red vóžnje
informatiebord (het)	табла (ж)	tábla
vertrekken (De trein vertrekt ...)	одлазити (нг)	ódlaziti
vertrek (ov. een trein)	полазак (м)	pólazak
aankomen (ov. de treinen)	долазити (нг)	dólaziti
aankomst (de)	долазак (м)	dólazak
aankomen per trein	доћи возом	dóći vózom
in de trein stappen	сести у воз	sésti u voz
uit de trein stappen	сићи с воза	síći s vóza
treinwrak (het)	железничка несрећа (ж)	žéleznička nésreća
ontspoord zijn	исклизнути из шина	ískliznuti iz šína
stoomlocomotief (de)	парна локомотива (ж)	párna lokomotíva
stoker (de)	ложач (м)	lóžač
stookplaats (de)	ложиште (с)	lóžište
steenkool (de)	угаљ (м)	úgalj

171. Schip

schip (het)	брод (м)	brod
vaartuig (het)	брод (м)	brod
stoomboot (de)	пароброд (м)	párobrod
motorschip (het)	речни брод (м)	réčni brod
lijnschip (het)	прекоокеански брод (м)	prekookéanski brod
kruiser (de)	крстарица (ж)	krstárica
jacht (het)	јахта (ж)	jáhta
sleepboot (de)	тегљач (м)	tégljač
duwbak (de)	шлеп (м)	šlép
ferryboot (de)	трајект (м)	trájekt
zeilboot (de)	једрењак (м)	jedrénjak
brigantijn (de)	бригантина (ж)	brigantína
ijsbreker (de)	ледоломац (м)	ledolómac
duikboot (de)	подморница (ж)	pódmornica
boot (de)	чамац (м)	čámac
sloep (de)	чамац (м)	čámac
reddingssloep (de)	чамац (м) за спасавање	čámac za spásavanje
motorboot (de)	моторни брод (м)	mótorni brod
kapitein (de)	капетан (м)	kapétan
zeeman (de)	морнар (м)	mórnar
matroos (de)	поморац, морнар (м)	pómorac, mórnar
bemanning (de)	посада (ж)	pósada
bootsman (de)	вођа (м) палубе	vóđa pálube
scheepsjongen (de)	бродски момак (м)	bródski mómak
kok (de)	кувар (м)	kúvar
scheepsarts (de)	бродски лекар (м)	bródski lékar
dek (het)	палуба (ж)	páluba
mast (de)	јарбол (м)	járbol
zeil (het)	једро (с)	jédro
ruim (het)	потпалубље (с)	pótpalublje
voorsteven (de)	прамац (м)	prámac
achtersteven (de)	крма (ж)	kŕma
roeispaan (de)	весло (с)	véslo
schroef (de)	бродски пропелер (м)	bródski propéler
kajuit (de)	кабина (ж)	kabína
officierskamer (de)	официрска менза (ж)	ofícirska ménza
machinekamer (de)	стројарница (ж)	strójarnica
brug (de)	капетански мост (м)	kapétanski most
radiokamer (de)	радио кабина (ж)	rádio kabína
radiogolf (de)	талас (м)	tálas
logboek (het)	бродски дневник (м)	bródski dnévnik
verrekijker (de)	дурбин (м)	dúrbin
klok (de)	звоно (с)	zvóno

vlag (de)	застава (ж)	zástava
kabel (de)	конопац (м)	kónopac
knoop (de)	чвор (м)	čvor

| leuning (de) | рукохват (м) | rúkohvat |
| trap (de) | рампа (ж) | rámpa |

anker (het)	сидро (с)	sídro
het anker lichten	дићи сидро	díći sídro
het anker neerlaten	спустити сидро	spústiti sídro
ankerketting (de)	сидрени ланац (м)	sídreni lánac

haven (bijv. containerhaven)	лука (ж)	lúka
kaai (de)	пристаниште (с)	prístanište
aanleggen (ww)	пристајати (нг)	prístajati
wegvaren (ww)	отпловити (нг)	otplóviti

reis (de)	путовање (с)	putovánje
cruise (de)	крстарење (с)	krstárenje
koers (de)	правац, курс (м)	právac, kurs
route (de)	маршрута (ж)	maršrúta

vaarwater (het)	пловни пут (м)	plóvni put
zandbank (de)	плићак (м)	plíćak
stranden (ww)	насукати се	násukati se

storm (de)	олуја (ж)	olúja
signaal (het)	сигнал (м)	sígnal
zinken (ov. een boot)	тонути (нг)	tónuti
Man overboord!	Човек у мору!	Čóvek u móru!
SOS (noodsignaal)	СОС	SOS
reddingsboei (de)	појас (м) за спасавање	pójas za spasávanje

172. Vliegveld

luchthaven (de)	аеродром (м)	aeródrom
vliegtuig (het)	авион (м)	avíon
luchtvaartmaatschappij (de)	авио-компанија (ж)	ávio-kompánija
luchtverkeersleider (de)	контролор (м) лета	kontrólor léta

vertrek (het)	полазак (м)	pólazak
aankomst (de)	долазак (м)	dólazak
aankomen (per vliegtuig)	долетети (нг)	doléteti

| vertrektijd (de) | време (с) поласка | vréme pólaska |
| aankomstuur (het) | време (с) доласка | vréme dólaska |

| vertraagd zijn (ww) | каснити (нг) | kásniti |
| vluchtvertraging (de) | кашњење (с) лета | kášnjenje léta |

informatiebord (het)	информативна табла (ж)	ínformativna tábla
informatie (de)	информација (ж)	ınformácija
aankondigen (ww)	објављивати (нг)	objavljívati
vlucht (bijv. KLM ~)	лет (м)	let

| douane (de) | царина (ж) | cárina |
| douanier (de) | цариник (м) | cárinik |

douaneaangifte (de)	царинска декларација (ж)	cárinska deklarácija
een douaneaangifte invullen	попунити декларацију	pópuniti deklaráciju
paspoortcontrole (de)	пасошка контрола (ж)	pásoška kontróla

bagage (de)	пртљаг (м)	pŕtljag
handbagage (de)	ручни пртљаг (м)	rúčni pŕtljag
bagagekarretje (het)	колица (мн) за пртљаг	kolíca za pŕtljag

landing (de)	слетање (с)	slétanje
landingsbaan (de)	писта (ж) за слетање	písta za slétanje
landen (ww)	спуштати се	spúštati se
vliegtuigtrap (de)	степенице (мн)	stépenice

inchecken (het)	регистрација (ж), чекирање (с)	registrácija, čekíranje
incheckbalie (de)	шалтер (м) за чекирање	šálter za čekíranje
inchecken (ww)	пријавити се	prijáviti se
instapkaart (de)	бординг карта (ж)	bórding kárta
gate (de)	излаз (м)	ízlaz

transit (de)	транзит (м)	tránzit
wachten (ww)	чекати (нг, пг)	čékati
wachtzaal (de)	чекаоница (ж)	čekaónica
begeleiden (uitwuiven)	пратити (пг)	prátiti
afscheid nemen (ww)	опраштати се	opráštati se

173. Fiets. Motorfiets

fiets (de)	бицикл (м)	bicíkl
bromfiets (de)	скутер (м)	skúter
motorfiets (de)	мотоцикл (м)	motocíkl

met de fiets rijden	ићи бициклом	ići bicíklom
stuur (het)	управљач (м)	uprávljač
pedaal (de/het)	педала (ж)	pedála
remmen (mv.)	кочнице (мн)	kóčnice
fietszadel (de/het)	седло, седиште (с)	sédlo, sédište

pomp (de)	пумпа (ж)	púmpa
bagagedrager (de)	пак трегер (м)	pak tréger
fietslicht (het)	фар (м)	far
helm (de)	шлем (м)	šlem

wiel (het)	точак (м)	tóčak
spatbord (het)	блатобран (м)	blátobran
velg (de)	фелга (ж)	félga
spaak (de)	жбица (ж)	žbíca

Auto's

auto (de)	ауто, аутомобил (м)	áuto, automóbil
sportauto (de)	спортски ауто (м)	spórtski áuto
limousine (de)	лимузина (ж)	limuzína
terreinwagen (de)	теренско возило (с)	térensko vózilo
cabriolet (de)	кабриолет (м)	kabriólet
minibus (de)	минибус (м)	mínibus
ambulance (de)	хитна помоћ (ж)	hítna pómoć
sneeuwruimer (de)	снежни плуг (м)	snéžni plug
vrachtwagen (de)	камион (м)	kamíon
tankwagen (de)	аутоцистерна (ж)	autocísterna
bestelwagen (de)	комби (м)	kómbi
trekker (de)	тегљач (м)	tégljač
aanhangwagen (de)	приколица (ж)	príkolica
comfortabel (bn)	комфоран	kómforan
tweedehands (bn)	половни	pólovni

motorkap (de)	хауба (ж)	háuba
spatbord (het)	блатобран (м)	blátobran
dak (het)	кров (м)	krov
voorruit (de)	шофершајбна (ж)	šóferšajbna
achterruit (de)	ретровизор (м)	retrovízor
ruitensproeier (de)	прскалица (ж) ветробрана	pskalica vétrobrana
wisserbladen (mv.)	метлице (мн) брисача	métlice brisáča
zijruit (de)	бочни прозор (м)	bóčni prózor
raamlift (de)	подизач (м) прозора	pódizač prózora
antenne (de)	антена (ж)	anténa
zonnedak (het)	отвор (м) на крову	ótvor na króvu
bumper (de)	браник (м)	bránik
koffer (de)	гепек (м)	gépek
imperiaal (de/het)	пртљажник (м)	prtljážnik
portier (het)	врата (мн)	vráta
handvat (het)	квака (ж)	kváka
slot (het)	брава (ж)	bráva
nummerplaat (de)	регистарска таблица (ж)	regístarska táblica
knalpot (de)	пригушивач (м)	prigúšivač

benzinetank (de)	резервоар (м) за гориво	rezervóar za górivo
uitlaatpijp (de)	ауспух (м)	áuspuh

gas (het)	гас (м)	gas
pedaal (de/het)	педала (ж)	pedála
gaspedaal (de/het)	папучица (ж) гаса	pápučica gása

rem (de)	кочница (ж)	kóčnica
rempedaal (de/het)	папучица (ж) кочнице	pápučica kóčnice
remmen (ww)	кочити (нг)	kóčiti
handrem (de)	ручна кочница (ж)	rúčna kóčnica

koppeling (de)	квачило (с)	kváčilo
koppelingspedaal (de/het)	папучица (ж) квачила	pápučica kváčila
koppelingsschijf (de)	диск (м) квачила	disk kváčila
schokdemper (de)	амортизер (м)	amortízer

wiel (het)	точак (м)	tóčak
reservewiel (het)	резервни точак (м)	rézervni tóčak
band (de)	гума (ж)	gúma
wieldop (de)	раткапна (ж)	rátkapna

aandrijfwielen (mv.)	погонски точкови (мн)	pógonski tóčkovi
met voorwielaandrijving	са предњим погоном	sa prédnjim pógonom
met achterwielaandrijving	на задњи погон	na zádnji pógon
met vierwielaandrijving	с погоном на четири точка	s pógonom na čétiri tóčka

versnellingsbak (de)	мењач (м)	ménjač
automatisch (bn)	аутоматски	autómatski
mechanisch (bn)	механички	mehánički
versnellingspook (de)	мењач (м)	ménjač

voorlicht (het)	светло (с), фар (м)	svétlo, far
voorlichten (mv.)	фарови (мн)	fárovi

dimlicht (het)	кратка светла (мн)	krátka svétla
grootlicht (het)	дуга светла (мн)	dúga svétla
stoplicht (het)	стоп светло (с)	stop svétlo

standlichten (mv.)	паркинг светла (мн)	párking svétla
noodverlichting (de)	четири жмигавца (мн)	čétiri žmígavca
mistlichten (mv.)	светла (мн) за маглу	svétla za máglu
pinker (de)	мигавац (м)	mígavac
achteruitrijdlicht (het)	рикверц светло (с)	ríkverc svétlo

176. Auto's. Passagiersruimte

interieur (het)	унутрашњост (ж)	únutrašnjost
leren (van leer gemaak)	кожни	kóžni
fluwelen (abn)	из велура	iz velúra
bekleding (de)	тапацирунг (м)	tapacírung
toestel (het)	инструмент (м)	instrúment
instrumentenbord (het)	инструмент табла (ж)	instrúment tábla

snelheidsmeter (de)	брзиномер (м)	brzínomer
pijltje (het)	казаљка (ж)	kázaljka

kilometerteller (de)	километар сат (м)	kílometar sat
sensor (de)	мерач (м)	mérač
niveau (het)	ниво (м)	nívo
controlelampje (het)	лампица (ж) упозорава	lámpica upozorava

stuur (het)	волан (м)	vólan
toeter (de)	сирена (ж)	siréna
knopje (het)	дугме (с)	dúgme
schakelaar (de)	прекидач (м)	prekídač

stoel (bestuurders~)	седиште (с)	sédište
rugleuning (de)	наслон (м)	náslon
hoofdsteun (de)	наслон (м) за главу	náslon za glávu
veiligheidsgordel (de)	сигурносни појас (м)	sigúrnosni pójas
de gordel aandoen	везати појас	vézati pójas
regeling (de)	подешавање (с)	podešávanje

airbag (de)	ваздушни јастук (м)	vázdušni jástuk
airconditioner (de)	клима уређај (м)	klíma úređaj

radio (de)	радио (м)	rádio
CD-speler (de)	ЦД плејер (м)	CD pléjer
aanzetten (bijv. radio ~)	укључити (пг)	ukljúčiti
antenne (de)	антена (ж)	anténa
handschoenenkastje (het)	претинац (м)	prétinac
asbak (de)	пепељара (ж)	pepéljara

177. Auto's. Motor

motor (de)	мотор (м)	mótor
diesel- (abn)	дизелски	dízelski
benzine- (~motor)	бензински	bénzinski

motorinhoud (de)	запремина (ж) мотора	zápremina mótora
vermogen (het)	снага (ж)	snága
paardenkracht (de)	коњска снага (ж)	kónjska snága
zuiger (de)	клип (м)	klip
cilinder (de)	цилиндар (м)	cilíndar
klep (de)	вентил (м)	véntil

injectie (de)	ињектор (м)	ínjektor
generator (de)	генератор (м)	genérator
carburator (de)	карбуратор (м)	karburator
motorolie (de)	моторно уље (с)	mótorno úlje

radiator (de)	хладњак (м)	hládnjak
koelvloeistof (de)	течност (ж) за хлађење	téčnost za hláđenje
ventilator (de)	вентилатор (м)	ventílator

accu (de)	акумулатор (м)	akumúlator
starter (de)	стартер (м)	stárter

| contact (ontsteking) | паљење (с) | páljenje |
| bougie (de) | свећица (ж) | svéćica |

pool (de)	клема (ж)	kléma
positieve pool (de)	плус (м)	plus
negatieve pool (de)	минус (м)	mínus
zekering (de)	осигурач (м)	osigúrač

luchtfilter (de)	ваздушни филтер (м)	vázdušni fílter
oliefilter (de)	филтер (м) за уље	fílter za úlje
benzinefilter (de)	филтер (м) за гориво	fílter za górivo

178. Auto's. Botsing. Reparatie

auto-ongeval (het)	саобраћајка (ж)	saobráćajka
verkeersongeluk (het)	саобраћајна несрећа (ж)	sáobraćajna nésreća
aanrijden	ударити (нг)	údariti
(tegen een boom, enz.)		
verongelukken (ww)	разбити се	rázbiti se
beschadiging (de)	штета (ж)	štéta
heelhuids (bn)	нетакнут	nétaknut

pech (de)	квар (м)	kvar
kapot gaan (zijn gebroken)	покварити се	pokváriti se
sleeptouw (het)	уже (с) за вучу	úže za vúču

lek (het)	рупа, пукнута гума (ж)	rúpa, púknuta gúma
lekke krijgen (band)	испумпати се	ispúmpati se
oppompen (ww)	пумпати (нг)	púmpati
druk (de)	притисак (м)	prítisak
checken (ww)	проверити (нг)	próveriti

reparatie (de)	поправка (ж)	pópravka
garage (de)	ауто сервис (м)	áuto sérvis
wisselstuk (het)	резервни део (м)	rézervni déo
onderdeel (het)	део (м)	déo

bout (de)	завртањ (м)	závrtanj
schroef (de)	шраф (м)	šraf
moer (de)	навртка (ж)	návrtka
sluitring (de)	подлошка (ж)	pódloška
kogellager (de/het)	лежај (м)	léžaj

pijp (de)	црево (с)	crévo
pakking (de)	заптивка (ж)	záptivka
kabel (de)	жица (ж)	žíca

dommekracht (de)	дизалица (ж)	dízalica
moersleutel (de)	матични кључ (м)	mátični ključ
hamer (de)	чекић (м)	čékić
pomp (de)	пумпа (ж)	púmpa
schroevendraaier (de)	шрафцигер (м)	šráfciger
brandblusser (de)	противпожарни апарат (м)	protivpóžarni apárat
gevarendriehoek (de)	безбедносни троугао (м)	bezbédnosni tróugao

afslaan (ophouden te werken)	гасити се	gásiti se
uitvallen (het)	гашење (с)	gášenje
zijn gebroken	бити покварен	biti pókvaren

oververhitten (ww)	прегрејати се	prégrejati se
verstopt raken (ww)	зачепити се	začépiti se
bevriezen (autodeur, enz.)	смрзнути се	smŕznuti se
barsten (leidingen, enz.)	пукнути (нг)	púknuti

druk (de)	притисак (м)	prítisak
niveau (bijv. olieniveau)	ниво (м)	nívo
slap (de drijfriem is ~)	лабав	lábav

deuk (de)	удубљење (с)	udubljénje
geklop (vreemde geluiden)	лупање (с)	lúpanje
barst (de)	пукотина (ж)	púkotina
kras (de)	огреботина (ж)	ogrebótina

179. Auto's. Weg

weg (de)	пут (м)	put
snelweg (de)	брзи пут (м)	bŕzi put
autoweg (de)	аутопут (м)	áutoput
richting (de)	правац (м)	právac
afstand (de)	раздаљина (ж)	rázdaljina

brug (de)	мост (м)	most
parking (de)	паркиралиште (с)	parkíralište
plein (het)	трг (м)	tŕg
verkeersknooppunt (het)	петља (ж)	pétlja
tunnel (de)	тунел (м)	túnel

benzinestation (het)	бензинска станица (ж)	bénzinska stánica
parking (de)	паркиралиште (с)	parkíralište
benzinepomp (de)	пумпа (ж)	púmpa
garage (de)	ауто сервис (м)	áuto sérvis
tanken (ww)	напунити (нг)	nápuniti
brandstof (de)	гориво (с)	górivo
jerrycan (de)	канта (ж) за гориво	kánta za górivo

asfalt (het)	асфалт (м)	ásfalt
markering (de)	ознаке (мн) на коловозу	óznake na kólovozu
trottoirband (de)	ивичњак (м)	ívičnjak
geleiderail (de)	заштитна ограда (ж)	záštitna ógrada
greppel (de)	канал (м)	kánal
vluchtstrook (de)	ивица (ж) пута	ívica puta
lichtmast (de)	стуб (м)	stub

besturen (een auto ~)	возити (нг)	vóziti
afslaan (naar rechts ~)	скретати (нг)	skrétati
U-bocht maken (ww)	окренути се	okrénuti se
achteruit (de)	рикверц (м)	ríkverc
toeteren (ww)	трубити (нг)	trúbiti

toeter (de)	звучни сигнал (м)	zvúčni sígnal
vastzitten (in modder)	заглавити се	zagláviti se
spinnen (wielen gaan ~)	окретати се у месту	okrétati se u méstu
uitzetten (ww)	гасити (пг)	gásiti

snelheid (de)	брзина (ж)	brzína
een snelheidsovertreding maken	прекорачити брзину	prekoráčiti brzinu
bekeuren (ww)	кажњавати (пг)	kažnjávati
verkeerslicht (het)	семафор (м)	sémafor
rijbewijs (het)	возачка дозвола (ж)	vózačka dózvola

overgang (de)	пружни прелаз (м)	prúžni prélaz
kruispunt (het)	раскрсница (ж)	ráskrsnica
zebrapad (oversteekplaats)	пешачки прелаз (м)	péšački prélaz
bocht (de)	кривина (ж)	krivína
voetgangerszone (de)	пешачка зона (ж)	péšačka zona

180. Verkeersborden

verkeersregels (mv.)	правила (мн) саобраћаја	právila sáobracaja
verkeersbord (het)	саобраћајни знак (м)	sáobraćajni znak
inhalen (het)	претицање (с)	préticanje
bocht (de)	кривина (ж)	krivína
U-bocht, kering (de)	Полукружно окретање	Pólukružno ókretanje
Rotonde (de)	Кружни ток	Krúžni tok

Verboden richting	Забрана саобраћаја	Zábrana sáobraćaja
Verboden toegang	Забрана саобраћаја у оба смера	Zábrana sáobraćaja u óba sméra
Inhalen verboden	Забрана претицање	Zábrana préticanje
Parkeerverbod	Забрањено паркирање	Zabránjeno parkíranje
Verbod stil te staan	Забрана заустављања	Zábrana zaústavljanja

Gevaarlijke bocht	Опасна кривина	Opasna krivína
Gevaarlijke daling	Опасна низбрдица	Opasna nízbrdica
Eenrichtingsweg	Једносмерни саобраћај	Jédnosmerni sáobraćaj
Voetgangers	Пешачки прелаз	Péšački prélaz
Slipgevaar	Клизав коловоз	Klízav kólovoz
Voorrang verlenen	Првенство пролаза	Prvénstvo prólaza

MENSEN. GEBEURTENISSEN IN HET LEVEN

181. Vakanties. Evenement

feest (het)	празник (м)	práznik
nationale feestdag (de)	национални празник (м)	nacionálni práznik
feestdag (de)	празничан дан (м)	prázničan dan
herdenken (ww)	празновати (пг)	práznovati
gebeurtenis (de)	догађај (м)	dógađaj
evenement (het)	догађај (м)	dógađaj
banket (het)	банкет (м)	bánket
receptie (de)	дочек, пријем (м)	dóček, príjem
feestmaal (het)	гозба (ж)	gózba
verjaardag (de)	годишњица (ж)	gódišnjica
jubileum (het)	јубилеј (м)	jubílej
vieren (ww)	прославити (пг)	próslaviti
Nieuwjaar (het)	Нова година (ж)	Nóva gódina
Gelukkig Nieuwjaar!	Срећна Нова година!	Sréćna Nóva gódina!
Sinterklaas (de)	Деда Мраз (м)	Déda Mraz
Kerstfeest (het)	Божић (м)	Bóžić
Vrolijk kerstfeest!	Срећан Божић!	Sréćan Bóžić!
kerstboom (de)	Новогодишња јелка (ж)	Novogódišnja jélka
vuurwerk (het)	ватромет (м)	vátromet
bruiloft (de)	свадба (ж)	svádba
bruidegom (de)	младожења (м)	mladóženja
bruid (de)	млада, невеста (ж)	mláda, névesta
uitnodigen (ww)	позивати (пг)	pozívati
uitnodigingskaart (de)	позивница (ж)	pózivnica
gast (de)	гост (м)	gost
op bezoek gaan	ићи у госте	íći u góste
gasten verwelkomen	дочекивати госте	dočekívati góste
geschenk, cadeau (het)	поклон (м)	póklon
geven (iets cadeau ~)	поклањати (пг)	póklanjati
geschenken ontvangen	добијати поклоне	dóbijati póklone
boeket (het)	букет (м)	búket
felicitaties (mv.)	честитка (ж)	čestitka
feliciteren (ww)	честитати (пг)	čestítati
wenskaart (de)	честитка (ж)	čestitka
een kaartje versturen	послати честитку	póslati čestitku
een kaartje ontvangen	добити честитку	dóbiti čestitku

toast (de)	здравица (ж)	zdrávica
aanbieden (een drankje ~)	нудити (пг)	núditi
champagne (de)	шампањац (м)	šampánjac

plezier hebben (ww)	веселити се	veséliti se
plezier (het)	весеље (с)	vesélje
vreugde (de)	радост (ж)	rádost

| dans (de) | плес (м) | ples |
| dansen (ww) | играти, плесати (нг) | ígrati, plésati |

| wals (de) | валцер (м) | válcer |
| tango (de) | танго (м) | tángo |

182. Begrafenissen. Begrafenis

kerkhof (het)	гробље (с)	gróblje
graf (het)	гроб (м)	grob
kruis (het)	крст (м)	kŕst
grafsteen (de)	надгробни споменик (м)	nádgrobni spómenik
omheining (de)	ограда (ж)	ógrada
kapel (de)	капела (ж)	kapéla

dood (de)	смрт (ж)	smŕt
sterven (ww)	умрети (нг)	úmreti
overledene (de)	покојник (м)	pókojnik
rouw (de)	жалост (ж)	žálost

begraven (ww)	сахрањивати (пг)	sahranjívati
begrafenisonderneming (de)	погребно предузеће (с)	pógrebno preduzéće
begrafenis (de)	сахрана (ж)	sáhrana

krans (de)	венац (м)	vénac
doodskist (de)	ковчег (м)	kóvčeg
lijkwagen (de)	погребна кола (ж)	pógrebna kóla
lijkkleed (de)	мртвачки покров (м)	mŕtvački pókrov

begrafenisstoet (de)	погребна поворка (ж)	pógrebna póvorka
urn (de)	погребна урна (ж)	pógrebna úrna
crematorium (het)	крематоријум (м)	kremratórijum

overlijdensbericht (het)	читуља (ж)	čítulja
huilen (wenen)	плакати (нг)	plákati
snikken (huilen)	јецати (пг)	jécati

183. Oorlog. Soldaten

peloton (het)	вод (м)	vod
compagnie (de)	чета (ж)	četa
regiment (het)	пук (м)	púk
leger (armee)	армија (ж)	ármija
divisie (de)	дивизија (ж)	divízija

sectie (de)	одред (м)	ódred
troep (de)	војска (ж)	vójska

soldaat (militair)	војник (м)	vójnik
officier (de)	официр (м)	ofícir

soldaat (rang)	редов (м)	rédov
sergeant (de)	наредник (м)	nárednik
luitenant (de)	поручник (м)	póručnik
kapitein (de)	капетан (м)	kapétan
majoor (de)	мајор (м)	májor
kolonel (de)	пуковник (м)	púkovnik
generaal (de)	генерал (м)	genéral

matroos (de)	поморац, морнар (м)	pómorac, mórnar
kapitein (de)	капетан (м)	kapétan
bootsman (de)	вођа (м) палубе	vóđa pálube
artillerist (de)	артиљерац (м)	artiljérac
valschermjager (de)	падобранац (м)	pádobranac
piloot (de)	пилот (м)	pílot
stuurman (de)	навигатор (м)	navígator
mecanicien (de)	механичар (м)	meháničar

sappeur (de)	деминер (м)	demíner
parachutist (de)	падобранац (м)	pádobranac
verkenner (de)	извиђач (м)	izvíđač
scherpschutter (de)	снајпер (м)	snájper

patrouille (de)	патрола (ж)	patróla
patrouilleren (ww)	патролирати (нг, пг)	patrolírati
wacht (de)	стражар (м)	strážar
krijger (de)	војник (м)	vójnik
patriot (de)	патриота (м)	patrióta
held (de)	јунак (м)	júnak
heldin (de)	јунакиња (ж)	junákinja

verrader (de)	издајник (м)	ízdajnik
verraden (ww)	издавати (пг)	izdávati

deserteur (de)	дезертер (м)	dezérter
deserteren (ww)	дезертирати (нг)	dezertírati

huurling (de)	најамник (м)	nájamnik
rekruut (de)	регрут (м)	régrut
vrijwilliger (de)	добровољац (м)	dobrovóljac

gedode (de)	убијен (м)	úbijen
gewonde (de)	рањеник (м)	ránjenik
krijgsgevangene (de)	заробљеник (м)	zarobljénik

184. Oorlog. Militaire acties. Deel 1

oorlog (de)	рат (м)	rat
oorlog voeren (ww)	ратовати (нг)	rátovati

burgeroorlog (de)	грађански рат (м)	gráđanski rat
achterbaks (bw)	подмукло	pódmuklo
oorlogsverklaring (de)	објава (ж) рата	óbjava rata
verklaren (de oorlog ~)	објавити (пг)	objáviti
agressie (de)	агресија (ж)	agrésija
aanvallen (binnenvallen)	нападати (нг)	nápadati

binnenvallen (ww)	инвадирати, окупирати (пг)	invadírati, okupírati
invaller (de)	освајач (м)	osvájač
veroveraar (de)	освајач (м)	osvájač

verdediging (de)	одбрана (ж)	ódbrana
verdedigen (je land ~)	бранити (пг)	brániti
zich verdedigen (ww)	бранити се	brániti se

vijand (de)	непријатељ (м)	néprijatelj
tegenstander (de)	противник (м)	prótivnik
vijandelijk (bn)	непријатељски	neprijatéljski

strategie (de)	стратегија (ж)	strátegija
tactiek (de)	тактика (ж)	táktika

order (de)	наредба (ж)	náredba
bevel (het)	команда (ж)	kómanda
bevelen (ww)	наређивати (пг)	naređívati
opdracht (de)	задатак (м)	zadátak
geheim (bn)	тајни	tájni

slag (de)	битка (ж)	bítka
veldslag (de)	борба (ж)	bórba
strijd (de)	бој, битка (ж)	boj, bítka

aanval (de)	напад (м)	nápad
bestorming (de)	јуриш (м)	júriš
bestormen (ww)	јуришати (пг)	juríšati
bezetting (de)	опсада (ж)	ópsada

aanval (de)	офанзива (ж)	ofanzíva
in het offensief te gaan	прећи у напад	préći u nápad

terugtrekking (de)	повлачење (с)	povlačénje
zich terugtrekken (ww)	одступати (нг)	odstúpati

omsingeling (de)	опкољавање (с)	opkoljávanje
omsingelen (ww)	опкољавати (пг)	opkoljávati

bombardement (het)	бомбардовање (с)	bómbardovanje
een bom gooien	избацити бомбу	izbáciti bómbu
bombarderen (ww)	бомбардовати (пг)	bómbardovati
ontploffing (de)	експлозија (ж)	eksplózija

schot (het)	пуцањ (м)	púcanj
een schot lossen	пуцати (нг)	púcati
schieten (het)	пуцање (с)	púcanje
mikken op (ww)	циљати (пг)	cíljati
aanleggen (een wapen ~)	уперити (пг)	upériti

treffen (doelwit ~)	погодити (пг)	pogóditi
zinken (tot zinken brengen)	потопити (пг)	potópiti
kogelgat (het)	рупа (ж)	rúpa
zinken (gezonken zijn)	тонути (нг)	tónuti

front (het)	фронт (м)	front
evacuatie (de)	евакуација (ж)	evakuácija
evacueren (ww)	евакуисати (пг)	evakuísati

loopgraaf (de)	ров (м)	rov
prikkeldraad (de)	бодљикава жица (ж)	bódljikava žíca
verdedigingsobstakel (het)	препрека (ж)	prépreka
wachttoren (de)	осматрачница (ж)	osmátračnica

hospitaal (het)	војна болница (ж)	vójna bólnica
verwonden (ww)	ранити (пг)	rániti
wond (de)	рана (ж)	rána
gewonde (de)	рањеник (м)	ránjenik
gewond raken (ww)	бити рањен	bíti ránjen
ernstig (~e wond)	озбиљан	ózbiljan

185. Oorlog. Militaire acties. Deel 2

krijgsgevangenschap (de)	заробљеништво (с)	zarobljeníštvo
krijgsgevangen nemen	заробити (пг)	zaróbiti
krijgsgevangene zijn	бити у заробљеништву	bíti u zarobljeníštvu
krijgsgevangen genomen worden	пасти у ропство	pásti u rópstvo

concentratiekamp (het)	концентрациони логор (м)	koncentracioni lógor
krijgsgevangene (de)	заробљеник (м)	zarobljénik
vluchten (ww)	бежати (нг)	béžati

verraden (ww)	издати (пг)	ízdati
verrader (de)	издајник (м)	ízdajnik
verraad (het)	издаја (ж)	ízdaja

| fusilleren (executeren) | стрељати (пг) | stréljati |
| executie (de) | стрељање (с) | stréljanje |

uitrusting (de)	опрема (ж)	óprema
schouderstuk (het)	еполета (ж)	epoléta
gasmasker (het)	гас маска (ж)	gas máska

portofoon (de)	покретна радио станица (ж)	pókretna rádio stánica
geheime code (de)	шифра (ж)	šífra
samenzwering (de)	конспирација (ж)	konspirácija
wachtwoord (het)	лозинка (ж)	lózinka

mijn (landmijn)	мина (ж)	mína
ondermijnen (legden mijnen)	минирати (пг)	minírati
mijnenveld (het)	минско поље (с)	mínsko pólje
luchtalarm (het)	ваздушна узбуна (ж)	vázdušna úzbuna

alarm (het)	узбуна (ж)	úzbuna
signaal (het)	сигнал (м)	sígnal
vuurpijl (de)	сигнална ракета (ж)	sígnalna rakéta

staf (generale ~)	штаб (м)	štab
verkenning (de)	извиђање (с)	izvíđanje
toestand (de)	ситуација (ж)	situácija
rapport (het)	рапорт (м)	ráport
hinderlaag (de)	заседа (ж)	záseda
versterking (de)	појачање (с)	pojačánje

doel (bewegend ~)	нишан (м)	níšan
proefterrein (het)	полигон (м)	polígon
manoeuvres (mv.)	маневри (мн)	manévri

paniek (de)	паника (ж)	pánika
verwoesting (de)	рушевина (ж)	rúševina
verwoestingen (mv.)	уништења (мн)	uništénja
verwoesten (ww)	разрушити (пг)	rázrušiti

overleven (ww)	преживети (нг)	prežíveti
ontwapenen (ww)	разоружати (пг)	razorúžati
behandelen (een pistool ~)	обраћати се	óbraćati se

Geeft acht!	Мирно!	Mírno!
Op de plaats rust!	Вољно!	Vóljno!

heldendaad (de)	подвиг (м)	pódvig
eed (de)	заклетва (ж)	zákletva
zweren (een eed doen)	клети се	kléti se

decoratie (de)	награда (ж)	nágrada
onderscheiden (een ereteken geven)	награђивати (пг)	nagrađívati
medaille (de)	медаља (ж)	médalja
orde (de)	орден (м)	órden

overwinning (de)	победа (ж)	póbeda
verlies (het)	пораз (м)	póraz
wapenstilstand (de)	примирје (с)	prímirje

wimpel (vaandel)	застава (ж)	zástava
roem (de)	слава (ж)	sláva
parade (de)	парада (ж)	paráda
marcheren (ww)	марширати (нг)	maršírati

186. Wapens

wapens (mv.)	оружје (с)	óružje
vuurwapens (mv.)	ватрено оружје (с)	vátreno óružje
koude wapens (mv.)	хладно оружје (с)	hládno oružje

chemische wapens (mv.)	хемијско оружје (с)	hémijsko óružje
kern-, nucleair (bn)	нуклеарни	núklearni

kernwapens (mv.)	нуклеарно оружје (c)	núklearno óružje
bom (de)	бомба (ж)	bómba
atoombom (de)	атомска бомба (ж)	átomska bómba

pistool (het)	пиштољ (м)	píštolj
geweer (het)	пушка (ж)	púška
machinepistool (het)	аутомат (м)	autómat
machinegeweer (het)	митраљез (м)	mitráljez

loop (schietbuis)	грло (c)	gŕlo
loop (bijv. geweer met kortere ~)	цев (ж)	cev
kaliber (het)	калибар (м)	kalíbar

trekker (de)	окидач (м)	okídač
korrel (de)	нишан (м)	níšan
magazijn (het)	шаржер (м)	šáržer
geweerkolf (de)	кундак (м)	kúndak

| granaat (handgranaat) | граната (ж) | granáta |
| explosieven (mv.) | експлозив (м) | eksplóziv |

kogel (de)	пројектил (м)	projéktil
patroon (de)	метак (м)	métak
lading (de)	набој (м)	náboj
ammunitie (de)	муниција (ж)	munícija

bommenwerper (de)	бомбардер (м)	bombárder
straaljager (de)	ловачки авион (м)	lóvački avíon
helikopter (de)	хеликоптер (м)	helikópter

afweergeschut (het)	против авионски топ (м)	prótiv avíonski top
tank (de)	тенк (м)	tenk
kanon (tank met een ~ van 76 mm)	топ (м)	top

artillerie (de)	артиљерија (ж)	artiljérija
kanon (het)	топ (м)	top
aanleggen (een wapen ~)	уперити (пг)	upériti

projectiel (het)	пројектил (м)	projéktil
mortiergranaat (de)	минобацачка мина (ж)	minobácačka mína
mortier (de)	минобацач (м)	minobácač
granaatscherf (de)	комадић (м)	komádić

duikboot (de)	подморница (ж)	pódmornica
torpedo (de)	торпедо (м)	torpédo
raket (de)	ракета (ж)	rakéta

laden (geweer, kanon)	пунити (пг)	púniti
schieten (ww)	пуцати (нг)	púcati
richten op (mikken)	циљати (пг)	cíljati
bajonet (de)	бајонет (м)	bajónet

| degen (de) | мач (м) | mač |
| sabel (de) | сабља (ж) | sáblja |

speer (de)	копље (с)	kóplje
boog (de)	лук (м)	luk
pijl (de)	стрела (ж)	stréla
musket (de)	мускета (ж)	músketa
kruisboog (de)	самострел (м)	sámostrel

187. Oude mensen

primitief (bn)	првобитни	pŕvobitni
voorhistorisch (bn)	праисторијски	praistórijski
eeuwenoude (~ beschaving)	древни	drévni

Steentijd (de)	Камено доба (с)	Kámeno dóba
Bronstijd (de)	Бронзано доба (с)	Brónzano dóba
IJstijd (de)	Ледено доба (с)	Lédeno dóba

stam (de)	племе (с)	pléme
menseneter (de)	људождер (м)	ljudóžder
jager (de)	ловац (м)	lóvac
jagen (ww)	ловити (пг)	lóviti
mammoet (de)	мамут (м)	mámut

grot (de)	пећина (ж)	péćina
vuur (het)	ватра (ж)	vátra
kampvuur (het)	логорска ватра (ж)	lógorska vátra
rotstekening (de)	пећинска слика (ж)	péćinska slíka

werkinstrument (het)	алат (м)	álat
speer (de)	копље (с)	kóplje
stenen bijl (de)	камена секира (ж)	kámena sékira

| oorlog voeren (ww) | ратовати (нг) | rátovati |
| temmen (bijv. wolf ~) | припитомљивати (пг) | pripitomljívati |

| idool (het) | идол (м) | ídol |
| aanbidden (ww) | обожавати (пг) | obožávati |

| bijgeloof (het) | сујеверје (с) | sújeverje |
| ritueel (het) | обред (м) | óbred |

| evolutie (de) | еволуција (ж) | evolúcija |
| ontwikkeling (de) | развој (м) | rázvoj |

| verdwijning (de) | нестанак (м) | néstanak |
| zich aanpassen (ww) | прилагођавати се | prilagođávati se |

archeologie (de)	археологија (ж)	arheológija
archeoloog (de)	археолог (м)	arheólog
archeologisch (bn)	археолошки	arheóloški

opgravingsplaats (de)	археолошко налазиште (с)	arheóloško nálazište
opgravingen (mv.)	ископине (мн)	ískopine
vondst (de)	налаз (м)	nálaz
fragment (het)	фрагмент (м)	frágment

188. Middeleeuwen

volk (het)	народ (м)	národ
volkeren (mv.)	народи (мн)	národi
stam (de)	племе (с)	pléme
stammen (mv.)	племена (мн)	plemena
barbaren (mv.)	Варвари (мн)	Várvari
Galliërs (mv.)	Гали (мн)	Gáli
Goten (mv.)	Готи (мн)	Góti
Slaven (mv.)	Славени (мн)	Slavéni
Vikings (mv.)	Викинзи (мн)	Víkinzi
Romeinen (mv.)	Римљани (мн)	Rímljani
Romeins (bn)	римски	rímski
Byzantijnen (mv.)	Византијци (мн)	Vizántijci
Byzantium (het)	Византија (ж)	Vizántija
Byzantijns (bn)	византијски	vizántijski
keizer (bijv. Romeinse ~)	император (м)	imperátor
opperhoofd (het)	вођа, поглавица (м)	vóđa, póglavica
machtig (bn)	моћан	móćan
koning (de)	краљ (м)	kralj
heerser (de)	владар (м)	vládar
ridder (de)	витез (м)	vítez
feodaal (de)	феудалац (м)	feudálac
feodaal (bn)	феудалан	féudalan
vazal (de)	вазал (м)	vázal
hertog (de)	војвода (м)	vójvoda
graaf (de)	гроф (м)	grof
baron (de)	барон (м)	báron
bisschop (de)	епископ (м)	épiskop
harnas (het)	оклоп (м)	óklop
schild (het)	штит (м)	štit
zwaard (het)	мач (м)	mač
vizier (het)	визир (м)	vízir
maliënkolder (de)	панцирна кошуља (ж)	páncirna kóšulja
kruistocht (de)	крсташки рат (м)	kŕstaški rat
kruisvaarder (de)	крсташ (м)	kŕstaš
gebied (bijv. bezette ~en)	територија (ж)	teritórija
aanvallen (binnenvallen)	нападати (нг)	nápadati
veroveren (ww)	освојити (нг)	osvójiti
innemen (binnenvallen)	окупирати (пг)	okupírati
bezetting (de)	опсада (ж)	ópsada
belegerd (bn)	опсађени	ópsađeni
belegeren (ww)	опколити (пг)	opkóliti
inquisitie (de)	инквизиција (ж)	inkvizícija
inquisiteur (de)	инквизитор (м)	inkvízitor

foltering (de)	тортура (ж)	tortúra
wreed (bn)	окрутан	ókrutan
ketter (de)	јеретик (м)	jéretik
ketterij (de)	јерес (ж)	jéres
zeevaart (de)	морепловство (с)	moreplóvstvo
piraat (de)	гусар (м)	gúsar
piraterij (de)	гусарство (с)	gúsarstvo
enteren (het)	укрцај (м), укрцавање (с)	úkrcaj, ukrcávanje
buit (de)	плен (м)	plen
schatten (mv.)	благо (с)	blágo
ontdekking (de)	откриће (с)	otkríće
ontdekken (bijv. nieuw land)	открити (пг)	ótkriti
expeditie (de)	експедиција (ж)	ekspedícija
musketier (de)	мускетар (м)	músketar
kardinaal (de)	кардинал (м)	kardínal
heraldiek (de)	хералдика (ж)	heráldika
heraldisch (bn)	хералдички	heráldički

189. Leider. Baas. Autoriteiten

koning (de)	краљ (м)	kralj
koningin (de)	краљица (ж)	králjica
koninklijk (bn)	краљевски	králjevski
koninkrijk (het)	краљевина (ж)	králjevina
prins (de)	принц (м)	princ
prinses (de)	принцеза (ж)	princéza
president (de)	председник (м)	prédsednik
vicepresident (de)	потпредседник (м)	potprédsednik
senator (de)	сенатор (м)	sénator
monarch (de)	монарх (м)	mónarh
heerser (de)	владар (м)	vládar
dictator (de)	диктатор (м)	diktátor
tiran (de)	тиранин (м)	tíranin
magnaat (de)	магнат (м)	mágnat
directeur (de)	директор (м)	dírektor
chef (de)	шеф (м)	šef
beheerder (de)	менаџер (м)	ménadžer
baas (de)	газда (м)	gázda
eigenaar (de)	власник (м)	vlásnik
leider (de)	вођа, лидер (м)	vóđa, líder
hoofd	глава (ж)	gláva
(bijv. ~ van de delegatie)		
autoriteiten (mv.)	власти (мн)	vlásti
superieuren (mv.)	руководство (с)	rúkovodstvo
gouverneur (de)	гувернер (м)	guvérner
consul (de)	конзул (м)	kónzul

diplomaat (de)	дипломат (м)	diplómat
burgemeester (de)	градоначелник (м)	gradonáčelnik
sheriff (de)	шериф (м)	šérif

keizer (bijv. Romeinse ~)	император (м)	imperátor
tsaar (de)	цар (м)	car
farao (de)	фараон (м)	faráon
kan (de)	кан (м)	kan

190. Weg. Weg. Routebeschrijving

weg (de)	пут (м)	put
route (de kortste ~)	пут (м)	put

autoweg (de)	аутопут (м)	áutoput
snelweg (de)	брзи пут (м)	bŕzi put
rijksweg (de)	државни пут (м)	dŕžavni put

hoofdweg (de)	главни пут (м)	glávni put
landweg (de)	сеоски пут (м)	séoski put

pad (het)	стаза (ж), путељак (м)	stáza, putéljak
paadje (het)	стаза (ж)	stáza

Waar?	Где?	Gde?
Waarheen?	Куда?	Kúda?
Waarvandaan?	Одакле? Откуд?	Ódakle? Ótkud?

richting (de)	правац (м)	právac
aanwijzen (de weg ~)	указати (пг)	ukázati

naar links (bw)	лево	lévo
naar rechts (bw)	десно	désno
rechtdoor (bw)	право	právo
terug (bijv. ~ keren)	назад	názad

bocht (de)	кривина (ж)	krivína
afslaan (naar rechts ~)	скретати (нг)	skrétati
U-bocht maken (ww)	окренути се	okrénuti se

zichtbaar worden (ww)	бити видан	bíti vídan
verschijnen (in zicht komen)	показати се	pokázati se

stop (korte onderbreking)	одмор (м)	ódmor
zich verpozen (uitrusten)	одморити се	odmóriti se
rust (de)	одмор (м)	ódmor

verdwalen (de weg kwijt zijn)	залутати (нг)	zalútati
leiden naar ... (de weg)	водити до ...	vóditi dó ...
bereiken (ergens aankomen)	изаћи на ...	ízaći na ...
doel (~ van de weg)	деоница (ж)	deónica

asfalt (het)	асфалт (м)	ásfalt
trottoirband (de)	ивичњак (м)	ívičnjak

greppel (de)	јарак (м)	járak
putdeksel (het)	шахт (м)	šaht
vluchtstrook (de)	ивица (ж) пута	ívica puta
kuil (de)	јама (ж)	jáma
gaan (te voet)	ићи (нг)	íći
inhalen (voorbijgaan)	престигнути (пг)	préstignuti
stap (de)	корак (м)	kórak
te voet (bw)	пешке	péške
blokkeren (de weg ~)	блокирати (пг)	blokírati
slagboom (de)	рампа (ж)	rámpa
doodlopende straat (de)	ћорсокак (м)	ćorsókak

191. De wet overtreden. Criminelen. Deel 1

bandiet (de)	бандит (м)	bándit
misdaad (de)	злочин (м)	zlóčin
misdadiger (de)	злочинац (м)	zlóčinac
dief (de)	лопов (м)	lópov
stelen (ww)	красти (нг, пг)	krásti
stelen (de)	крађа (ж)	kráđa
diefstal (de)	крађа (ж)	kráđa
kidnappen (ww)	киднаповати (пг)	kidnapóvati
kidnapping (de)	отмица (ж),	ótmica,
	киднаповање (с)	kidnapovanje
kidnapper (de)	киднапер (м)	kidnáper
losgeld (het)	откуп (м)	ótkup
eisen losgeld (ww)	тражити откуп	trážiti ótkup
overvallen (ww)	пљачкати (пг)	pljáčkati
overval (de)	пљачка (ж)	pljáčka
overvaller (de)	пљачкаш (м)	pljáčkaš
afpersen (ww)	уцењивати (пг)	ucenjívati
afperser (de)	изнуђивач (м)	iznuđívač
afpersing (de)	изнуђивање (с)	iznuđívanje
vermoorden (ww)	убити (пг)	úbiti
moord (de)	убиство (с)	úbistvo
moordenaar (de)	убица (м)	úbica
schot (het)	пуцањ (м)	púcanj
een schot lossen	пуцати (нг)	púcati
neerschieten (ww)	устрелити (пг)	ustréliti
schieten (ww)	пуцати (нг)	púcati
schieten (het)	пуцњава (ж)	púcnjava
ongeluk (gevecht, enz.)	инцидент (м)	incídent
gevecht (het)	туча (ж)	túča

| Help! | Упомоћ! У помоћ! | Upómoć! U pómoć! |
| slachtoffer (het) | жртва (ж) | žŕtva |

beschadigen (ww)	оштетити (пг)	óštetiti
schade (de)	штета (ж)	štéta
lijk (het)	леш (м)	leš
zwaar (~ misdrijf)	тежак	téžak

aanvallen (ww)	нападати (нг)	nápadati
slaan (iemand ~)	ударати (пг)	údarati
in elkaar slaan (toetakelen)	претући (пг)	prétući
ontnemen (beroven)	отети (пг)	óteti
steken (met een mes)	избости ножем	ízbosti nóžem
verminken (ww)	осакатити (пг)	osákatiti
verwonden (ww)	ранити (пг)	rániti

chantage (de)	уцењивање (с)	ucenjívanje
chanteren (ww)	уцењивати (пг)	ucenjívati
chanteur (de)	уцењивач (м)	ucenjívač

afpersing (de)	рекет (м)	réket
afperser (de)	рекеташ (м)	réketaš
gangster (de)	гангстер (м)	gángster
maffia (de)	мафија (ж)	máfija

kruimeldief (de)	џепарош (м)	džéparoš
inbreker (de)	обијач (м)	obíjač
smokkelen (het)	шверц (м)	šverc
smokkelaar (de)	кријумчар (м)	kríjumčar

namaak (de)	кривотворење (с)	krivotvórenje
namaken (ww)	кривотворити (пг)	krivotvóriti
namaak-, vals (bn)	лажни	lážni

192. De wet overtreden. Criminelen. Deel 2

verkrachting (de)	силовање (с)	sílovanje
verkrachten (ww)	силовати (пг)	sílovati
verkrachter (de)	силовател (м)	silóvatelj
maniak (de)	манијак (м)	mánijak

prostituee (de)	проститутка (ж)	próstitutka
prostitutie (de)	проституција (ж)	prostitúcija
pooier (de)	макро (м)	mákro

| drugsverslaafde (de) | наркоман (м) | nárkoman |
| drugshandelaar (de) | продавац (м) дроге | prodávac dróge |

opblazen (ww)	разнети (пг)	rázneti
explosie (de)	експлозија (ж)	eksplózija
in brand steken (ww)	запалити (пг)	zapáliti
brandstichter (de)	потпаљивач (м)	potpaljívač
terrorisme (het)	тероризам (м)	terorízam
terrorist (de)	терориста (м)	terorísta

gijzelaar (de)	талац (м)	tálac
bedriegen (ww)	преварити (пг)	prévariti
bedrog (het)	превара (ж)	prévara
oplichter (de)	варалица (м)	váralica

omkopen (ww)	потплатити (пг)	potplátiti
omkoperij (de)	подмићивање (с)	podmićívanje
smeergeld (het)	мито (с)	míto

vergif (het)	отров (м)	ótrov
vergiftigen (ww)	отровати (пг)	otróvati
vergif innemen (ww)	отровати се	otróvati se

zelfmoord (de)	самоубиство (с)	samoubístvo
zelfmoordenaar (de)	самоубица (м, ж)	samoubíca

bedreigen (bijv. met een pistool)	претити (нг)	prétiti
bedreiging (de)	претња (ж)	prétnja
een aanslag plegen	покушавати (пг)	pokušávati
aanslag (de)	покушај, атентат (м)	pókušaj, aténtat

stelen (een auto)	украсти, отети (пг)	úkrasti, óteti
kapen (een vliegtuig)	отети (пг)	óteti

wraak (de)	освета (ж)	ósveta
wreken (ww)	освећивати (пг)	osvećívati

martelen (gevangenen)	мучити (пг)	múčiti
foltering (de)	тортура (ж)	tortúra
folteren (ww)	мучити (пг)	múčiti

piraat (de)	гусар (м)	gúsar
straatschender (de)	хулиган (м)	húligan
gewapend (bn)	наоружан	náoružan
geweld (het)	насиље (с)	násilje
onwettig (strafbaar)	илегалан	ílegalan

spionage (de)	шпијунажа (ж)	špijunáža
spioneren (ww)	шпијунирати (нг)	špijunírati

193. Politie. Wet. Deel 1

justitie (de)	правосуђе (с)	právosuđe
gerechtshof (het)	суд (м)	sud

rechter (de)	судија (м)	súdija
jury (de)	поротници (мн)	pórotnici
juryrechtspraak (de)	суђење (с) пред поротом	súđenje pred pórotom
berechten (ww)	судити (нг)	súditi

advocaat (de)	адвокат (м)	advókat
beklaagde (de)	окривљеник (м)	ókrivljenik
beklaagdenbank (de)	оптуженичка клупа (ж)	optužénička klúpa

beschuldiging (de)	оптужба (ж)	óptužba
beschuldigde (de)	оптуженик (м)	óptuženik
vonnis (het)	пресуда (ж)	présuda
veroordelen	осудити (пг)	osúditi
(in een rechtszaak)		
schuldige (de)	кривац (м)	krívac
straffen (ww)	казнити (пг)	kázniti
bestraffing (de)	казна (ж)	kázna
boete (de)	новчана казна (ж)	nóvčana kázna
levenslange opsluiting (de)	доживотна робија (ж)	dóživotna róbija
doodstraf (de)	смртна казна (ж)	smŕtna kázna
elektrische stoel (de)	електрична столица (ж)	eléktrična stólica
schavot (het)	вешала (мн)	véšala
executeren (ww)	смакнути (пг)	smáknuti
executie (de)	казна (ж)	kázna
gevangenis (de)	затвор (м)	zátvor
cel (de)	ћелија (ж)	ćélija
konvooi (het)	пратња (ж)	prátnja
gevangenisbewaker (de)	чувар (м)	čúvar
gedetineerde (de)	затвореник (м)	zatvorénik
handboeien (mv.)	лисице (мн)	lísice
handboeien omdoen	ставити лисице	stáviti lísice
ontsnapping (de)	бекство (с)	békstvo
ontsnappen (ww)	побећи (нг)	póbeći
verdwijnen (ww)	ишчезнути (нг)	íščeznuti
vrijlaten (uit de gevangenis)	ослободити (пг)	oslobóditi
amnestie (de)	амнестија (ж)	amnéstija
politie (de)	полиција (ж)	polícija
politieagent (de)	полицајац (м)	policájac
politiebureau (het)	полицијска станица (ж)	polícijska stánica
knuppel (de)	пендрек (м)	péndrek
megafoon (de)	мегафон (м)	mégafon
patrouilleerwagen (de)	патролна кола (ж)	pátrolna kóla
sirene (de)	сирена (ж)	siréna
de sirene aansteken	укључити сирену	uključiti sirénu
geloei (het) van de sirene	звук (м) сирене	zvuk siréne
plaats delict (de)	место (с) жлочина	mésto žlóčina
getuige (de)	сведок (м)	svédok
vrijheid (de)	слобода (ж)	slobóda
handlanger (de)	саучесник (м)	sáučeснik
ontvluchten (ww)	побећи (нг)	póbeći
spoor (het)	траг (м)	trag

176

194. Politie. Wet. Deel 2

opsporing (de)	потрага (ж)	pótraga
opsporen (ww)	тражити (пг)	trážiti
verdenking (de)	сумња (ж)	súmnja
verdacht (bn)	сумњив	súmnjiv
aanhouden (stoppen)	зауставити (пг)	zaústaviti
tegenhouden (ww)	задржати (пг)	zadřžati
strafzaak (de)	кривични предмет (м)	krívični prédmet
onderzoek (het)	истрага (ж)	ístraga
detective (de)	детектив (м)	detéktiv
onderzoeksrechter (de)	истражитељ (м)	istrážitelj
versie (de)	верзија (ж)	vérzija
motief (het)	мотив (м)	mótiv
verhoor (het)	саслушавање (с)	saslušávanje
ondervragen (door de politie)	саслушати (пг)	sáslušati
ondervragen (omstanders ~)	испитивати (пг)	ispitívati
controle (de)	провера (ж)	próvera
razzia (de)	рација (ж)	rácija
huiszoeking (de)	претрес (м)	prétres
achtervolging (de)	потера (ж)	pótera
achtervolgen (ww)	гонити (пг)	góniti
opsporen (ww)	пратити (пг)	prátiti
arrest (het)	хапшење (с)	hápšenje
arresteren (ww)	ухапсити (пг)	úhapsiti
vangen, aanhouden (een dief, enz.)	ухватити (пг)	úhvatiti
aanhouding (de)	хватање, хапшење (с)	hvátanje, hápšenje
document (het)	документ (м)	dokúmenat
bewijs (het)	доказ (м)	dókaz
bewijzen (ww)	доказивати (пг)	dokazívati
voetspoor (het)	отисак (м) стопала	ótisak stópala
vingerafdrukken (mv.)	отисци (мн) прстију	ótisci pŕstiju
bewijs (het)	доказ (м)	dókaz
alibi (het)	алиби (м)	álibi
onschuldig (bn)	недужан	nédužan
onrecht (het)	неправда (ж)	népravda
onrechtvaardig (bn)	неправедан	népravedan
crimineel (bn)	криминалан	kríminalan
confisqueren (in beslag nemen)	конфисковати (пг)	kónfiskovati
drug (de)	дрога (ж)	dróga
wapen (het)	оружје (с)	óružje
ontwapenen (ww)	разоружати (пг)	razorúžati
bevelen (ww)	наређивати (пг)	nareďívati
verdwijnen (ww)	ишчезнути (нг)	íščeznuti
wet (de)	закон (м)	zákon
wettelijk (bn)	законит	zákonit

onwettelijk (bn)	**незаконит**	nezákonit
verantwoordelijkheid (de)	**одговорност** (ж)	odgovórnost
verantwoordelijk (bn)	**одговоран**	ódgovoran

NATUUR

De Aarde. Deel 1

195. De kosmische ruimte

kosmos (de)	свемир (м)	svémir
kosmisch (bn)	космички	kósmički
kosmische ruimte (de)	свемирски простор (м)	svémirski próstor
wereld (de)	свет (м)	svet
sterrenstelsel (het)	галаксија (ж)	galáksija
ster (de)	звезда (ж)	zvézda
sterrenbeeld (het)	сазвежђе (с)	sázvežđe
planeet (de)	планета (ж)	planéta
satelliet (de)	сателит (м)	satélit
meteoriet (de)	метеорит (м)	meteórit
komeet (de)	комета (ж)	kométa
asteroïde (de)	астероид (м)	asteróid
baan (de)	путања, орбита (ж)	pútanja, órbita
draaien (om de zon, enz.)	окретати се	okrétati se
atmosfeer (de)	атмосфера (ж)	atmosféra
Zon (de)	Сунце (с)	Súnce
zonnestelsel (het)	Сунчев систем (м)	Súnčev sístem
zonsverduistering (de)	Помрачење (с) Сунца	Pomračénje Súnca
Aarde (de)	Земља (ж)	Zémlja
Maan (de)	Месец (м)	Mésec
Mars (de)	Марс (м)	Mars
Venus (de)	Венера (ж)	Venéra
Jupiter (de)	Јупитер (м)	Júpiter
Saturnus (de)	Сатурн (м)	Sáturn
Mercurius (de)	Меркур (м)	Mérkur
Uranus (de)	Уран (м)	Uran
Neptunus (de)	Нептун (м)	Néptun
Pluto (de)	Плутон (м)	Plúton
Melkweg (de)	Млечни пут (м)	Mléčni put
Grote Beer (de)	Велики медвед (м)	Véliki médved
Poolster (de)	Северњача (ж)	Sevérnjača
marsmannetje (het)	марсовац (м)	marsóvac
buitenaards wezen (het)	ванземаљац (м)	vanzemáljac

bovenaards (het)	свемирац (м)	svemírac
vliegende schotel (de)	летећи тањир (м)	léteći tánjir
ruimtevaartuig (het)	свемирски брод (м)	svémirski brod
ruimtestation (het)	орбитална станица (ж)	órbitalna stánica
start (de)	лансирање (с)	lánsiranje
motor (de)	мотор (м)	mótor
straalpijp (de)	млазница (ж)	mláznica
brandstof (de)	гориво (с)	górivo
cabine (de)	кабина (ж)	kabína
antenne (de)	антена (ж)	anténa
patrijspoort (de)	бродски прозор (м)	bródski prózor
zonnebatterij (de)	соларни панел (м)	sólarni pánel
ruimtepak (het)	скафандар (м)	skafándar
gewichtloosheid (de)	бестежинско стање (с)	béstežinsko stánje
zuurstof (de)	кисеоник (м)	kiseónik
koppeling (de)	пристајање (с)	prístajanje
koppeling maken	спајати се (нг)	spájati se
observatorium (het)	опсерваторија (ж)	opservatórija
telescoop (de)	телескоп (м)	téleskop
waarnemen (ww)	посматрати (нг)	posmátrati
exploreren (ww)	истраживати (пг)	istražívati

196. De Aarde

Aarde (de)	Земља (ж)	Zémlja
aardbol (de)	земљина кугла (ж)	zémljina kúgla
planeet (de)	планета (ж)	planéta
atmosfeer (de)	атмосфера (ж)	atmosféra
aardrijkskunde (de)	географија (ж)	geográfija
natuur (de)	природа (ж)	príroda
wereldbol (de)	глобус (м)	glóbus
kaart (de)	мапа (ж)	mápa
atlas (de)	атлас (м)	átlas
Europa (het)	Европа (ж)	Evrópa
Azië (het)	Азија (ж)	Ázija
Afrika (het)	Африка (ж)	Áfrika
Australië (het)	Аустралија (ж)	Austrálija
Amerika (het)	Америка (ж)	Amérika
Noord-Amerika (het)	Северна Америка (ж)	Séverna Amérika
Zuid-Amorika (het)	Јужна Америка (ж)	Júžna Amérika
Antarctica (het)	Антарктик (м)	Antárktik
Arctis (de)	Арктик (м)	Árktik

197. Windrichtingen

noorden (het)	север (м)	séver
naar het noorden	према северу	préma séveru
in het noorden	на северу	na séveru
noordelijk (bn)	северни	séverni

zuiden (het)	југ (м)	jug
naar het zuiden	према југу	préma júgu
in het zuiden	на југу	na júgu
zuidelijk (bn)	јужни	júžni

westen (het)	запад (м)	západ
naar het westen	према западу	préma západu
in het westen	на западу	na západu
westelijk (bn)	западни	západni

oosten (het)	исток (м)	ístok
naar het oosten	према истоку	préma ístoku
in het oosten	на истоку	na ístoku
oostelijk (bn)	источни	ístočni

198. Zee. Oceaan

zee (de)	море (с)	móre
oceaan (de)	океан (м)	okéan
golf (baai)	залив (м)	záliv
straat (de)	мореуз (м)	móreuz

grond (vaste grond)	копно (с)	kópno
continent (het)	континент (м)	kontínent
eiland (het)	острво (с)	óstrvo
schiereiland (het)	полуострво (с)	poluóstrvo
archipel (de)	архипелаг (м)	arhipélag

baai, bocht (de)	залив (м)	záliv
haven (de)	лука (ж)	lúka
lagune (de)	лагуна (ж)	lagúna
kaap (de)	рт (м)	r̂t

atol (de)	атол (м)	átol
rif (het)	гребен (м)	grében
koraal (het)	корал (м)	kóral
koraalrif (het)	коралии гребен (м)	kóralni grében

diep (bn)	дубок	dúbok
diepte (de)	дубина (ж)	dubína
diepzee (de)	бездан (м)	bézdan
trog (bijv. Marianentrog)	ров (м)	rov

stroming (de)	струја (ж)	strúja
omspoelen (ww)	окруживати (пг)	okružívati
oever (de)	обала (ж)	óbala

kust (de)	обала (ж)	óbala
vloed (de)	плима (ж)	plíma
eb (de)	осека (ж)	óseka
ondiepte (ondiep water)	плићак (м)	plíćak
bodem (de)	дно (с)	dno
golf (hoge ~)	талас (м)	tálas
golfkam (de)	гребен (м) таласа	grében talasá
schuim (het)	пена (ж)	péna
orkaan (de)	ураган (м)	úragan
tsunami (de)	цунами (м)	cunámi
windstilte (de)	безветрица (ж)	bézvetrica
kalm (bijv. ~e zee)	миран	míran
pool (de)	пол (м)	pol
polair (bn)	поларни	pólarni
breedtegraad (de)	ширина (ж)	širína
lengtegraad (de)	дужина (ж)	dužína
parallel (de)	паралела (ж)	paraléla
evenaar (de)	екватор (м)	ékvator
hemel (de)	небо (с)	nébo
horizon (de)	хоризонт (м)	horízont
lucht (de)	ваздух (м)	vázduh
vuurtoren (de)	светионик (м)	svetiónik
duiken (ww)	ронити (нг)	róniti
zinken (ov. een boot)	потонути (нг)	potónuti
schatten (mv.)	благо (с)	blágo

199. Namen van zeeën en oceanen

Atlantische Oceaan (de)	Атлантски океан (м)	Átlantski okéan
Indische Oceaan (de)	Индијски океан (м)	Índijski okéan
Stille Oceaan (de)	Тихи океан (м)	Tíhi okéan
Noordelijke IJszee (de)	Северни Ледени океан (м)	Séverni Lédeni okéan
Zwarte Zee (de)	Црно море (с)	Cŕno móre
Rode Zee (de)	Црвено море (с)	Cŕveno móre
Gele Zee (de)	Жуто море (с)	Žúto móre
Witte Zee (de)	Бело море (с)	Bélo móre
Kaspische Zee (de)	Каспијско море (с)	Káspijsko móre
Dode Zee (de)	Мртво море (с)	Mŕtvo móre
Middellandse Zee (de)	Средоземно море (с)	Sredózemno móre
Egeïsche Zee (de)	Егејско море (с)	Egejsko móre
Adriatische Zee (de)	Јадранско море (с)	Jádransko móre
Arabische Zee (de)	Арабијско море (с)	Arábijsko móre
Japanse Zee (de)	Јапанско море (с)	Jápansko móre
Beringzee (de)	Берингово море (с)	Béringovo móre

Zuid-Chinese Zee (de)	Јужно Кинеско море (c)	Južno Kinésko móre
Koraalzee (de)	Корално море (c)	Kóralno more
Tasmanzee (de)	Тасманово море (c)	Tasmánovo móre
Caribische Zee (de)	Карипско море (c)	Káripsko móre
Barentszzee (de)	Баренцово море (c)	Bárencovo móre
Karische Zee (de)	Карско море (c)	Kársko móre
Noordzee (de)	Северно море (c)	Séverno móre
Baltische Zee (de)	Балтичко море (c)	Báltičko móre
Noorse Zee (de)	Норвешко море (c)	Nórveško móre

200. Bergen

berg (de)	планина (ж)	planína
bergketen (de)	планински венац (м)	pláninski vénac
gebergte (het)	планински гребен (м)	pláninski grében
bergtop (de)	врх (м)	vŕh
bergpiek (de)	планински врх (м)	plániski vŕh
voet (ov. de berg)	подножје (c)	pódnožje
helling (de)	нагиб (м), падина (ж)	nágib, pádina
vulkaan (de)	вулкан (м)	vúlkan
actieve vulkaan (de)	активни вулкан (м)	áktivni vúlkan
uitgedoofde vulkaan (de)	угашени вулкан (м)	úgašeni vúlkan
uitbarsting (de)	ерупција (ж)	erúpcija
krater (de)	кратер (м)	kráter
magma (het)	магма (ж)	mágma
lava (de)	лава (ж)	láva
gloeiend (~e lava)	врућ	vruć
kloof (canyon)	кањон (м)	kánjon
bergkloof (de)	клисура (ж)	klisúra
spleet (de)	пукотина (ж)	púkotina
afgrond (de)	амбис, понор (м)	ámbis, pónor
bergpas (de)	превој (м)	prévoj
plateau (het)	висораван (ж)	vísoravan
klip (de)	литица (ж)	lítica
heuvel (de)	брег (м)	breg
gletsjer (de)	леденик (м)	ledénik
waterval (de)	водопад (м)	vódopad
geiser (de)	гејзер (м)	géjzer
meer (het)	језеро (c)	jézero
vlakte (de)	равница (ж)	ravníca
landschap (het)	пејзаж (м)	péjzaž
echo (de)	одјек (м)	ódjek
alpinist (de)	планинар (м)	planínar
bergbeklimmer (de)	алпиниста (м)	alpinísta

trotseren (berg ~)   освајати (nr)   osvájati
beklimming (de)   пењање (c)   pénjanje

201. Bergen namen

Nederlands	Servisch	
Alpen (de)	Алпи (мн)	Álpi
Mont Blanc (de)	Монблан (м)	Mónblan
Pyreneeën (de)	Пиренеји (мн)	Pirenéji
Karpaten (de)	Карпати (мн)	Karpáti
Oeralgebergte (het)	Уралске планине (мн)	Uralske planíne
Kaukasus (de)	Кавказ (м)	Kávkaz
Elbroes (de)	Елбрус (м)	Elbrus
Altaj (de)	Алтај (м)	Altaj
Tiensjan (de)	Тјен Шан, Тјаншан (м)	Tjen Šan, Tjánšan
Pamir (de)	Памир (м)	Pámir
Himalaya (de)	Хималаји (мн)	Himaláji
Everest (de)	Еверест (м)	Everest
Andes (de)	Анди (мн)	Andi
Kilimanjaro (de)	Килиманџаро (м)	Kilimandžáro

202. Rivieren

rivier (de)	река (ж)	réka
bron (~ van een rivier)	извор (м)	ízvor
rivierbedding (de)	корито (c)	kórito
rivierbekken (het)	слив (м)	sliv
uitmonden in ...	уливати се	ulívati se
zijrivier (de)	притока (ж)	prítoka
oever (de)	обала (ж)	óbala
stroming (de)	ток (м)	tok
stroomafwaarts (bw)	низводно	nízvodno
stroomopwaarts (bw)	узводно	úzvodno
overstroming (de)	поплава (ж)	póplava
overstroming (de)	поводањ (м)	póvodanj
buiten zijn oevers treden	изливати се	izlívati se
overstromen (ww)	преплавити (nr)	prepláviti
zandbank (de)	плићак (м)	plíćak
stroomversnelling (de)	брзак (м)	bŕzak
dam (de)	брана (ж)	brána
kanaal (het)	канал (м)	kánal
spaarbekken (het)	вештачко језеро (c)	véštačko jézero
sluis (de)	преводница (ж)	prévodnica
waterlichaam (het)	резервоар (м)	rezervóar
moeras (het)	мочвара (ж)	móčvara

| broek (het) | баруштина (ж) | báruština |
| draaikolk (de) | вртлог (м) | vȑtlog |

stroom (de)	поток (м)	pótok
drink- (abn)	питка	pítka
zoet (~ water)	слатка	slátka

| ijs (het) | лед (м) | led |
| bevriezen (rivier, enz.) | смрзнути се | smȑznuti se |

203. Namen van rivieren

| Seine (de) | Сена (ж) | Séna |
| Loire (de) | Лоара (ж) | Loára |

Theems (de)	Темза (ж)	Témza
Rijn (de)	Рајна (ж)	Rájna
Donau (de)	Дунав (м)	Dúnav

Wolga (de)	Волга (ж)	Vólga
Don (de)	Дон (м)	Don
Lena (de)	Лена (ж)	Léna

Gele Rivier (de)	Хуангхе (м)	Huánghe
Blauwe Rivier (de)	Јангце (м)	Jangcé
Mekong (de)	Меконг (м)	Mékong
Ganges (de)	Ганг (м)	Gang

Nijl (de)	Нил (м)	Nil
Kongo (de)	Конго (м)	Kóngo
Okavango (de)	Окаванго (м)	Okavángo
Zambezi (de)	Замбези (м)	Zambézi
Limpopo (de)	Лимпопо (м)	Limpópo
Mississippi (de)	Мисисипи (м)	Misisípi

204. Bos

| bos (het) | шума (ж) | šúma |
| bos- (abn) | шумски | šúmski |

oerwoud (dicht bos)	честар (м)	čéstar
bosje (klein bos)	шумарак (м)	šumárak
open plek (de)	пропланак (м)	próplanak

| struikgewas (het) | шипраг (м), шикара (ж) | šíprag, šíkara |
| struiken (mv.) | жбуње (с) | žbúnje |

| paadje (het) | стаза (ж) | stáza |
| ravijn (het) | јаруга (ж) | járuga |

| boom (de) | дрво (с) | dȑvo |
| blad (het) | лист (м) | list |

gebladerte (het)	лишће (с)	líšće
vallende bladeren (mv.)	листопад (м)	lístopad
vallen (ov. de bladeren)	опадати (нг)	ópadati
boomtop (de)	врх (м)	vŕh

tak (de)	грана (ж)	grána
ent (de)	грана (ж)	grána
knop (de)	пупољак (м)	púpoljak
naald (de)	иглица (ж)	íglica
dennenappel (de)	шишарка (ж)	šíšarka

boom holte (de)	дупља (ж)	dúplja
nest (het)	гнездо (с)	gnézdo
hol (het)	јазбина, рупа (ж)	jázbina, rúpa

stam (de)	стабло (с)	stáblo
wortel (bijv. boom~s)	корен (м)	kóren
schors (de)	кора (ж)	kóra
mos (het)	маховина (ж)	máhovina

ontwortelen (een boom)	крчити (пг)	kŕčiti
kappen (een boom ~)	сећи (пг)	séći
ontbossen (ww)	крчити шуму	krčiti šúmu
stronk (de)	пањ (м)	panj

kampvuur (het)	логорска ватра (ж)	lógorska vátra
bosbrand (de)	шумски пожар (м)	šúmski póžar
blussen (ww)	гасити (пг)	gásiti

boswachter (de)	шумар (м)	šúmar
bescherming (de)	заштита (ж)	záštita
beschermen (bijv. de natuur ~)	штитити (пг)	štítiti
stroper (de)	ловокрадица (м)	lovokrádica
val (de)	замка (ж)	zámka

plukken (vruchten, enz.)	брати (пг)	bráti
verdwalen (de weg kwijt zijn)	залутати (нг)	zalútati

205. Natuurlijke hulpbronnen

natuurlijke rijkdommen (mv.)	природна богатства (мн)	prírodna bógatstva
delfstoffen (mv.)	рудна богатства (мн)	rúdna bógatstva
lagen (mv.)	лежишта (мн)	léžišta
veld (bijv. olie~)	налазиште (с)	nálazište

winnen (uit erts ~)	добијати (пг)	dobíjati
winning (de)	добијање (с)	dobíjanje
erts (het)	руда (ж)	rúda
mijn (bijv. kolenmijn)	рудник (м)	rúdnik
mijnschacht (de)	рударско окно (с)	rúdarsko ókno
mijnwerker (de)	рудар (м)	rúdar
gas (het)	гас (м)	gas
gasleiding (de)	плиновод (м)	plínovod

olie (aardolie)	нафта (ж)	náfta
olieleiding (de)	нафтовод (м)	náftovod
oliebron (de)	нафтна бушотина (ж)	náftna búšotina
boortoren (de)	нафтна платформа (ж)	náftna plátforma
tanker (de)	танкер (м)	tánker

zand (het)	песак (м)	pésak
kalksteen (de)	кречњак (м)	kréčnjak
grind (het)	шљунак (м)	šljúnak
veen (het)	тресет (м)	tréset
klei (de)	глина (ж)	glína
steenkool (de)	угаљ (м)	úgalj

ijzer (het)	гвожђе (с)	gvóžđe
goud (het)	злато (с)	zláto
zilver (het)	сребро (с)	srébro
nikkel (het)	никл (м)	nikl
koper (het)	бакар (м)	bákar

zink (het)	цинк (м)	cink
mangaan (het)	манган (м)	mángan
kwik (het)	жива (ж)	žíva
lood (het)	олово (с)	ólovo

mineraal (het)	минерал (м)	míneral
kristal (het)	кристал (м)	krístal
marmer (het)	мермер, мрамор (м)	mérmer, mrámor
uraan (het)	уран (м)	úran

De Aarde. Deel 2

weer (het)	време (с)	vréme
weersvoorspelling (de)	временска прогноза (ж)	vrémenska prognóza
temperatuur (de)	температура (ж)	temperatúra
thermometer (de)	термометар (м)	térmometar
barometer (de)	барометар (м)	bárometar
vochtig (bn)	влажан	vlážan
vochtigheid (de)	влажност (ж)	vlážnost
hitte (de)	вручина (ж)	vrućína
heet (bn)	вруч	vruć
het is heet	вруће је	vrúće je
het is warm	топло је	tóplo je
warm (bn)	топао	tópao
het is koud	хладно је	hládno je
koud (bn)	хладан	hládan
zon (de)	сунце (с)	súnce
schijnen (de zon)	сијати (нг)	síjati
zonnig (~e dag)	сунчан	súnčan
opgaan (ov. de zon)	изачи (нг)	ízaći
ondergaan (ww)	зачи (нг)	záći
wolk (de)	облак (м)	óblak
bewolkt (bn)	облачан	óblačan
regenwolk (de)	кишни облак (м)	kíšni óblak
somber (bn)	тmuran	tmúran
regen (de)	киша (ж)	kíša
het regent	пада киша	páda kíša
regenachtig (bn)	кишовит	kišóvit
motregenen (ww)	сипити (нг)	sípiti
plensbui (de)	пљусак (м)	pljúsak
stortbui (de)	пљусак (м)	pljúsak
hard (bn)	jak	jak
plas (de)	бара (ж)	bára
nat worden (ww)	покиснути (нг)	pókisnuti
mist (de)	магла (ж)	mágla
mistig (bn)	магловит	maglóvit
sneeuw (de)	снег (м)	sneg
het sneeuwt	пада снег	páda sneg

207. Zwaar weer. Natuurrampen

noodweer (storm)	олуја (ж)	olúja
bliksem (de)	муња (ж)	múnja
flitsen (ww)	севати (нг)	sévati

donder (de)	гром (м)	grom
donderen (ww)	грмети (нг)	gŕmeti
het dondert	грми	gŕmi

| hagel (de) | град (м) | grad |
| het hagelt | пада град | páda grad |

| overstromen (ww) | поплавити (нг) | póplaviti |
| overstroming (de) | поплава (ж) | póplava |

aardbeving (de)	земљотрес (м)	zémljotres
aardschok (de)	потрес (м)	pótres
epicentrum (het)	епицентар (м)	epicéntar

| uitbarsting (de) | ерупција (ж) | erúpcija |
| lava (de) | лава (ж) | láva |

wervelwind (de)	вихор (м)	víhor
windhoos (de)	торнадо (м)	tórnado
tyfoon (de)	тајфун (м)	tájfun

orkaan (de)	ураган (м)	úragan
storm (de)	олуја (ж)	olúja
tsunami (de)	цунами (м)	cunámi

cycloon (de)	циклон (м)	cíklon
onweer (het)	невреме (с)	névreme
brand (de)	пожар (м)	póžar
ramp (de)	катастрофа (ж)	katastrófa
meteoriet (de)	метеорит (м)	meteórit

lawine (de)	лавина (ж)	lávina
sneeuwverschuiving (de)	усов (м)	úsov
sneeuwjacht (de)	мећава (ж)	méćava
sneeuwstorm (de)	мећава, вејавица (ж)	méćava, véjavica

208. Geluiden. Geluiden

stilte (de)	тишина (ж)	tišína
geluid (het)	звук (м)	zvuk
lawaai (het)	бука (ж)	búka
lawaai maken (ww)	галамити (нг)	galamíti
lawaaierig (bn)	бучан	búčan

luid (~ spreken)	гласно	glásno
luid (bijv. ~e stem)	гласан	glásan
aanhoudend (voortdurend)	константан	konstántan

schreeuw (de)	узвик (м)	úzvik
schreeuwen (ww)	викати (нг)	víkati
gefluister (het)	шапат (м)	šápat
fluisteren (ww)	шапутати (нг, пг)	šapútati

geblaf (het)	лавеж (м)	lávež
blaffen (ww)	лајати (нг)	lájati

gekreun (het)	стењање (с)	sténjanje
kreunen (ww)	стењати (нг)	sténjati
hoest (de)	кашаљ (м)	kášalj
hoesten (ww)	кашљати (нг)	kášljati

gefluit (het)	звиждук (м)	zvížduk
fluiten (op het fluitje blazen)	звиждати (нг)	zvíždati
geklop (het)	куцање (с)	kúcanje
kloppen (aan een deur)	куцати (нг)	kúcati

kraken (hout, ijs)	пуцати (нг)	púcati
gekraak (het)	пуцкање (с)	púckanje

sirene (de)	сирена (ж)	siréna
fluit (stoom ~)	сирена (ж)	siréna
fluiten (schip, trein)	звиждати, трубити (нг)	zvíždati, trúbiti
toeter (de)	сигнал (м)	sígnal
toeteren (ww)	трубити (нг)	trúbiti

209. Winter

winter (de)	зима (ж)	zíma
winter- (abn)	зимски	zímski
in de winter (bw)	зими	zími

sneeuw (de)	снег (м)	sneg
het sneeuwt	пада снег	páda sneg
sneeuwval (de)	снежне падавине (мн)	snéžne pádavine
sneeuwhoop (de)	снежни смет (м)	snéžni smet

sneeuwvlok (de)	пахуљица (ж)	pahúljica
sneeuwbal (de)	грудва (ж)	grúdva
sneeuwman (de)	Снешко Белић (м)	Snéško Bélić
ijspegel (de)	леденица (ж)	ledénica

december (de)	децембар (м)	décembar
januari (de)	јануар (м)	jánuar
februari (de)	фебруар (м)	fébruar

vorst (de)	мраз (м)	mraz
vries- (abn)	мразни	mrázni

onder nul (bw)	испод нуле	íspod núlo
eerste vorst (de)	мразеви (мн)	mrázevi
rijp (de)	иње (с)	ínje
koude (de)	хладноћа (ж)	hladnóća

het is koud	хладно	hládno
bontjas (de)	бунда (ж)	búnda
wanten (mv.)	рукавице (мн)	rukávice
ziek worden (ww)	разболети се	razbóleti se
verkoudheid (de)	прехлада (ж)	préhlada
verkouden raken (ww)	прехладити се	prehláditi se
ijs (het)	лед (м)	led
ijzel (de)	лед (м)	led
bevriezen (rivier, enz.)	заледити се	zaléditi se
ijsschol (de)	ледена санта (ж)	lédena sánta
ski's (mv.)	скије (мн)	skíje
skiër (de)	скијаш (м)	skíjaš
skiën (ww)	скијати (нг)	skíjati
schaatsen (ww)	клизати (нг)	klízati

Fauna

roofdier (het)	предатор, грабљивац (м)	prédator, grábljivac
tijger (de)	тигар (м)	tígar
leeuw (de)	лав (м)	lav
wolf (de)	вук (м)	vuk
vos (de)	лисица (ж)	lísica
jaguar (de)	јагуар (м)	jáguar
luipaard (de)	леопард (м)	léopard
jachtluipaard (de)	гепард (м)	gépard
panter (de)	пантер (м)	pánter
poema (de)	пума (ж)	púma
sneeuwluipaard (de)	снежни леопард (м)	snéžni léopard
lynx (de)	рис (м)	ris
coyote (de)	којот (м)	kójot
jakhals (de)	шакал (м)	šákal
hyena (de)	хијена (ж)	hijéna

dier (het)	животиња (ж)	živótinja
beest (het)	звер (м)	zver
eekhoorn (de)	веверица (ж)	véverica
egel (de)	јеж (м)	jež
haas (de)	зец (м)	zec
konijn (het)	кунић (м)	kúnić
das (de)	јазавац (м)	jázavac
wasbeer (de)	ракун (м)	rákun
hamster (de)	хрчак (м)	hŕčak
marmot (de)	мрмот (м)	mŕmot
mol (de)	кртица (ж)	kŕtica
muis (de)	миш (ж)	miš
rat (de)	пацов (м)	pácov
vleermuis (de)	слепи миш (м)	slépi miš
hermelijn (de)	хермелин (м)	hérmelin
sabeldler (het)	самур (м)	sámur
marter (de)	куна (ж)	kúna
wezel (de)	ласица (ж)	lásica
nerts (de)	нерц, визон (м)	nerc, vízon

bever (de)	дабар (м)	dábar
otter (de)	видра (ж)	vídra
paard (het)	коњ (м)	konj
eland (de)	лос (м)	los
hert (het)	јелен (м)	jélen
kameel (de)	камила (ж)	kámila
bizon (de)	бизон (м)	bízon
wisent (de)	зубар (м)	zúbar
buffel (de)	бивол (м)	bívol
zebra (de)	зебра (ж)	zébra
antilope (de)	антилопа (ж)	antilópa
ree (de)	срна (ж)	sŕna
damhert (het)	јелен лопатар (м)	jélen lópatar
gems (de)	дивокоза (ж)	dívokoza
everzwijn (het)	вепар (м)	vépar
walvis (de)	кит (м)	kit
rob (de)	фока (ж)	fóka
walrus (de)	морж (м)	morž
zeebeer (de)	фока (ж)	fóka
dolfijn (de)	делфин (м)	délfin
beer (de)	медвед (м)	médved
ijsbeer (de)	бели медвед (м)	béli médved
panda (de)	панда (ж)	pánda
aap (de)	мајмун (м)	májmun
chimpansee (de)	шимпанза (ж)	šimpánza
orang-oetan (de)	орангутан (м)	orangútan
gorilla (de)	горила (ж)	goríla
makaak (de)	макаки (м)	makáki
gibbon (de)	гибон (м)	gíbon
olifant (de)	слон (м)	slon
neushoorn (de)	носорог (м)	nósorog
giraffe (de)	жирафа (ж)	žiráfa
nijlpaard (het)	нилски коњ (м)	nílski konj
kangoeroe (de)	кенгур (м)	kéngur
koala (de)	коала (ж)	koála
mangoest (de)	мунгос (м)	múngos
chinchilla (de)	чинчила (ж)	čínčila
stinkdier (het)	твор (м)	tvor
stekelvarken (het)	дикобраз (м)	díkobraz

212. Huisdieren

poes (de)	мачка (ж)	máčka
kater (de)	мачак (м)	máčak
hond (de)	пас (м)	pas

paard (het)	коњ (м)	konj
hengst (de)	ждребац (м)	ždrébac
merrie (de)	кобила (ж)	kóbila

koe (de)	крава (ж)	kráva
bul, stier (de)	бик (м)	bik
os (de)	во (м)	vo

schaap (het)	овца (ж)	óvca
ram (de)	ован (м)	óvan
geit (de)	коза (ж)	kóza
bok (de)	јарац (м)	járac

| ezel (de) | магарац (м) | mágarac |
| muilezel (de) | мазга (ж) | mázga |

varken (het)	свиња (ж)	svínja
biggetje (het)	прасе (с)	práse
konijn (het)	куниħ, домаħи зец (м)	kúnić, dómaći zec

| kip (de) | кокош (ж) | kókoš |
| haan (de) | певац (м) | pévac |

eend (de)	патка (ж)	pátka
woerd (de)	патак (м)	pátak
gans (de)	гуска (ж)	gúska

| kalkoen haan (de) | ħуран (м) | ćúran |
| kalkoen (de) | ħурка (ж) | ćúrka |

huisdieren (mv.)	домаħе животиње (мн)	domáće živótinje
tam (bijv. hamster)	питом	pítom
temmen (tam maken)	припитомљивати (пг)	pripitomljívati
fokken (bijv. paarden ~)	узгајати (пг)	uzgájati

boerderij (de)	фарма (ж)	fárma
gevogelte (het)	живина (ж)	živína
rundvee (het)	стока (ж)	stóka
kudde (de)	стадо (с)	stádo

paardenstal (de)	штала (ж)	štála
zwijnenstal (de)	свињац (м)	svínjac
koeienstal (de)	стаја (ж)	stája
konijnenhok (het)	зечињак (м)	zéčinjak
kippenhok (het)	кокошињац (м)	kókošinjac

213. Honden. Hondenrassen

hond (de)	пас (м)	pas
herdershond (de)	овчар (м)	óvčar
Duitse herdershond (de)	немачки овчар (м)	némački óvčar
poedel (de)	пудла (ж)	púdla
teckel (de)	јазавичар (м)	jázavičar
buldog (de)	булдог (м)	búldog

boxer (de)	боксер (м)	bókser
mastiff (de)	мастиф (м)	mástif
rottweiler (de)	ротвајлер (м)	rótvajler
doberman (de)	доберман (м)	dóberman
basset (de)	басет (м)	báset
bobtail (de)	бобтејл (м)	bóbtejl
dalmatiër (de)	далматинац (м)	dalmatínac
cockerspaniël (de)	кокер шпанијел (м)	kóker špánijel
Newfoundlander (de)	њуфаундленд (м)	njufáundlend
sint-bernard (de)	бернардинац (м)	bernardínac
husky (de)	хаски (м)	háski
chowchow (de)	чау-чау (м)	čáu-čáu
spits (de)	шпиц (м)	špic
mopshond (de)	мопс (м)	mops

214. Dierengeluiden

geblaf (het)	лавеж (м)	lávež
blaffen (ww)	лајати (нг)	lájati
miauwen (ww)	маукати (нг)	maúkati
spinnen (katten)	прести (нг)	présti
loeien (ov. een koe)	мукати (нг)	múkati
brullen (stier)	рикати (нг)	ríkati
grommen (ov. de honden)	режати (нг)	réžati
gehuil (het)	завијање (с)	zavijanje
huilen (wolf, enz.)	завијати (нг)	zavijati
janken (ov. een hond)	цвилети (нг)	cvíleti
mekkeren (schapen)	блејати (нг)	bléjati
knorren (varkens)	гроктати (нг)	gróktati
gillen (bijv. varken)	вриштати (нг)	vríštati
kwaken (kikvorsen)	крекетати (нг)	krekétati
zoemen (hommel, enz.)	зујати (нг)	zújati
tjirpen (sprinkhanen)	цврчати (нг)	cvŕčati

215. Jonge dieren

jong (het)	младунче (с)	mladúnče
poesje (het)	маче (с)	máče
muisje (het)	мишић (м)	míšić
puppy (de)	штене (с)	sténe
jonge haas (de)	зеко (м)	zéko
konijntje (het)	зеко, зечић (м)	zéko, zéčić
wolfje (het)	вучић (м)	vúčić
vosje (het)	лисичић (м)	lísičić

beertje (het)	медведић (м)	médvedić
leeuwenjong (het)	лавић (м)	lávić
tijgertje (het)	тигрић (м)	tígrić
olifantenjong (het)	слонче (с)	slónče

biggetje (het)	прасе (с)	práse
kalf (het)	теле (с)	téle
geitje (het)	japе (с)	járe
lam (het)	jагње (с)	jágnje
reekalf (het)	лане (с)	láne
jonge kameel (de)	младунче камиле (с)	mladúnče kámile

slangenjong (het)	змијче (с)	zmíjče
kikkertje (het)	жабица (ж)	žábica

vogeltje (het)	пиле (с)	píle
kuiken (het)	пиле (с)	píle
eendje (het)	паче (с)	páče

216. Vogels

vogel (de)	птица (ж)	ptíca
duif (de)	голуб (м)	gólub
mus (de)	врабац (м)	vrábac
koolmees (de)	сеница (ж)	sénica
ekster (de)	сврака (ж)	svráka

raaf (de)	гавран (м)	gávran
kraai (de)	врана (ж)	vrána
kauw (de)	чавка (ж)	čávka
roek (de)	гачац (м)	gáćac

eend (de)	патка (ж)	pátka
gans (de)	гуска (ж)	gúska
fazant (de)	фазан (м)	fázan

arend (de)	орао (м)	órao
havik (de)	jacтреб (м)	jástreb
valk (de)	соко (м)	sóko
gier (de)	суп (м)	sup
condor (de)	кондор (м)	kóndor

zwaan (de)	лабуд (м)	lábud
kraanvogel (de)	ждрал (м)	ždral
ooievaar (de)	рода (ж)	róda

papegaai (de)	папагај (м)	papágaj
kolibrie (de)	колибри (м)	kolíbri
pauw (de)	паун (м)	páun

struisvogel (de)	ној (м)	noj
reiger (de)	чапља (ж)	ćáplja
flamingo (de)	фламинго (м)	flamíngo
pelikaan (de)	пеликан (м)	pelíkan

| nachtegaal (de) | славуј (м) | slávuj |
| zwaluw (de) | ластавица (ж) | lástavica |

lijster (de)	дрозд (м)	drozd
zanglijster (de)	дрозд певач (м)	drozd peváč
merel (de)	кос (м)	kos

gierzwaluw (de)	брегуница (ж)	brégunica
leeuwerik (de)	шева (ж)	šéva
kwartel (de)	препелица (ж)	prépelica

specht (de)	детлић (м)	détlić
koekoek (de)	кукавица (ж)	kúkavica
uil (de)	сова (ж)	sóva
oehoe (de)	совуљага (ж)	sovúljaga
auerhoen (het)	велики тетреб (м)	véliki tétreb
korhoen (het)	мали тетреб (м)	máli tétreb
patrijs (de)	јаребица (ж)	jarébica

spreeuw (de)	чворак (м)	čvórak
kanarie (de)	канаринац (м)	kanarínac
hazelhoen (het)	лештарка (ж)	léštarka
vink (de)	зеба (ж)	zéba
goudvink (de)	зимовка (ж)	zímovka

meeuw (de)	галеб (м)	gáleb
albatros (de)	албатрос (м)	álbatros
pinguïn (de)	пингвин (м)	píngvin

217. Vogels. Zingen en geluiden

fluiten, zingen (ww)	певати (нг, пг)	pévati
schreeuwen (dieren, vogels)	викати (нг)	víkati
kraaien (ov. een haan)	кукурикати (нг)	kukuríkati
kukeleku	кукурику	kukuríku

klokken (hen)	кокодакати (нг)	kokodákati
krassen (kraai)	трактати (нг)	gráktati
kwaken (eend)	гакати (нг)	gákati
piepen (kuiken)	пиштати (нг)	píštati
tjilpen (bijv. een mus)	цвркутати (нг)	cvrkútati

218. Vis. Zeedieren

brasem (de)	деверика (ж)	devérika
karper (de)	шаран (м)	šáran
baars (de)	гргеч (м)	ǵrgeč
meerval (de)	сом (м)	som
snoek (de)	штука (ж)	štúka

| zalm (de) | лосос (м) | lósos |
| steur (de) | јесетра (ж) | jésetra |

haring (de)	харинга (ж)	háringa
atlantische zalm (de)	атлантски лосос (м)	átlantski lósos
makreel (de)	скуша (ж)	skúša
platvis (de)	лист (м)	list

snoekbaars (de)	смуђ (м)	smuđ
kabeljauw (de)	бакалар (м)	bakálar
tonijn (de)	туна (ж), туњ (м)	tuna, tunj
forel (de)	пастрмка (ж)	pástrmka

paling (de)	јегуља (ж)	jégulja
sidderrog (de)	ража (ж)	ráža
murene (de)	мурина (ж)	múrina
piranha (de)	пирана (ж)	pirána

haai (de)	ајкула (ж)	ájkula
dolfijn (de)	делфин (м)	délfin
walvis (de)	кит (м)	kit

krab (de)	краба (ж)	krába
kwal (de)	медуза (ж)	medúza
octopus (de)	хоботница (ж)	hóbotnica

zeester (de)	морска звезда (ж)	mórska zvézda
zee-egel (de)	морски јеж (м)	mórski jež
zeepaardje (het)	морски коњић (м)	mórski kónjić

oester (de)	острига (ж)	óstriga
garnaal (de)	шкамп (м)	škamp
kreeft (de)	хлап (м)	hlap
langoest (de)	јастог (м)	jástog

219. Amfibieën. Reptielen

slang (de)	змија (ж)	zmíja
giftig (slang)	отрован	ótrovan

adder (de)	шарка (ж)	šárka
cobra (de)	кобра (ж)	kóbra
python (de)	питон (м)	píton
boa (de)	удав (м)	údav

ringslang (de)	белоушка (ж)	beloúška
ratelslang (de)	звечарка (ж)	zvéčarka
anaconda (de)	анаконда (ж)	anakónda

hagedis (de)	гуштер (м)	gúšter
leguaan (de)	игуана (ж)	iguána
varaan (de)	варан (м)	váran
salamander (de)	даждевњак (м)	daždévnjak
kameleon (de)	камелеон (м)	kaméleon
schorpioen (de)	шкорпија (ж)	škórpija
schildpad (de)	корњача (ж)	kórnjača
kikker (de)	жаба (ж)	žába

| pad (de) | крастача (ж) | krástača |
| krokodil (de) | крокодил (м) | krokódil |

220. Insecten

insect (het)	инсект (м)	ínsekt
vlinder (de)	лептир (м)	léptir
mier (de)	мрав (м)	mrav
vlieg (de)	мува (ж)	múva
mug (de)	комарац (м)	komárac
kever (de)	буба (ж)	búba

wesp (de)	оса (ж)	ósa
bij (de)	пчела (ж)	pčéla
hommel (de)	бумбар (м)	búmbar
horzel (de)	обад (м)	óbad

| spin (de) | паук (м) | páuk |
| spinnenweb (het) | паучина (ж) | páučina |

libel (de)	вилин коњиц (м)	vílin kónjic
sprinkhaan (de)	скакавац (м)	skákavac
nachtvlinder (de)	мољац (м)	móljac

kakkerlak (de)	бубашваба (ж)	bubašvába
teek (de)	крпељ (м)	kŕpelj
vlo (de)	бува (ж)	búva
kriebelmug (de)	мушица (ж)	múšica

treksprinkhaan (de)	миграторни скакавац (м)	mígratorni skákavac
slak (de)	пуж (м)	puž
krekel (de)	цврчак (м)	cvŕčak
glimworm (de)	свитац (м)	svítac
lieveheersbeestje (het)	бубамара (ж)	bubamára
meikever (de)	гундељ (м)	gúndelj

bloedzuiger (de)	пијавица (ж)	píjavica
rups (de)	гусеница (ж)	gúsenica
aardworm (de)	црв (м)	cŕv
larve (de)	ларва (ж)	lárva

221. Dieren. Lichaamsdelen

snavel (de)	кљун (м)	kljun
vleugels (mv.)	крила (мн)	kríla
poot (ov. een vogel)	нога (ж)	nóga
verenkleed (het)	перје (с)	pérje
veer (de)	перо (с)	péro
kuifje (het)	креста (ж)	krésta

| kieuwen (mv.) | шкрге (мн) | škŕge |
| kuit, dril (de) | икра (ж) | íkra |

larve (de)	личинка (ж)	líčinka
vin (de)	пераје (ж)	peráje
schubben (mv.)	крљушт (ж)	kŕljušt

slagtand (de)	очњак (м)	óčnjak
poot (bijv. ~ van een kat)	шапа (ж)	šápa
muil (de)	њушка (ж)	njúška
bek (mond van dieren)	чељуст (ж)	čéljust
staart (de)	реп (м)	rep
snorharen (mv.)	бркови (мн)	bŕkovi

| hoef (de) | копито (с) | kópito |
| hoorn (de) | рог (м) | rog |

schild (schildpad, enz.)	оклоп (м)	óklop
schelp (de)	шкољка (ж)	škóljka
eierschaal (de)	љуска (ж)	ljúska

| vacht (de) | вуна (ж) | vúna |
| huid (de) | кожа (ж) | kóža |

222. Acties van de dieren

| vliegen (ww) | летети (нг) | léteti |
| cirkelen (vogel) | кружити (нг) | krúžiti |

| wegvliegen (ww) | одлетети (нг) | odléteti |
| klapwieken (ww) | махати (нг) | máhati |

| pikken (vogels) | кљуцати (нг) | kljúcati |
| broeden (de eend zit te ~) | лећи јаја | léći jája |

| uitbroeden (ww) | излазити напоље | ízlaziti nápolje |
| een nest bouwen | вити гнездо | víti gnézdo |

kruipen (ww)	пузити (нг)	púziti
steken (bij)	бости (пг)	bósti
bijten (de hond, enz.)	уједати (пг)	ujédati

snuffelen (ov. de dieren)	њушити (пг)	njúšiti
blaffen (ww)	лајати (нг)	lájati
sissen (slang)	шиштати (нг)	šíštati

| doen schrikken (ww) | плашити (пг) | plášiti |
| aanvallen (ww) | нападати (нг) | nápadati |

knagen (ww)	гристи (пг)	grísti
schrammen (ww)	гребати, грепсти (пг)	grébati, grépsti
zich verbergen (ww)	крити се	kríti se

spelen (ww)	играти се	ígrati se
jagen (ww)	ловити (пг)	lóviti
winterslapen	бити у зимском сну	bíti u zímskom snu
uitsterven (dinosauriërs, enz.)	изумрети (нг)	izúmreti

200

223. Dieren. Leefomgevingen

leefgebied (het)	станиште (c)	stánište
migratie (de)	миграција (ж)	migrácija
berg (de)	планина (ж)	planína
rif (het)	гребен (м)	grében
klip (de)	литица (ж)	lítica
bos (het)	шума (ж)	šúma
jungle (de)	џунгла (ж)	džúngla
savanne (de)	савана (ж)	savána
toendra (de)	тундра (ж)	túndra
steppe (de)	степа (ж)	stépa
woestijn (de)	пустиња (ж)	pústinja
oase (de)	оаза (ж)	oáza
zee (de)	море (c)	móre
meer (het)	језеро (c)	jézero
oceaan (de)	океан (м)	okéan
moeras (het)	мочвара (ж)	móčvara
zoetwater- (abn)	слатководни	slátkovodni
vijver (de)	језерце (c)	jézerce
rivier (de)	река (ж)	réka
berenhol (het)	брлог (м)	bŕlog
nest (het)	гнездо (c)	gnézdo
boom holte (de)	дупља (ж)	dúplja
hol (het)	јазбина, рупа (ж)	jázbina, rúpa
mierenhoop (de)	мравињак (м)	mrávinjak

224. Dierverzorging

dierentuin (de)	зоолошки врт (м)	zoóloški vŕt
natuurreservaat (het)	природни резерват (м)	prírodni rezérvat
fokkerij (de)	одгајивачница (ж)	odgajiváčnica
openluchtkooi (de)	волијера (ж)	volijera
kooi (de)	кавез (м)	kávez
hondenhok (het)	штенара (ж)	šténara
duiventil (de)	голубињак (м)	golubínjak
aquarium (het)	акваријум (м)	akvárijum
dolfinarium (het)	делфинаријум (м)	delfinárijum
fokken (bijv. honden ~)	гајити (пг)	gájiti
nakomelingen (mv.)	потомство (c)	pótomstvo
temmen (tam maken)	припитомљивати (пг)	pripitomljívati
dresseren (ww)	дресирати (пг)	dresírati
voeding (de)	храна (ж)	hrána
voederen (ww)	хранити (пг)	hrániti

dierenwinkel (de)	пет шоп (м)	pet šop
muilkorf (de)	брњица (ж)	bŕnjica
halsband (de)	огрлица (ж)	ógrlica
naam (ov. een dier)	надимак (м), име (с)	nádimak, íme
stamboom (honden met ~)	педигре (м)	pedígre

225. Dieren. Diversen

meute (wolven)	чопор (м)	čópor
zwerm (vogels)	јато (с)	játo
school (vissen)	јато (с)	játo
kudde (wilde paarden)	крдо (с)	kŕdo

mannetje (het)	мужјак (м)	múžjak
vrouwtje (het)	женка (ж)	žénka

hongerig (bn)	гладан	gládan
wild (bn)	дивљи	dívlji
gevaarlijk (bn)	опасан	ópasan

226. Paarden

paard (het)	коњ (м)	konj
ras (het)	раса (ж)	rása

veulen (het)	ждребе (с)	ždrébe
merrie (de)	кобила (ж)	kóbila

mustang (de)	мустанг (м)	mústang
pony (de)	пони (м)	póni
koudbloed (de)	товарни коњ (м)	tóvarni konj

manen (mv.)	грива (ж)	gríva
staart (de)	реп (м)	rep

hoef (de)	копито (с)	kópito
hoefijzer (het)	потковица (ж)	pótkovica
beslaan (ww)	потковати (пг)	potkóvati
paardensmid (de)	ковач (м)	kóvač

zadel (het)	седло (с)	sédlo
stijgbeugel (de)	стреме (с)	stréme
breidel (de)	узда (ж)	úzda
leidsels (mv.)	дизгине (мн)	dízgine
zweep (de)	корбач (м)	kórbač

ruiter (de)	јахач (м)	jáhač
zadelen (ww)	оседлати (пг)	ósedlati
een paard bestljgen	сести у седло	sésti u sédlo

galop (de)	галоп (м)	gálop
galopperen (ww)	галопирати (нг)	galopírati

draf (de)	кас (м)	kas
in draf (bw)	касом	kásom
draven (ww)	ићи касом	íći kásom

| renpaard (het) | тркачки коњ (м) | trkački konj |
| paardenrace (de) | коњске трке (мн) | kónjske trke |

paardenstal (de)	штала (ж)	štála
voederen (ww)	хранити (пг)	hrániti
hooi (het)	сено (с)	séno
water geven (ww)	појити (пг)	pójiti
wassen (paard ~)	чистити (пг)	čístiti

paardenkar (de)	коњска запрега (ж)	kónjska záprega
grazen (gras eten)	пасти (нг)	pásti
hinniken (ww)	рзати (нг)	rzati
een trap geven	ударити (пг)	údariti

Flora

boom (de)	дрво (с)	dŕvo
loof- (abn)	листопадно	lístopadno
dennen- (abn)	четинарско	četinarsko
groenblijvend (bn)	зимзелено	zímzeleno
appelboom (de)	јабука (ж)	jábuka
perenboom (de)	крушка (ж)	krúška
zoete kers (de)	трешња (ж)	tréšnja
zure kers (de)	вишња (ж)	víšnja
pruimelaar (de)	шљива (ж)	šljíva
berk (de)	бреза (ж)	bréza
eik (de)	храст (м)	hrast
linde (de)	липа (ж)	lípa
esp (de)	јасика (ж)	jásika
esdoorn (de)	јавор (м)	jávor
spar (de)	јела (ж)	jéla
den (de)	бор (м)	bor
lariks (de)	ариш (м)	áriš
zilverspar (de)	јела (ж)	jéla
ceder (de)	кедар (м)	kédar
populier (de)	топола (ж)	topóla
lijsterbes (de)	јаребика (ж)	járebika
wilg (de)	врба (ж)	vŕba
els (de)	јова (ж)	jóva
beuk (de)	буква (ж)	búkva
iep (de)	брест (м)	brest
es (de)	јасен (м)	jásen
kastanje (de)	кестен (м)	késten
magnolia (de)	магнолија (ж)	magnólija
palm (de)	палма (ж)	pálma
cipres (de)	чемпрес (м)	čémpres
mangrove (de)	мангрово дрво (с)	mángrovo dŕvo
baobab (apenbroodboom)	баобаб (м)	báobab
eucalyptus (de)	еукалиптус (м)	eukalíptus
mammoetboom (de)	секвоја (ж)	sekvója

struik (de)	грм, жбун (м)	gŕm, žbun
heester (de)	жбун (м)	žbun

wijnstok (de)	винова лоза (ж)	vínova lóza
wijngaard (de)	виноград (м)	vínograd

frambozenstruik (de)	малина (ж)	málina
zwarte bes (de)	црна рибизла (ж)	cŕna ríbizla
rode bessenstruik (de)	црвена рибизла (ж)	crvéna ríbizla
kruisbessenstruik (de)	огрозд (м)	ógrozd

acacia (de)	багрем (м)	bágrem
zuurbes (de)	жутика, шимширика (ж)	žútika, šimšírika
jasmijn (de)	јасмин (м)	jásmin

jeneverbes (de)	клека (ж)	kléka
rozenstruik (de)	ружин грм (м)	rúžin gŕm
hondsroos (de)	шипак (м)	šípak

229. Champignons

paddenstoel (de)	гљива, печурка (ж)	gljíva, péčurka
eetbare paddenstoel (de)	јестива гљива, печурка (ж)	jéstiva gljíva, péčurka
giftige paddenstoel (de)	отровна гљива (ж)	ótrovna gljíva
hoed (de)	шешир (м)	šéšir
steel (de)	ножица (ж)	nóžica

eekhoorntjesbrood (het)	вргањ (м)	vŕganj
rosse populierboleet (de)	јасикин турчин (м)	jásikin túrčin
berkenboleet (de)	брезов дед (м)	brézov ded
cantharel (de)	лисичарка (ж)	lísičarka
russula (de)	красница (ж)	krásnica

morielje (de)	смрчак (м)	smŕčak
vliegenzwam (de)	мухара (ж)	múhara
groene knolamaniet (de)	отровна гљива (ж)	ótrovna gljíva

230. Vruchten. Bessen

vrucht (de)	воћка (ж)	vóćka
vruchten (mv.)	воће, плодови (мн)	vóće, plódovi
appel (de)	јабука (ж)	jábuka
peer (de)	крушка (ж)	krúška
pruim (de)	шљива (ж)	šljíva

aardbei (de)	јагода (ж)	jágoda
zure kers (de)	вишња (ж)	víšnja
zoete kers (de)	трешња (ж)	tréšnja
druif (de)	грожђе (с)	gróžđe

framboos (de)	малина (ж)	málina
zwarte bes (de)	црна рибизла (ж)	cŕna ríbizla
rode bes (de)	црвена рибизла (ж)	crvéna ríbizla
kruisbes (de)	огрозд (м)	ógrozd
veenbes (de)	брусница (ж)	brúsnica

sinaasappel (de)	наранџа (ж)	nárandža
mandarijn (de)	мандарина (ж)	mandarína
ananas (de)	ананас (м)	ánanas
banaan (de)	банана (ж)	banána
dadel (de)	урма (ж)	úrma
citroen (de)	лимун (м)	límun
abrikoos (de)	кајсија (ж)	kájsija
perzik (de)	бресква (ж)	bréskva
kiwi (de)	киви (м)	kívi
grapefruit (de)	грејпфрут (м)	gréjpfrut
bes (de)	бобица (ж)	bóbica
bessen (mv.)	бобице (мн)	bóbice
vossenbes (de)	брусница (ж)	brúsnica
bosaardbei (de)	шумска јагода (ж)	šúmska jágoda
blauwe bosbes (de)	боровница (ж)	boróvnica

231. Bloemen. Planten

bloem (de)	цвет (м)	cvet
boeket (het)	букет (м)	búket
roos (de)	ружа (ж)	rúža
tulp (de)	тулипан (м)	tulípan
anjer (de)	каранфил (м)	karánfil
gladiool (de)	гладиола (ж)	gladióla
korenbloem (de)	различак (м)	razlíčak
klokje (het)	звонце (с)	zvónce
paardenbloem (de)	маслачак (м)	masláčak
kamille (de)	камилица (ж)	kamílica
aloë (de)	алоја (ж)	áloja
cactus (de)	кактус (м)	káktus
ficus (de)	фикус (м)	fíkus
lelie (de)	љиљан (м)	ljíljan
geranium (de)	гераниум, здравац (м)	geránium, zdrávac
hyacint (de)	зумбул (м)	zúmbul
mimosa (de)	мимоза (ж)	mimóza
narcis (de)	нарцис (м)	nárcis
Oost-Indische kers (de)	драгољуб (м)	drágoljub
orchidee (de)	орхидеја (ж)	orhidéja
pioenroos (de)	божур (м)	bóžur
viooltje (het)	љубичица (ж)	ljubičíca
driekleurig viooltje (het)	дан и ноћ	dan i noó
vergeet-mij-nietje (het)	споменак (м)	spoménak
madeliefje (het)	красуљак (м)	krasúljak
papaver (de)	мак (м)	mak
hennep (de)	конопља (ж)	kónoplja

munt (de)	нана, метвица (ж)	nána, métvica
lelietje-van-dalen (het)	ђурђевак (м)	đurđévak
sneeuwklokje (het)	висибаба (ж)	vísibaba

brandnetel (de)	коприва (ж)	kópriva
veldzuring (de)	киселак (м)	kiséljak
waterlelie (de)	локвањ (м)	lókvanj
varen (de)	папрат (ж)	páprat
korstmos (het)	лишај (м)	líšaj

oranjerie (de)	стакленик (м)	stáklenik
gazon (het)	травњак (м)	trávnjak
bloemperk (het)	цветна леја (ж)	cvétna léja

plant (de)	биљка (ж)	bíljka
gras (het)	трава (ж)	tráva
grasspriet (de)	травчица (ж)	trávčica

blad (het)	лист (м)	list
bloemblad (het)	латица (ж)	lática
stengel (de)	стабљика (ж)	stábljika
knol (de)	гомољ (м)	gómolj

| scheut (de) | изданак (м) | ízdanak |
| doorn (de) | трн (м) | trn |

bloeien (ww)	цветати (нг)	cvétati
verwelken (ww)	венути (нг)	vénuti
geur (de)	мирис (м)	míris
snijden (bijv. bloemen ~)	одсећи (пг)	ódseći
plukken (bloemen ~)	убрати (пг)	ubráti

232. Granen, graankorrels

graan (het)	зрно (с)	zŕno
graangewassen (mv.)	житарице (мн)	žitárice
aar (de)	клас (м)	klas

tarwe (de)	пшеница (ж)	pšénica
rogge (de)	раж (ж)	raž
haver (de)	овас (м)	óvas

| gierst (de) | просо (с) | próso |
| gerst (de) | јечам (м) | jéčam |

maïs (de)	кукуруз (м)	kukúruz
rijst (de)	пиринач (м)	pírinač
boekweit (de)	хељда (ж)	héljda

erwt (de)	грашак (м)	grášak
nierboon (de)	пасуљ (м)	pásulj
soja (de)	соја (ж)	sója
linze (de)	сочиво (с)	sóčivo
bonen (mv.)	махунарке (мн)	mahúnarke

233. Groenten. Groene groenten

groenten (mv.)	поврће (с)	póvrće
verse kruiden (mv.)	зелен (ж)	zélen
tomaat (de)	парадајз (м)	parádajz
augurk (de)	краставац (м)	krástavac
wortel (de)	шаргарепа (ж)	šargarépa
aardappel (de)	кромпир (м)	krómpir
ui (de)	црни лук (м)	cŕni luk
knoflook (de)	бели лук (м)	béli luk
kool (de)	купус (м)	kúpus
bloemkool (de)	карфиол (м)	karfíol
spruitkool (de)	прокељ (м)	prókelj
broccoli (de)	брокуле (мн)	brókule
rode biet (de)	цвекла (ж)	cvékla
aubergine (de)	патлиџан (м)	patlidžán
courgette (de)	тиквица (ж)	tíkvica
pompoen (de)	тиква (ж)	tíkva
knolraap (de)	репа (ж)	répa
peterselie (de)	першун (м)	péršun
dille (de)	мироћија (ж)	miróđija
sla (de)	зелена салата (ж)	zélena saláta
selderij (de)	целер (м)	céler
asperge (de)	шпаргла (ж)	špárgla
spinazie (de)	спанаћ (м)	spánać
erwt (de)	грашак (м)	grášak
bonen (mv.)	махунарке (мн)	mahúnarke
maïs (de)	кукуруз (м)	kukúruz
nierboon (de)	пасуљ (м)	pásulj
peper (de)	паприка (ж)	páprika
radijs (de)	ротквица (ж)	rótkvica
artisjok (de)	артичока (ж)	artičóka

REGIONALE AARDRIJKSKUNDE

234. West-Europa

Europa (het)	Европа (ж)	Evrópa
Europese Unie (de)	Европска унија (ж)	Evropska únija
Europeaan (de)	Европљанин (м)	Evrópljanin
Europees (bn)	европски	évropski
Oostenrijk (het)	Аустрија (ж)	Áustrija
Oostenrijker (de)	Аустријанац (м)	Austrijánac
Oostenrijkse (de)	Аустријанка (ж)	Austríjanka
Oostenrijks (bn)	аустријски	áustrijski
Groot-Brittannië (het)	Велика Британија (ж)	Vélika Brítanija
Engeland (het)	Енглеска (ж)	Engleska
Engelsman (de)	Енглез (м)	Englez
Engelse (de)	Енглескиња (ж)	Engléskinja
Engels (bn)	енглески	éngleski
België (het)	Белгија (ж)	Bélgija
Belg (de)	Белгијанац (м)	Belgijánac
Belgische (de)	Белгијанка (ж)	Belgíjanka
Belgisch (bn)	белгијски	bélgijski
Duitsland (het)	Немачка (ж)	Némačka
Duitser (de)	Немац (м)	Némac
Duitse (de)	Немица (ж)	Némica
Duits (bn)	немачки	némački
Nederland (het)	Низоземска (ж)	Nízozemska
Holland (het)	Холандија (ж)	Holándija
Nederlander (de)	Холанђанин (м)	Holánđanin
Nederlandse (de)	Холанђанка (ж)	Holánđanka
Nederlands (bn)	холандски	hólandski
Griekenland (het)	Грчка (ж)	Gŕčka
Griek (de)	Грк (м)	Gŕk
Griekse (de)	Гркиња (ж)	Gŕkinja
Grieks (bn)	грчки	gŕčki
Denemarken (het)	Данска (ж)	Dánska
Deen (de)	Данац (м)	Dánac
Deense (de)	Данкиња (ж)	Dánkinja
Deens (bn)	дански	dánski
Ierland (het)	Ирска (ж)	Irska
Ier (de)	Ирац (м)	Irac
Ierse (de)	Иркиња (ж)	Irkinja
Iers (bn)	ирски	írski

IJsland (het)	Исланд (м)	Island
IJslander (de)	Исланђанин (м)	Islánđanin
IJslandse (de)	Исланђанка (ж)	Islánđanka
IJslands (bn)	исландски	íslandski

Spanje (het)	Шпанија (ж)	Špánija
Spanjaard (de)	Шпанац (м)	Špánac
Spaanse (de)	Шпанкиња (ж)	Špánkinja
Spaans (bn)	шпански	špánski

Italië (het)	Италија (ж)	Itálija
Italiaan (de)	Италијан (м)	Italíjan
Italiaanse (de)	Италијанка (ж)	Italíjanka
Italiaans (bn)	италијански	italíjanski

Cyprus (het)	Кипар (м)	Kípar
Cyprioot (de)	Кипранин (м)	Kípranin
Cypriotische (de)	Кипранка (ж)	Kípranka
Cypriotisch (bn)	кипарски	kíparski

Malta (het)	Малта (ж)	Málta
Maltees (de)	Малтежанин (м)	Maltéžanin
Maltese (de)	Малтежанка (ж)	Maltéžanka
Maltees (bn)	малтешки	málteški

Noorwegen (het)	Норвешка (ж)	Nórveška
Noor (de)	Норвежанин (м)	Norvéžanin
Noorse (de)	Норвежанка (ж)	Norvéžanka
Noors (bn)	норвешки	nórveški

Portugal (het)	Португалија (ж)	Portugálija
Portugees (de)	Португалац (м)	Portugálac
Portugese (de)	Португалка (ж)	Portugálka
Portugees (bn)	португалски	portugálski

Finland (het)	Финска (ж)	Fínska
Fin (de)	Финац (м)	Fínac
Finse (de)	Финкиња (ж)	Fínkinja
Fins (bn)	фински	fínski

Frankrijk (het)	Француска (ж)	Fráncuska
Fransman (de)	Француз (м)	Fráncuz
Française (de)	Францускиња (ж)	Fráncuskinja
Frans (bn)	француски	fráncuski

Zweden (het)	Шведска (ж)	Švédska
Zweed (de)	Швеђанин (м)	Švéđanin
Zweedse (de)	Швеђанка (ж)	Švéđanka
Zweeds (bn)	шведски	švédski

Zwitserland (het)	Швајцарска (ж)	Švájcarska
Zwitser (de)	Швајцарац (м)	Švájcarac
Zwitserse (de)	Швајцаркиња (ж)	Švájcarkinja
Zwitsers (bn)	швајцарски	švájcarski
Schotland (het)	Шкотска (ж)	Škótska
Schot (de)	Шкот (м)	Škot

| Schotse (de) | Шкоткиња (ж) | Škótkinja |
| Schots (bn) | шкотски | škótski |

Vaticaanstad (de)	Ватикан (м)	Vátikan
Liechtenstein (het)	Лихтенштајн (м)	Líhtenštajn
Luxemburg (het)	Луксембург (м)	Lúksemburg
Monaco (het)	Монако (м)	Mónako

235. Centraal- en Oost-Europa

Albanië (het)	Албанија (ж)	Albánija
Albanees (de)	Албанац (м)	Albánac
Albanese (de)	Албанка (ж)	Álbanka
Albanees (bn)	албански	álbanski

Bulgarije (het)	Бугарска (ж)	Búgarska
Bulgaar (de)	Бугарин (м)	Búgarin
Bulgaarse (de)	Бугарка (ж)	Búgarka
Bulgaars (bn)	бугарски	búgarski

Hongarije (het)	Мађарска (ж)	Máđarska
Hongaar (de)	Мађар (м)	Máđar
Hongaarse (de)	Мађарица (ж)	Mađárica
Hongaars (bn)	мађарски	máđarski

Letland (het)	Летонија (ж)	Létonija
Let (de)	Летонац (м)	Letónac
Letse (de)	Летонка (ж)	Letonka
Lets (bn)	летонски	létonski

Litouwen (het)	Литванија (ж)	Litvánija
Litouwer (de)	Литванац (м)	Litvánac
Litouwse (de)	Литванка (ж)	Litvanka
Litouws (bn)	литвански	litvánski

Polen (het)	Пољска (ж)	Póljska
Pool (de)	Пољак (м)	Póljak
Poolse (de)	Пољакиња (ж)	Poljákinja
Pools (bn)	пољски	póljski

Roemenië (het)	Румунија (ж)	Rúmunija
Roemeen (de)	Румун (м)	Rúmun
Roemeense (de)	Румунка (ж)	Rumunka
Roemeens (bn)	румунски	rúmunski

Servië (het)	Србија (ж)	Sŕbija
Serviër (de)	Србин (м)	Sŕbin
Servische (de)	Српкиња (ж)	Sŕpkinja
Servisch (bn)	српски	sŕpski

Slowakije (het)	Словачка (ж)	Slóvačka
Slowaak (de)	Словак (м)	Slóvak
Slowaakse (de)	Словакиња (ж)	Slovákinja
Slowaakse (bn)	словачки	slóvački

Kroatië (het)	Хрватска (ж)	Hrvátska
Kroaat (de)	Хрват (м)	Hŕvat
Kroatische (de)	Хрватица (ж)	Hrvática
Kroatisch (bn)	хрватски	hŕvatski

Tsjechië (het)	Чешка република (ж)	Čéška repúblika
Tsjech (de)	Чех (м)	Čeh
Tsjechische (de)	Чехиња (ж)	Čéhinja
Tsjechisch (bn)	чешки	čéški

Estland (het)	Естонија (ж)	Estonija
Est (de)	Естонац (м)	Estónac
Estse (de)	Естонка (ж)	Estónka
Ests (bn)	естонски	éstonski

Bosnië en Herzegovina (het)	Босна и Херцеговина (ж)	Bósna i Hércegovina
Macedonië (het)	Македонија (ж)	Mákedonija
Slovenië (het)	Словенија (ж)	Slóvenija
Montenegro (het)	Црна Гора (ж)	Cŕna Góra

236. Voormalige USSR landen

Azerbeidzjan (het)	Азербејџан (м)	Azerbéjdžan
Azerbeidzjaan (de)	Азербејџанац (м)	Azerbejdžánac
Azerbeidjaanse (de)	Азербејџанка (ж)	Azerbejdžánka
Azerbeidjaans (bn)	азербејџански	azerbejdžánski

Armenië (het)	Јерменија (ж)	Jérmenija
Armeen (de)	Јерменин (м)	Jermenin
Armeense (de)	Јерменка (ж)	Jermenka
Armeens (bn)	јерменски	jermenski

Wit-Rusland (het)	Белорусија (ж)	Belorúsija
Wit-Rus (de)	Белорус (м)	Bélorus
Wit-Russische (de)	Белорускиња (ж)	Beloruskinja
Wit-Russisch (bn)	белоруски	béloruski

Georgië (het)	Грузија (ж)	Grúzija
Georgiër (de)	Грузијанац (м)	Gruzijanac
Georgische (de)	Грузијанка (ж)	Gruzijanka
Georgisch (bn)	грузијски	grúzijski

Kazaksтan (het)	Казахстан (м)	Kázahstan
Kazak (de)	Казах (м)	Kázah
Kazakse (de)	Казахиња (ж)	Kázahinja
Kazakse (bn)	казашки	kázaški

Kirgizië (het)	Киргистан (м)	Kírgistan
Kirgiziër (de)	Киргиз (м)	Kírgiz
Kirgizische (de)	Киргискиња (ж)	Kirgiskinja
Kirgizische (bn)	киргиски	kirgiski

| Moldavië (het) | Молдавија (ж) | Moldávija |
| Moldaviër (de) | Молдавац (м) | Móldavac |

Moldavische (de)	Молдавка (ж)	Móldavka
Moldavisch (bn)	молдавски	móldavski

Rusland (het)	Русија (ж)	Rúsija
Rus (de)	Рус (м)	Rus
Russin (de)	Рускиња (ж)	Rúskinja
Russisch (bn)	руски	rúski

Tadzjikistan (het)	Таџикистан (м)	Tadžikístan
Tadzjiek (de)	Таџик (м)	Tadžik
Tadzjiekse (de)	Таџикиња (ж)	Tadžikinja
Tadzjieks (bn)	таџички	tádžički

Turkmenistan (het)	Туркменистан (м)	Turkménistan
Turkmeen (de)	Туркмен (м)	Túrkmen
Turkmeense (de)	Туркменка (ж)	Turkmenka
Turkmeens (bn)	туркменски	túrkmenski

Oezbekistan (het)	Узбекистан (м)	Uzbekistan
Oezbeek (de)	Узбек (м)	Uzbek
Oezbeekse (de)	Узбекиња (ж)	Uzbekinja
Oezbeeks (bn)	узбечки	úzbečki

Oekraïne (het)	Украјина (ж)	Úkrajina
Oekraïner (de)	Украјинац (м)	Ukrajinac
Oekraïense (de)	Украјинка (ж)	Ukrajinka
Oekraïens (bn)	украјински	úkrajinski

237. Azië

Azië (het)	Азија (ж)	Ázija
Aziatisch (bn)	азијски	ázijski

Vietnam (het)	Вијетнам (м)	Víjetnam
Vietnamees (de)	Вијетнамац (м)	Vijetnamac
Vietnamese (de)	Вијетнамка (ж)	Vijetnamka
Vietnamees (bn)	вијетнамски	víjetnamski

India (het)	Индија (ж)	Índija
Indiër (de)	Индијац (м)	Indijac
Indische (de)	Индијка (ж)	Indijka
Indisch (bn)	индијски	índijski

Israël (het)	Израел (м)	Izrael
Israëliër (de)	Израелац (м)	Izraélac
Israëlische (de)	Израелка (ж)	Izraélka
Israëlisch (bn)	израелски	ízraelski

Jood (etniciteit)	Јеврејин (м)	Jévrejin
Jodin (de)	Јеврејка (ж)	Jévrejka
Joods (bn)	јеврејски	jévrejski

China (het)	Кина (ж)	Kína
Chinees (de)	Кинез (м)	Kínez

Chinese (de)	Кинескиња (ж)	Kinéskinja
Chinees (bn)	кинески	kíneski
Koreaan (de)	Корејац (м)	Koréjac
Koreaanse (de)	Корејка (ж)	Koréjka
Koreaans (bn)	корејски	koréjski
Libanon (het)	Либан (м)	Líban
Libanees (de)	Либанац (м)	Libánac
Libanese (de)	Либанка (ж)	Libánka
Libanees (bn)	либански	libánski
Mongolië (het)	Монголија (ж)	Móngolija
Mongool (de)	Монгол (м)	Móngol
Mongoolse (de)	Монголка (ж)	Móngolka
Mongools (bn)	монголски	móngolski
Maleisië (het)	Малезија (ж)	Malézija
Maleisiër (de)	Малајац (м)	Malájac
Maleisische (de)	Малајка (ж)	Málajka
Maleisisch (bn)	малајски	malájski
Pakistan (het)	Пакистан (м)	Pákistan
Pakistaan (de)	Пакистанац (м)	Pakistánac
Pakistaanse (de)	Пакистанка (ж)	Pakistánka
Pakistaans (bn)	пакистански	pákistanski
Saoedi-Arabië (het)	Саудијска Арабија (ж)	Sáudijska Árabija
Arabier (de)	Арапин (м)	Árapin
Arabische (de)	Арапкиња (ж)	Árapkinja
Arabisch (bn)	арапски	árapski
Thailand (het)	Тајланд (м)	Tájland
Thai (de)	Тајланђанин (м)	Tajlánđanin
Thaise (de)	Тајланђанка (ж)	Tajlánđanka
Thai (bn)	тајландски	tájlandski
Taiwan (het)	Тајван (м)	Tájvan
Taiwanees (de)	Тајванац (м)	Tajvánac
Taiwanese (de)	Тајванка (ж)	Tájvanka
Taiwanees (bn)	тајвански	tájvanski
Turkije (het)	Турска (ж)	Túrska
Turk (de)	Турчин (м)	Túrčin
Turkse (de)	Туркиња (ж)	Túrkinja
Turks (bn)	турски	túrski
Japan (het)	Јапан (м)	Jápan
Japanner (de)	Јапанац (м)	Japánac
Japanse (de)	Јапанка (ж)	Japánka
Japans (bn)	јапански	jápanski
Afghanistan (het)	Авганистан (м)	Avganístan
Bangladesh (het)	Бангладеш (м)	Bángladeš
Indonesië (het)	Индонезија (ж)	Indonezija
Jordanië (het)	Јордан (м)	Jórdan

Irak (het)	Ирак (м)	Irak
Iran (het)	Иран (м)	Iran
Cambodja (het)	Камбоџа (ж)	Kambódža
Koeweit (het)	Кувајт (м)	Kúvajt

Laos (het)	Лаос (м)	Láos
Myanmar (het)	Мјанмар (м)	Mjánmar
Nepal (het)	Непал (м)	Népal
Verenigde Arabische Emiraten	Уједињени Арапски Емирати	Ujedínjeni Árapski Emiráti

Syrië (het)	Сирија (ж)	Sírija
Palestijnse autonomie (de)	Палестина (ж)	Palestína
Zuid-Korea (het)	Јужна Кореја (ж)	Júžna Koréja
Noord-Korea (het)	Северна Кореја (ж)	Séverna Koréja

238. Noord-Amerika

Verenigde Staten van Amerika	Сједињене Америчке Државе	Sjédinjene Américke Države
Amerikaan (de)	Американац (м)	Amerikánac
Amerikaanse (de)	Американка (ж)	Amerikánka
Amerikaans (bn)	амерички	américki

Canada (het)	Канада (ж)	Kanada
Canadees (de)	Канађанин (м)	Kanáđanin
Canadese (de)	Канађанка (ж)	Kanáđanka
Canadees (bn)	канадски	kánadski

Mexico (het)	Мексико (м)	Méksiko
Mexicaan (de)	Мексиканац (м)	Meksikánac
Mexicaanse (de)	Мексиканка (ж)	Meksikánka
Mexicaans (bn)	мексикански	meksíkanski

239. Midden- en Zuid-Amerika

Argentinië (het)	Аргентина (ж)	Argentína
Argentijn (de)	Аргентинац (м)	Argentínac
Argentijnse (de)	Аргентинка (ж)	Argentínka
Argentijns (bn)	аргентински	argéntinski

Brazilië (het)	Бразил (м)	Brázil
Braziliaan (de)	Бразилац (м)	Brazílac
Braziliaanse (de)	Бразилка (ж)	Brazílka
Braziliaans (bn)	бразилски	brázilski

Colombia (het)	Колумбија (ж)	Kolúmbija
Colombiaan (de)	Колумбијац (м)	Kolumbíjac
Colombiaanse (de)	Колумбијка (ж)	Kolúmbijka
Colombiaans (bn)	колумбијски	kolúmbijski
Cuba (het)	Куба (ж)	Kúba
Cubaan (de)	Кубанац (м)	Kubánac

Cubaanse (de)	Кубанка (ж)	Kubánka
Cubaans (bn)	кубански	kubánski
Chili (het)	Чиле (м)	Číle
Chileen (de)	Чилеанац (м)	Čileánac
Chileense (de)	Чилеанка (ж)	Čileánka
Chileens (bn)	чилеански	čileánski
Bolivia (het)	Боливија (ж)	Bolívija
Venezuela (het)	Венецуела (ж)	Venecuéla
Paraguay (het)	Парагвај (м)	Páragvaj
Peru (het)	Перу (м)	Péru
Suriname (het)	Суринам (м)	Surínam
Uruguay (het)	Уругвај (м)	Urugvaj
Ecuador (het)	Еквадор (м)	Ekvador
Bahama's (mv.)	Бахами (мн)	Bahámi
Haïti (het)	Хаити (м)	Haiti
Dominicaanse Republiek (de)	Доминиканска република (ж)	Dominikanska repúblika
Panama (het)	Панама (ж)	Pánama
Jamaica (het)	Јамајка (ж)	Jamájka

240. Afrika

Egypte (het)	Египат (м)	Egipat
Egyptenaar (de)	Египћанин (м)	Egipćanin
Egyptische (de)	Египћанка (ж)	Egipćanka
Egyptisch (bn)	египатски	égipatski
Marokko (het)	Мароко (м)	Maróko
Marokkaan (de)	Мароканац (м)	Marokánac
Marokkaanse (de)	Мароканка (ж)	Marokánka
Marokkaans (bn)	марокански	marokánski
Tunesië (het)	Тунис (м)	Túnis
Tunesiër (de)	Тунижанин (м)	Tunížanin
Tunesische (de)	Тунижанка (ж)	Tunížanka
Tunesisch (bn)	туниски	túniski
Ghana (het)	Гана (ж)	Gána
Zanzibar (het)	Занзибар (м)	Zanzibar
Kenia (het)	Кенија (ж)	Kénija
Libië (het)	Либија (ж)	Líbija
Madagaskar (het)	Мадагаскар (м)	Madagáskar
Namibië (het)	Намибија (ж)	Námibija
Senegal (het)	Сенегал (м)	Sénegal
Tanzania (het)	Танзанија (ж)	Tánzanija
Zuid-Afrika (het)	Јужноафричка република (ж)	Južnoáfrička repúblika
Afrikaan (de)	Африканац (м)	Afrikánac
Afrikaanse (de)	Африканка (ж)	Afrikánka
Afrikaans (bn)	афрички, африкански	áfrički, afríkanski

241. Australië. Oceanië

Australië (het)	Аустралија (ж)	Austrálija
Australiër (de)	Аустралијанац (м)	Australijánac
Australische (de)	Аустралијанка (ж)	Australíjanka
Australisch (bn)	аустралијски	aústralijski
Nieuw-Zeeland (het)	Нови Зеланд (м)	Nóvi Zéland
Nieuw-Zeelander (de)	Новозеланђанин (м)	Novozelánđanin
Nieuw-Zeelandse (de)	Новозеланђанка (ж)	Novozelánđanka
Nieuw-Zeelands (bn)	новозеландски	novozélandski
Tasmanië (het)	Тасманија (ж)	Tásmanija
Frans-Polynesië	Француска Полинезија (ж)	Fráncuska Polinézija

242. Steden

Amsterdam	Амстердам (м)	Ámsterdam
Ankara	Анкара (ж)	Ánkara
Athene	Атина (ж)	Atína
Bagdad	Багдад (м)	Bágdad
Bangkok	Бангкок (м)	Bángkok
Barcelona	Барселона (ж)	Barselóna
Beiroet	Бејрут (м)	Béjrut
Berlijn	Берлин (м)	Bérlin
Boedapest	Будимпешта (ж)	Búdimpešta
Boekarest	Букурешт (м)	Búkurešt
Bombay, Mumbai	Бомбај (м)	Bómbaj
Bonn	Бон (м)	Bon
Bordeaux	Бордо (м)	Bordó
Bratislava	Братислава (ж)	Brátislava
Brussel	Брисел (м)	Brísel
Caïro	Каиро (м)	Káiro
Calcutta	Калкута (ж)	Kalkúta
Chicago	Чикаго (м)	Čikágo
Dar Es Salaam	Дар ес Салам (м)	Dar es Salám
Delhi	Делхи (м)	Délhi
Den Haag	Хаг (м)	Hag
Dubai	Дубаи (м)	Dubái
Dublin	Даблин (м)	Dáblin
Düsseldorf	Диселдорф (м)	Díseldorf
Florence	Фиренца (ж)	Firénca
Frankfort	Франкфурт (м)	Fránkfurt
Genève	Женева (ж)	Ženéva
Hamburg	Хамбург (м)	Hámburg
Hanoi	Ханој (м)	Hánoj
Havana	Хавана (ж)	Havána
Helsinki	Хелсинки (м)	Hélsinki

Hiroshima	Хирошима (ж)	Hirošíma
Hongkong	Хонгконг (м)	Hóngkong
Istanbul	Истанбул (м)	Istanbul
Jeruzalem	Јерусалим (м)	Jerusálim
Kiev	Кијев (м)	Kíjev
Kopenhagen	Копенхаген (м)	Kopenhágen
Kuala Lumpur	Куала Лумпур (м)	Kuála Lúmpur
Lissabon	Лисабон (м)	Lísabon
Londen	Лондон (м)	Lóndon
Los Angeles	Лос Анђелес (м)	Los Anđeles
Lyon	Лион (м)	Líon
Madrid	Мадрид (м)	Mádrid
Marseille	Марсеј (м)	Marséj
Mexico-Stad	Мексико (м)	Méksiko
Miami	Мајами (м)	Majámi
Montreal	Монтреал (м)	Móntreal
Moskou	Москва (ж)	Móskva
München	Минхен (м)	Mínhen
Nairobi	Најроби (м)	Najróbi
Napels	Напуљ (м)	Nápulj
New York	Њујорк (м)	Njújork
Nice	Ница (ж)	Níca
Oslo	Осло (с)	Oslo
Ottawa	Отава (ж)	Otava
Parijs	Париз (м)	Páriz
Peking	Пекинг (м)	Péking
Praag	Праг (м)	Prag
Rio de Janeiro	Рио де Жанеиро (м)	Río de Žanéiro
Rome	Рим (м)	Rim
Seoel	Сеул (м)	Séul
Singapore	Сингапур (м)	Síngapur
Sint-Petersburg	Санкт Петербург (м)	Sankt Péterburg
Sjanghai	Шангај (м)	Šángaj
Stockholm	Стокхолм (м)	Stókholm
Sydney	Сиднеј (м)	Sídnej
Taipei	Тајпеј (м)	Tájpej
Tokio	Токио (м)	Tókio
Toronto	Торонто (м)	Torónto
Venetië	Венеција (ж)	Vénecija
Warschau	Варшава (ж)	Váršava
Washington	Вашингтон (м)	Vášington
Wenen	Беч (м)	Beč

243. Politiek. Overheid. Deel 1

politiek (de)	политика (ж)	polítika
politiek (bn)	политички	polítički

politicus (de)	политичар (м)	polítičar
staat (land)	држава (ж)	dřžava
burger (de)	држављанин (м)	držávljanin
staatsburgerschap (het)	држављанство (с)	državljánstvo

| nationaal wapen (het) | државни грб (м) | dŕžavni grb |
| volkslied (het) | државна химна (ж) | državna hímna |

regering (de)	влада (ж)	vláda
staatshoofd (het)	шеф (м) државе	šef držáve
parlement (het)	парламент (м)	parláment
partij (de)	странка (ж)	stránka

| kapitalisme (het) | капитализам (м) | kapitalízam |
| kapitalistisch (bn) | капиталистички | kapitalístički |

| socialisme (het) | социјализам (м) | socijalízam |
| socialistisch (bn) | социјалистички | socijalístički |

communisme (het)	комунизам (м)	komunízam
communistisch (bn)	комунистички	komunístički
communist (de)	комуниста (м)	komunísta

democratie (de)	демократија (ж)	demokrátija
democraat (de)	демократа (м)	demókrata
democratisch (bn)	демократски	demókratski
democratische partij (de)	демократска странка (ж)	demókratska stránka

liberaal (de)	либерал (м)	libéral
liberaal (bn)	либералан	líberalan
conservator (de)	конзерватор (м)	konzervátor
conservatief (bn)	конзервативни	kónzervativni

republiek (de)	република (ж)	repúblika
republikein (de)	републиканац (м)	republikánac
Republikeinse Partij (de)	републиканска странка (ж)	republíkanska stránka

verkiezing (de)	избори (мн)	ízbori
kiezen (ww)	изабирати (нг)	izábirati
kiezer (de)	бирач (м)	bírač
verkiezingscampagne (de)	изборна кампања (ж)	ízborna kampánja

stemming (de)	гласање (с)	glásanje
stemmen (ww)	гласати (нг)	glásati
stemrecht (het)	право (с) гласа	právo glása

kandidaat (de)	кандидат (м)	kandídat
zich kandideren	кандидовати се	kandidovati se
campagne (de)	кампања (ж)	kampánja

| oppositie- (abn) | опозициони | opozícioni |
| oppositie (de) | опозиција (ж) | opozícija |

bezoek (het)	посета (ж)	póseta
officieel bezoek (het)	званична посета (ж)	zvánična póseta
internationaal (bn)	међународни	međunárodni

onderhandelingen (mv.)	преговори (мн)	prégovori
onderhandelen (ww)	преговарати (нг)	pregovárati

244. Politiek. Overheid. Deel 2

maatschappij (de)	друштво (с)	drúštvo
grondwet (de)	устав (м)	ústav
macht (politieke ~)	власт (ж)	vlast
corruptie (de)	корупција (ж)	korúpcija

wet (de)	закон (м)	zákon
wettelijk (bn)	законит	zákonit

rechtvaardigheid (de)	правда (ж)	právda
rechtvaardig (bn)	праведан	právedan

comité (het)	комитет (м)	komítet
wetsvoorstel (het)	нацрт (м) закона	nacrt zákona
begroting (de)	буџет (м)	búdžet
beleid (het)	политика (ж)	polítika
hervorming (de)	реформа (ж)	réforma
radicaal (bn)	радикалан	rádikalan

macht (vermogen)	снага (ж)	snága
machtig (bn)	моћан	móćan
aanhanger (de)	присталица (м)	prístalica
invloed (de)	утицај (м)	úticaj

regime (het)	режим (м)	réžim
conflict (het)	конфликт (м)	kónflikt
samenzwering (de)	завера (ж)	závera
provocatie (de)	провокација (ж)	provokácija

omverwerpen (ww)	оборити (пг)	obóriti
omverwerping (de)	свргавање (с)	svrgávanje
revolutie (de)	револуција (ж)	revolúcija

staatsgreep (de)	државни удар (м)	dŕžavni údar
militaire coup (de)	војни удар (м)	vójni údar

crisis (de)	криза (ж)	kríza
economische recessie (de)	економски пад (м)	ekónomski pad
betoger (de)	демонстрант (м)	demónstrant
betoging (de)	демонстрација (ж)	demonstrácija
krijgswet (de)	ванредно стање (с)	vánredno stánje
militaire basis (de)	војна база (ж)	vójna báza

stabiliteit (de)	стабилност (ж)	stabílnost
stabiel (bn)	стабилан	stábilan

uitbuiting (de)	експлоатација (ж)	eksploatácija
uitbuiten (ww)	експлоатисати (пг)	eksploatísati
racisme (het)	расизам (м)	rasízam
racist (de)	расиста (м)	rásista

| fascisme (het) | фашизам (м) | fašízam |
| fascist (de) | фашиста (м) | fašísta |

245. Landen. Diversen

vreemdeling (de)	странац (м)	stránac
buitenlands (bn)	стран	stran
in het buitenland (bw)	у иностранству	u inostránstvu

emigrant (de)	емигрант (м)	emígrant
emigratie (de)	емиграција (ж)	emigrácija
emigreren (ww)	емигрирати (нг)	emigrírati

Westen (het)	Запад (м)	Západ
Oosten (het)	Исток (м)	Ístok
Verre Oosten (het)	Далеки Исток (м)	Dáleki Ístok

beschaving (de)	цивилизација (ж)	civilizácija
mensheid (de)	човечанство (с)	čovečánstvo
wereld (de)	свет (м)	svet
vrede (de)	мир (м)	mir
wereld- (abn)	светски	svétski

vaderland (het)	отаџбина (ж)	ótadžbina
volk (het)	народ (м)	národ
bevolking (de)	становништво (с)	stanovníštvo
mensen (mv.)	људи (мн)	ljúdi
natie (de)	нација (ж)	nácija
generatie (de)	генерација (ж)	generácija
gebied (bijv. bezette ~en)	територија (ж)	teritórija
regio, streek (de)	регион (м)	región
deelstaat (de)	држава (ж)	dŕžava

traditie (de)	традиција (ж)	trádicija
gewoonte (de)	обичај (м)	óbičaj
ecologie (de)	екологија (ж)	ekológija

Indiaan (de)	Индијанац (м)	Indijánac
zigeuner (de)	Циганин (м)	Cíganin
zigeunerin (de)	Циганка (ж)	Cíganka
zigeuner- (abn)	цигански	cíganski

rijk (het)	империја (ж)	impérija
kolonie (de)	колонија (ж)	kólonija
slavernij (de)	ропство (с)	rópstvo
invasie (de)	инвазија (ж)	ínvazija
hongersnood (de)	глад (ж)	glád

246. Grote religieuze groepen. Bekentenissen

| religie (de) | религија (ж) | réligija |
| religieus (bn) | религиозан | réligiozan |

geloof (het)	вера (ж)	véra
geloven (ww)	веровати (нг)	vérovati
gelovige (de)	верник (м)	vérnik
atheïsme (het)	атеизам (м)	ateízam
atheïst (de)	атеиста (м)	ateísta
christendom (het)	хришћанство (с)	hríšćanstvo
christen (de)	хришћанин (м)	hríšćanin
christelijk (bn)	хришћански	hríšćanski
katholicisme (het)	католицизам (м)	katolicízam
katholiek (de)	католик (м)	kátolik
katholiek (bn)	католички	kátolički
protestantisme (het)	протестантизам (м)	protestantízam
Protestante Kerk (de)	протестантска црква (ж)	protestántska cŕkva
protestant (de)	протестант (м)	protéstant
orthodoxie (de)	православље (с)	právoslavlje
Orthodoxe Kerk (de)	православна црква (с)	právoslavna cŕkva
orthodox	православни (м)	právoslavni
presbyterianisme (het)	презвитеријанство (с)	prezviterijánstvo
Presbyteriaanse Kerk (de)	презвитеријанска црква (ж)	prezviterijánska cŕkva
presbyteriaan (de)	презвитеријанац (м)	prezviterijánac
lutheranisme (het)	лутеранска црква (ж)	lutéranska cŕkva
lutheraan (de)	лутеранац (м)	lutéranac
baptisme (het)	баптизам (м)	baptízam
baptist (de)	баптиста (м)	baptísta
Anglicaanse Kerk (de)	англиканска црква (ж)	anglíkanska cŕkva
anglicaan (de)	англиканац (м)	anglikánac
mormonisme (het)	мормонизам (м)	mormonízam
mormoon (de)	мормон (м)	mórmon
Jodendom (het)	јудаизам (м)	judaízam
jood (aanhanger van het Jodendom)	Јеврејин (м)	Jévrejin
boeddhisme (het)	будизам (м)	budízam
boeddhist (de)	будиста (м)	budísta
hindoeïsme (het)	хиндуизам (м)	hinduízam
hindoe (de)	хиндуиста (м)	hinduísta
islam (de)	ислам (м)	islam
islamiet (de)	муслиман (м)	muslíman
islamitisch (bn)	муслимански	muslímanski
sjiisme (het)	шиизам (м)	šiízam
sjiiet (de)	шиит (м)	šíit
soennisme (het)	сунизам (м)	sunízam
soenniet (de)	сунит (м)	súnit

247. Religies. Priesters

priester (de)	свештеник (m)	svéštenik
paus (de)	Римски Папа (m)	Rímski Pápa
monnik (de)	монах (m)	mónah
non (de)	монахиња (ж)	monáhinja
pastoor (de)	пастор (m)	pástor
abt (de)	опат (m)	ópat
vicaris (de)	викар (m)	víkar
bisschop (de)	епископ (m)	épiskop
kardinaal (de)	кардинал (m)	kardínal
predikant (de)	проповедник (m)	propovédnik
preek (de)	проповед (ж)	própoved
kerkgangers (mv.)	парохијани (мн)	parohíjani
gelovige (de)	верник (m)	vérnik
atheïst (de)	атеиста (m)	ateísta

248. Geloof. Christendom. Islam

Adam	Адам (m)	Ádam
Eva	Ева (ж)	Eva
God (de)	Бог (m)	Bog
Heer (de)	Господ (m)	Góspod
Almachtige (de)	Свемоћни (m)	Svémoćni
zonde (de)	грех (m)	greh
zondigen (ww)	грешити (нг)	gréšiti
zondaar (de)	грешник (m)	gréšnik
zondares (de)	грешница (ж)	gréšnica
hel (de)	пакао (m)	pákao
paradijs (het)	рај (m)	raj
Jezus	Исус (m)	Isus
Jezus Christus	Исус Христос (m)	Isus Hrístos
Heilige Geest (de)	Свети Дух (m)	Svéti Duh
Verlosser (de)	Спаситељ (m)	Spásitelj
Maagd Maria (de)	Богородица (ж)	Bogoródica
duivel (de)	Ђаво (m)	Đávo
duivels (bn)	ђаволски	đávolski
Satan	Сатана (m)	Satána
satanisch (bn)	сатански	satánski
engel (de)	анђео (m)	ánđeo
beschermengel (de)	анђео чувар (m)	ánđeo čúvar
engelachtig (bn)	анђеоски	ánđeoski

apostel (de)	апостол (м)	ápostol
aartsengel (de)	арханђео (м)	arhánđeo
antichrist (de)	Антихрист (м)	Antíhrist

Kerk (de)	Црква (ж)	Cŕkva
bijbel (de)	Библија (ж)	Bíblija
bijbels (bn)	библијски	bíblijski

Oude Testament (het)	Стари Завет (м)	Stári Závet
Nieuwe Testament (het)	Нови Завет (м)	Nóvi Závet
evangelie (het)	јеванђеље (с)	jevánđelje
Heilige Schrift (de)	Свето Писмо (с)	Svéto Písmo
Hemel, Hemelrijk (de)	Царство (с) небеско	Cárstvo nébesko

gebod (het)	заповест (ж)	zápovest
profeet (de)	пророк (м)	prórok
profetie (de)	пророчанство (с)	proročánstvo

Allah	Алах (м)	Álah
Mohammed	Мухамед (м)	Muhámed
Koran (de)	Куран (м)	Kúran

moskee (de)	џамија (ж)	džámija
moellah (de)	хоџа (м)	hódža
gebed (het)	молитва (ж)	mólitva
bidden (ww)	молити се	móliti se

pelgrimstocht (de)	ходочашће (с)	hodóčašće
pelgrim (de)	ходочасник (м)	hodóčasnik
Mekka	Мека (ж)	Méka

kerk (de)	црква (ж)	cŕkva
tempel (de)	храм (м)	hram
kathedraal (de)	катедрала (ж)	katedrála
gotisch (bn)	готички	gótički
synagoge (de)	синагога (ж)	sinagóga
moskee (de)	џамија (ж)	džámija

kapel (de)	капела (ж)	kapéla
abdij (de)	опатија (ж)	opátija
nonnenklooster (het)	женски манастир (м)	žénski mánastir
mannenklooster (het)	мушки манастир (м)	múški mánastir

klok (de)	звоно (с)	zvóno
klokkentoren (de)	звоник (м)	zvónik
luiden (klokken)	звонити (нг)	zvóniti

kruis (het)	крст (м)	kŕst
koepel (de)	купола (ж)	kúpola
icoon (de)	икона (ж)	íkona

ziel (de)	душа (ж)	dúša
lot, noodlot (het)	судбина (ж)	súdbina
kwaad (het)	зло (с)	zlo
goed (het)	добро (с)	dóbro
vampier (de)	вампир (м)	vámpir

heks (de)	вештица (ж)	véštica
demoon (de)	демон (м)	démon
geest (de)	дух (м)	duh

| verzoeningsleer (de) | искупљење (с) | iskúplenje |
| vrijkopen (ww) | искупити (пг) | iskúpiti |

mis (de)	служба (ж)	slúžba
de mis opdragen	служити (нг)	slúžiti
biecht (de)	исповест (ж)	íspovest
biechten (ww)	исповедати се	ispovédati se

heilige (de)	светац (м)	svétac
heilig (bn)	свет	svet
wijwater (het)	света вода (ж)	svéta vóda

ritueel (het)	ритуал (м)	ritúal
ritueel (bn)	ритуалан	rítualan
offerande (de)	приношење (с) жртве	prinóšenje žŕtve

bijgeloof (het)	сујеверје (с)	sújeverje
bijgelovig (bn)	сујеверан	sújeveran
hiernamaals (het)	загробни живот (м)	zágrobni žívot
eeuwige leven (het)	вечни живот (м)	véčni žívot

DIVERSEN

achtergrond (de)	позадина (ж)	pózadina
balans (de)	равнотежа (ж)	ravnotéža
basis (de)	база (ж)	báza
begin (het)	почетак (м)	počétak
beurt (wie is aan de ~?)	ред (м)	red
categorie (de)	категорија (ж)	kategórija
comfortabel (~ bed, enz.)	комфоран	kómforan
compensatie (de)	компензација (ж)	kompenzácija
deel (gedeelte)	део (м)	déo
deeltje (het)	делић (м)	délić
ding (object, voorwerp)	ствар (ж)	stvar
dringend (bn, urgent)	хитан	hítan
dringend (bw, met spoed)	хитно	hítno
effect (het)	ефекат (м)	éfekat
eigenschap (kwaliteit)	својство (с)	svójstvo
einde (het)	крај (м)	kraj
element (het)	елеменат (м)	elémenat
feit (het)	чињеница (ж)	čínjenica
fout (de)	грешка (ж)	gréška
geheim (het)	тајна (ж)	tájna
graad (mate)	степен (м)	stépen
groei (ontwikkeling)	раст (м)	rast
hindernis (de)	преграда (ж)	prégrada
hinderpaal (de)	препрека (ж)	prépreka
hulp (de)	помоћ (ж)	pómoć
ideaal (het)	идеал (м)	idéal
inspanning (de)	напор (м)	nápor
keuze (een grote ~)	избор (м)	ízbor
labyrint (het)	лавиринт (м)	lavírint
manier (de)	начин (м)	náčin
moment (het)	моменат (м)	mómenat
nut (bruikbaarheid)	корист (ж)	kórist
onderscheid (het)	разлика (ж)	rázlika
ontwikkeling (de)	развој (м)	rázvoj
oplossing (de)	решење (с)	rešénje
origineel (het)	оригинал (м)	orlgínal
pauze (de)	пауза (ж)	páuza
positie (de)	позиција (ж)	pózicija
principe (het)	принцип (м)	príncip

probleem (het)	проблем (м)	próblem
proces (het)	процес (м)	próces
reactie (de)	реакција (ж)	reákcija

reden (om ~ van)	узрок (м)	úzrok
risico (het)	ризик (м)	rízik
samenvallen (het)	коинциденција (ж)	koincidéncija
serie (de)	серија (ж)	sérija

situatie (de)	ситуација (ж)	situácija
soort (bijv. ~ sport)	врста (ж)	vȑsta
standaard (bn)	стандардни	standárdni
standaard (de)	стандард (м)	stándard
stijl (de)	стил (м)	stil

stop (korte onderbreking)	пауза, станка (ж)	páuza, stánka
systeem (het)	систем (м)	sístem
tabel (bijv. ~ van Mendelejev)	таблица (ж)	táblica
tempo (langzaam ~)	темпо (м)	témpo
term (medische ~en)	термин (м)	términ

type (soort)	тип (м)	tip
variant (de)	варијанта (ж)	varijánta
veelvuldig (bn)	чест	čest
vergelijking (de)	поређење (с)	póređenje
voorbeeld (het goede ~)	пример (м)	prímer

voortgang (de)	прогрес (м)	prógres
voorwerp (ding)	објекат, предмет (м)	óbjekat, prédmet
vorm (uiterlijke ~)	облик (м)	óblik
waarheid (de)	истина (ж)	ístina
zone (de)	зона (ж)	zóna

250. Beperkende bijwoorden. Bijvoeglijke naamwoorden. Deel 1

accuraat (uurwerk, enz.)	уредан	úredan
achter- (abn)	задњи	zádnji
additioneel (bn)	додатан	dódatan
anders (bn)	разан	razan

arm (bijv. ~e landen)	сиромашан	sirómašan
begrijpelijk (bn)	јасан	jásan
belangrijk (bn)	важан	vážan
belangrijkst (bn)	најважнији	nájvažniji

beleefd (bn)	учтив	účtiv
beperkt (bn)	ограничен	ográničen
betekenisvol (bn)	значајан	znáčajan
bijziend (bn)	кратковид	kratkóvid
binnen- (abn)	унутрашњи	únutrašnji

bitter (bn)	горак	górak
blind (bn)	слеп	slep
breed (een ~e straat)	широк	šírok

breekbaar (porselein, glas)	ломљив	lómljiv
buiten- (abn)	спољашњи	spóljašnji

buitenlands (bn)	стран	stran
burgerlijk (bn)	грађански	gráđanski
centraal (bn)	централни	céntralni
dankbaar (bn)	захвалан	záhvalan
dicht (~e mist)	густ	gust

dicht (bijv. ~e mist)	густ	gust
dicht (in de ruimte)	близак	blízak
dicht (bn)	ближњи	óbližnji
dichtstbijzijnd (bn)	најближи	nájbliži

diepvries (~product)	замрзнут	zámrznut
dik (bijv. muur)	дебео	débeo
dof (~ licht)	слаб	slab
dom (dwaas)	глуп	glup

donker (bijv. ~e kamer)	мрачан	mráčan
dood (bn)	мртав	mŕtav
doorzichtig (bn)	провидан	próvidan
droevig (~ blik)	тужан	túžan
droog (bn)	сув	suv

dun (persoon)	танак, мршав	tának, mŕšav
duur (bn)	скуп	skup
eender (bn)	једнак	jédnak
eenvoudig (bn)	лак (м)	lak
eenvoudig (bn)	прост	prost

eeuwenoude (~ beschaving)	древни	drévni
enorm (bn)	огроман	ógroman
geboorte- (stad, land)	родни	ródni
gebruind (bn)	преплануо	preplánuo

gelijkend (bn)	сличан	slíčan
gelukkig (bn)	срећан	sréćan
gesloten (bn)	затворен	zátvoren
getaand (bn)	тамнопут, гарав	támnoput, gárav

gevaarlijk (bn)	опасан	ópasan
gewoon (bn)	обичан	óbičan
gezamenlijk (~ besluit)	заједнички	zájednič* ki
glad (~ oppervlak)	гладак	gládak
glad (~ oppervlak)	раван	rávan

goed (bn)	добар	dóbar
goedkoop (bn)	јефтин	jéftin
gratis (bn)	бесплатан	bésplatan
groot (bn)	велик	vélik

hard (niet zacht)	тврд	tvŕd
heel (volledig)	цео	céo
heet (bn)	врућ	vruć
hongerig (bn)	гладан	gládan

hoofd- (abn)	главни	glávni
hoogste (bn)	највиши	nájviši
huidig (courant)	садашњи	sádašnji
jong (bn)	млад	mlad
juist, correct (bn)	правилан	právilan
kalm (bn)	спокојан	spókojan
kinder- (abn)	дечји	déčji
klein (bn)	мали	máli
koel (~ weer)	прохладан	próhladan
kort (kortstondig)	краткотрајан	krátkotrajan
kort (niet lang)	кратак	krátak
koud (~ water, weer)	хладан	hládan
kunstmatig (bn)	вештачки	véštački
laatst (bn)	последњи	póslednji
lang (een ~ verhaal)	дуг, дугачак	dug, dúgačak
langdurig (bn)	дуготрајан	dúgotrajan
lastig (~ probleem)	тежак	téžak
leeg (glas, kamer)	празан	prázan
lekker (bn)	укусан	úkusan
licht (kleur)	светао	svétao
licht (niet veel weegt)	лак (м)	lak
linker (bn)	леви	lévi
luid (bijv. ~e stem)	гласан	glásan
mager (bn)	мршав	mȑšav
mat (bijv. ~ verf)	мат	mat
moe (bn)	уморан	úmoran
moeilijk (~ besluit)	тежак	téžak
mogelijk (bn)	могућ	móguć
mooi (bn)	леп	lep
mysterieus (bn)	загонетан	zágonetan
naburig (bn)	суседни	súsedni
nalatig (bn)	немаран	némaran
nat (~te kleding)	мокар	mókar
nerveus (bn)	нервозан	nérvozan
niet groot (bn)	невелик	névelik
niet moeilijk (bn)	једноставан	jédnostavan
nieuw (bn)	нов	nov
nodig (bn)	потребан	pótreban
normaal (bn)	нормалан	nórmalan

251. Beperkende bijwoorden. Bijvoeglijke naamwoorden. Deel 2

onbegrijpelijk (bn)	неразумљив	nerazúmljiv
onbelangrijk (bn)	безначајан	béznačajan
onbeweeglijk (bn)	непокретан	népokretan
onbewolkt (bn)	ведар	védar

ondergronds (geheim)	илегалан	ílegalan
ondiep (bn)	плитак	plítak
onduidelijk (bn)	нејасан	néjasan
onervaren (bn)	неискусан	néiskusan
onmogelijk (bn)	немогућ	némoguć
onontbeerlijk (bn)	неопходан	néophodan
onophoudelijk (bn)	непрекидан	néprekidan
ontkennend (bn)	негативан	négativan
open (bn)	отворен	ótvoren
openbaar (bn)	јавни	jávni
origineel (ongewoon)	оригиналан	óriginalan
oud (~ huis)	стар	star
overdreven (bn)	прекомеран	prékomeran
passend (bn)	погодан	pógodan
permanent (bn)	сталан	stálan
persoonlijk (bn)	персонални	pérsonalni
plat (bijv. ~ scherm)	пљоснат	pljósnat
prachtig (~ paleis, enz.)	прекрасан	prékrasan
precies (bn)	тачан	táčan
prettig (bn)	пријатан	príjatan
privé (bn)	приватни	prívatni
punctueel (bn)	тачан	táčan
rauw (niet gekookt)	сиров	sírov
recht (weg, straat)	прав	prav
rechter (bn)	десни	désni
rijp (fruit)	зрео	zréo
riskant (bn)	ризичан	rízičan
ruim (een ~ huis)	просто_ран	próstoran
rustig (bn)	тих	tih
scherp (bijv. ~ mes)	оштар	óštar
schoon (niet vies)	чист	čist
slecht (bn)	лош	loš
slim (verstandig)	паметан	pámetan
smal (~le weg)	узак	úzak
snel (vlug)	брз	bŕz
somber (bn)	мрачан	mráčan
speciaal (bn)	специјалан	spécijalan
sterk (bn)	снажан	snážan
stevig (bn)	чврст	čvŕst
straatarm (bn)	сиромашан	sirómašan
strak (schoenen, enz.)	тесан	tésan
teder (liefderijk)	нежан	néžan
tegenovergesteld (bn)	супротан	súprotan
tevreden (bn)	задовољан	zádovoljan
tevreden (klant, enz.)	задовољан	zádovoljan
treurig (bn)	тужан	túžan
tweedehands (bn)	половни	pólovni
uitstekend (bn)	одличан	ódličan

uitstekend (bn)	изврсни	ízvrsni
uniek (bn)	јединствен	jedínstven
veilig (niet gevaarlijk)	безбедан	bézbedan
ver (in de ruimte)	далек	dálek

verenigbaar (bn)	компатибилан	kómpatibilan
vermoeiend (bn)	заморан	zámoran
verplicht (bn)	обавезан	óbavezan
vers (~ brood)	свеж	svež
verschillende (bn)	различит	rázličit

verst (meest afgelegen)	далек	dálek
vettig (voedsel)	мастан	mástan
vijandig (bn)	непријатељски	neprijatéljski
vloeibaar (bn)	течан	téčan
vochtig (bn)	влажан	vlážan
vol (helemaal gevuld)	пун	pun

volgend (~ jaar)	следећи	slédeći
vorig (bn)	прошли	próšli
voornaamste (bn)	основни	ósnovni
vorig (~ jaar)	прошли	próšli
vorig (bijv. ~e baas)	претходан	préthodan

vriendelijk (aardig)	мио	mío
vriendelijk (goedhartig)	добар	dóbar
vrij (bn)	слободан	slóbodan
vrolijk (bn)	весео	véseo
vruchtbaar (~ land)	плодан	plódan

vuil (niet schoon)	прљав	přljav
waarschijnlijk (bn)	вероватни	vérovatni
warm (bn)	топао	tópao
wettelijk (bn)	законит	zákonit
zacht (bijv. ~ kussen)	мек, мекан	mek, mékan

zacht (bn)	тих	tih
zeldzaam (bn)	редак	rédak
ziek (bn)	болестан	bólestan
zoet (~ water)	слатка	slátka
zoet (bn)	сладак	sládak

zonnig (~e dag)	сунчан	súnčan
zorgzaam (bn)	брижан	brížan
zout (de soep is ~)	слан	slan
zuur (smaak)	кисео	kíseo
zwaar (~ voorwerp)	тежак	téžak

DE 500 BELANGRIJKSTE WERKWOORDEN

252. Werkwoorden A-C

aaien (bijv. een konijn ~)	гладити (пг)	gláditi
aanbevelen (ww)	препоручивати (пг)	preporučívati
aandringen (ww)	инсистирати (нг)	insistírati
aankomen (ov. de treinen)	стићи (нг)	stíći

aanleggen (bijv. bij de pier)	пристајати (нг)	prístajati
aanraken (met de hand)	тицати (пг)	tícati
aansteken (kampvuur, enz.)	запалити (пг)	zapáliti
aanstellen (in functie plaatsen)	именовати (пг)	ímenovati

aanvallen (mil.)	нападати (нг)	nápadati
aanvoelen (gevaar ~)	осећати (пг)	ósećati
aanvoeren (leiden)	бити на челу	bíti na čélu
aanwijzen (de weg ~)	указати (пг)	ukázati

aanzetten (computer, enz.)	укључивати (пг)	uključívati
ademen (ww)	дисати (нг)	dísati
adverteren (ww)	рекламирати (пг)	reklamírati
adviseren (ww)	саветовати (пг)	sávetovati

afdalen (on.ww.)	спуштати се	spúštati se
afgunstig zijn (ww)	завидети (нг)	závideti
afhakken (ww)	одсећи (пг)	ódseći
afhangen van ...	зависити од ...	závisiti od ...

afluisteren (ww)	прислушкивати (нг, пг)	prisluškívati
afnemen (verwijderen)	скидати (пг)	skídati
afrukken (ww)	откинути (пг)	ótkinuti
afslaan (naar rechts ~)	скретати (нг)	skrétati

afsnijden (ww)	одсећи (пг)	ódseći
afzeggen (ww)	отказати (пг)	otkázati
amputeren (ww)	ампутирати (пг)	amputírati
amuseren (ww)	забављати (пг)	zábavljati

antwoorden (ww)	одговарати (нг, пг)	odgovárati
applaudisseren (ww)	аплаудирати (нг)	aplaudírati
aspireren (iets willen worden)	тежити (нг)	téžiti
assisteren (ww)	асистирати (пг)	asistírati

bang zijn (ww)	плашити се	plášiti se
barsten (plafond, enz.)	пуцати (нг)	púcati
bedienen (in restaurant)	послуживати (пг)	poslužívati
bedreigen (bijv. met een pistool)	претити (нг)	prétiti

bedriegen (ww)	обмањивати (пг)	obmanjívati
beduiden (betekenen)	значити (нг)	znáčiti
bedwingen (ww)	спречавати (пг)	sprečávati
beëindigen (ww)	завршавати (пг)	završávati
begeleiden (vergezellen)	пратити (пг)	prátiti
begieten (water geven)	заливати (пг)	zalívati
beginnen (ww)	почињати (нг, пг)	póčinjati
begrijpen (ww)	разумевати (пг)	razumévati
behandelen (patiënt, ziekte)	лечити (пг)	léčiti
beheren (managen)	руководити (пг)	rukovóditi
beïnvloeden (ww)	утицати (нг)	úticati
bekennen (misdadiger)	признавати (пг)	priznávati
beledigen (met scheldwoorden)	вређати (пг)	vréđati
beledigen (ww)	вређати (пг)	vréđati
beloven (ww)	обећати (пг)	obéćati
beperken (de uitgaven ~)	ограничавати (пг)	ograničávati
bereiken (doel ~, enz.)	постизати (пг)	póstizati
bereiken (plaats van bestemming ~)	доћи (пг)	dóći
beschermen (bijv. de natuur ~)	штитити (пг)	štítiti
beschuldigen (ww)	оптуживати (пг)	optužívati
beslissen (~ iets te doen)	одлучивати (пг)	odlučívati
besmet worden (met …)	заразити се	zaráziti se
besmetten (ziekte overbrengen)	заразити (пг)	zaráziti
bespreken (spreken over)	расправљати (пг)	ráspravljati
bestaan (een ~ voeren)	живети (нг)	žíveti
bestellen (eten ~)	наручивати (пг)	naručívati
bestraffen (een stout kind ~)	кажњавати (пг)	kažnjávati
betalen (ww)	платити (нг, пг)	plátiti
betekenen (beduiden)	значити (нг)	znáčiti
betreuren (ww)	жалити (нг)	žáliti
bevallen (prettig vinden)	свиђати се	svíđati se
bevelen (mil.)	наређивати (пг)	naređívati
bevredigen (ww)	задовољавати (пг)	zadovoljávati
bevrijden (stad, enz.)	ослобађати (пг)	oslobáđati
bewaren (oude brieven, enz.)	чувати (пг)	čúvati
bewaren (vrede, leven)	очувати (пг)	očúvati
bewijzen (ww)	доказивати (пг)	dokazívati
bewonderen (ww)	дивити се	díviti se
bezitten (ww)	поседовати (пг)	pósedovati
bezorgd zijn (ww)	бринути се	brínuti se
bezorgd zijn (ww)	бринути се	brínuti se
bidden (praten met God)	молити се	móliti se
bijvoegen (ww)	додавати (пг)	dodávati

binden (ww)	свезивати (пг)	svezívati
binnengaan (een kamer ~)	ући, улазити (нг)	úći, úlaziti
blazen (ww)	дувати (нг)	dúvati
blozen (zich schamen)	црвенити (нг)	crvéniti
blussen (brand ~)	гасити (пг)	gásiti
boos maken (ww)	љутити (пг)	ljútiti
boos zijn (ww)	љутити се на ...	ljútiti se na ...
breken	пукнути (нг)	púknuti
(on.ww., van een touw)		
breken (speelgoed, enz.)	ломити (пг)	lómiti
brengen (iets ergens ~)	доносити (пг)	donósiti
charmeren (ww)	очаравати (пг)	očarávati
citeren (ww)	цитирати (пг)	citírati
compenseren (ww)	компензирати (пг)	kompenzírati
compliceren (ww)	компликовати (пг)	kómplikovati
componeren (muziek ~)	компоновати (пг)	komponóvati
compromitteren (ww)	компромитовати (пг)	komprómitovati
concurreren (ww)	конкурисати (пг)	konkúrisati
controleren (ww)	контролисати (пг)	kontrólisati
coöpereren (samenwerken)	сарађивати (нг)	sarađívati
coördineren (ww)	координирати (пг)	koordinírati
corrigeren (fouten ~)	исправљати (пг)	íspravljati
creëren (ww)	створити (пг)	stvóriti

253. Werkwoorden D-K

danken (ww)	захваљивати (пг)	zahvaljívati
de was doen	прати (пг)	práti
de weg wijzen	упутити (пг)	upútiti
deelnemen (ww)	учествовати (нг)	účestvovati
delen (wisk.)	делити (пг)	déliti
denken (ww)	мислити (нг)	mísliti
doden (ww)	убијати (нг)	ubíjati
doen (ww)	радити (пг)	ráditi
dresseren (ww)	дресирати (пг)	dresírati
drinken (ww)	пити (нг, пг)	píti
drogen (klederen, haar)	сушити (пг)	súšiti
dromen (in de slaap)	сањати (нг)	sánjati
dromen (over vakantie ~)	маштати (нг)	máštati
duiken (ww)	ронити (нг)	róniti
durven (ww)	усуђивати се	usuđívati se
duwen (ww)	гурати (пг)	gúrati
een auto besturen	возити ауто	vóziti áuto
een bad geven	купати (пг)	kúpati
een bad nemen	купати се	kúpati se
een conclusie trekken	изводити закључак	ízvoditi záključak

foto's maken	сликати (пг)	slíkati
eisen (met klem vragen)	захтевати, тражити	zahtévati, trážiti
erkennen (schuld)	признавати (пг)	priznávati
erven (ww)	наслеђивати (пг)	nasleđívati

eten (ww)	јести (нг, пг)	jésti
excuseren (vergeven)	извињавати (пг)	izvinjávati
existeren (bestaan)	постојати (нг)	póstojati
feliciteren (ww)	честитати (пг)	čestítati
gaan (te voet)	ићи (нг)	íći

gaan slapen	ићи на спавање	íći na spávanje
gaan zitten (ww)	сести (нг)	sésti
gaan zwemmen	купати се	kúpati se
garanderen (garantie geven)	гарантовати (пг)	gárantovati

gebruiken (bijv. een potlood ~)	користити (пг)	kóristiti
gebruiken (woord, uitdrukking)	употребити (пг)	upotrébiti
geconserveerd zijn (ww)	очувати се	očúvati se
gedateerd zijn (ww)	датира (нг)	dátira
gehoorzamen (ww)	подчињавати се	podčinjávati se

gelijken (op elkaar lijken)	личити (нг)	líčiti
geloven (vinden)	веровати (нг)	vérovati
genoeg zijn (ww)	достајати (нг)	dóstajati
geven (ww)	давати (пг)	dávati
gieten (in een beker ~)	сипати (пг)	sípati

glimlachen (ww)	осмехивати се	osmehívati se
glimmen (glanzen)	сијати (нг)	síjati
gluren (ww)	шпијунирати	špijunírati
goed raden (ww)	погодити (пг)	pogóditi
gooien (een steen, enz.)	бацати (пг)	bácati

grappen maken (ww)	шалити се	šáliti se
graven (tunnel, enz.)	копати (пг)	kópati
haasten (iemand ~)	журити (пг)	žúriti
hebben (ww)	имати (пг)	ímati
helpen (hulp geven)	помагати (пг)	pomágati

herhalen (opnieuw zeggen)	понављати (пг)	ponávljati
herinneren (ww)	сећати се	séćati se
herinneren aan ... (afspraak, opdracht)	подсећати (пг)	pódsećati
herkennen (identificeren)	препознавати (пг)	prepoznávati
herstellen (repareren)	поправити (пг)	pópraviti

het haar kammen	чешљати се	čéšljati se
hopen (ww)	надати се	nádati se
horen (waarnemen met het oor)	чути (нг, пг)	čúti
houden van (muziek, enz.)	волети (пг)	vóleti
huilen (wenen)	плакати (нг)	plákati
huiveren (ww)	дрхтати (нг)	dŕhtati

huren (een boot ~)	изнајмити (пг)	iznájmiti
huren (huis, kamer)	изнајмити (пг)	iznájmiti
huren (personeel)	запослити (пг)	zapósliti
imiteren (ww)	имитирати (пг)	imitírati

importeren (ww)	импортирати, увозити	importírati, uvóziti
inenten (vaccineren)	вакцинисати (пг)	vakcinísati
informeren (informatie geven)	информисати (пг)	infórmisati
informeren naar ... (navraag doen)	распитати се	raspítati se
inlassen (invoegen)	убацивати (пг)	ubacívati

inpakken (in papier)	завијати (пг)	zavijati
inspireren (ww)	одушевљавати (пг)	oduševljávati
instemmen (akkoord gaan)	слагати се	slágati se
interesseren (ww)	интересовати (пг)	ínteresovati

irriteren (ww)	раздраживати (пг)	razdražívati
isoleren (ww)	изолирати (пг)	izolírati
jagen (ww)	ловити (пг)	lóviti
kalmeren (kalm maken)	смиривати (пг)	smirívati

kennen (kennis hebben van iemand)	знати (пг)	znáti
kennismaken (met ...)	упознавати се	upoznávati se
kiezen (ww)	бирати (пг)	bírati
kijken (ww)	гледати (пг)	glédati

klaarmaken (een plan ~)	припремити (пг)	priprémiti
klaarmaken (het eten ~)	кувати (пг)	kúvati
klagen (ww)	жалити се	žáliti se
kloppen (aan een deur)	куцати (нг)	kúcati

kopen (ww)	куповати (пг)	kupóvati
kopieën maken	направити копије	nápraviti kópije
kosten (ww)	коштати (нг)	kóštati
kunnen (ww)	моћи (нг)	móći
kweken (planten ~)	гајити (пг)	gájiti

254. Werkwoorden L-R

lachen (ww)	смејати се	sméjati se
laden (geweer, kanon)	пунити (пг)	púniti
laden (vrachtwagen)	товарити (пг)	tóvariti
laten vallen (ww)	испуштати (пг)	ispúštati

lenen (geld ~)	позајмити (пг)	pozájmiti
leren (lesgeven)	обучавати (пг)	obučávati
leven (bijv. in Frankrijk ~)	живети (нг)	žíveti
lezen (een boek ~)	читати (нг, пг)	čítati

lid worden (ww)	припајати се	pripájati se
liefhebben (ww)	волети (пг)	vóleti
liegen (ww)	лагати (нг)	lágati

liggen (op de tafel ~)	лежати (нг)	léžati
liggen (persoon)	лежати (нг)	léžati
lijden (pijn voelen)	патити (нг)	pátiti
losbinden (ww)	одрешити (пг)	ódrešiti
luisteren (ww)	слушати (пг)	slúšati
lunchen (ww)	ручати (нг)	rúčati
markeren (op de kaart, enz.)	обележити (пг)	obéležiti
melden (nieuws ~)	саопштавати (пг)	saopštávati
memoriseren (ww)	запамтити (пг)	zápamtiti
mengen (ww)	смешати (пг)	sméšati
mikken op (ww)	циљати (пг)	cíljati
minachten (ww)	презирати (пг)	prézirati
moeten (ww)	морати	mórati
morsen (koffie, enz.)	пролити (пг)	próliti
naderen (dichterbij komen)	приближити се	priblížiti se
neerlaten (ww)	спуштати (пг)	spúštati
nemen (ww)	узети (пг)	úzeti
nodig zijn (ww)	бити потребан	bíti pótreban
noemen (ww)	називати (пг)	nazívati
noteren (opschrijven)	забележити (пг)	zabéležiti
omhelzen (ww)	грлити (пг)	gŕliti
omkeren (steen, voorwerp)	преврнути (пг)	prevŕnuti
onderhandelen (ww)	преговарати (нг)	pregovárati
ondernemen (ww)	предузети (пг)	préduzeti
onderschatten (ww)	подцењивати (пг)	podcenjívati
onderscheiden (een ereteken geven)	наградити (пг)	nagráditi
onderstrepen (ww)	подвући (пг)	pódvući
ondertekenen (ww)	потписивати (пг)	potpisívati
onderwijzen (ww)	давати инструкције	dávati instrúkcije
onderzoeken (alle feiten, enz.)	размотрити (пг)	razmótriti
bezorgd maken	узнемиравати (пг)	uznemirávati
onmisbaar zijn (ww)	бити тражен	bíti trážen
ontbijten (ww)	доручковати (нг)	dóručkovati
ontdekken (bijv. nieuw land)	откривати (пг)	otkrívati
ontkennen (ww)	порећи (пг)	póreći
ontlopen (gevaar, taak)	избегавати (пг)	izbegávati
ontnemen (ww)	лишавати (пг)	lišávati
ontwerpen (machine, enz.)	пројектовати (пг)	projéktovati
oorlog voeren (ww)	ратовати (нг)	rátovati
op orde brengen	сређивати (пг)	sređívati
opbergen (in de kast, enz.)	склонити (пг)	sklóniti
opduiken (ov. een duikboot)	испливати (нг)	ísplivati
openen (ww)	отварати (пг)	otvárati
ophangen (bijv. gordijnen ~)	вешати (пг)	véšati

ophouden (ww)	прекидати (пг)	prekídati
oplossen (een probleem ~)	решити (пг)	réšiti
opmerken (zien)	запажати (пг)	zapážati
opmerken (zien)	приметити (пг)	primétiti
opscheppen (ww)	хвалисати се	hválisati se
opschrijven (op een lijst)	уписати (пг)	upísati
opschrijven (ww)	записивати (пг)	zapisívati
opstaan (uit je bed)	устајати (нг)	ústajati
opstarten (project, enz.)	започети (пг)	zapóčeti
opstijgen (vliegtuig)	полетати (нг)	polétati
optreden (resoluut ~)	деловати (нг)	délovati
organiseren (concert, feest)	направити (пг)	nápraviti
overdoen (ww)	поново урадити	pónovo uráditi
overheersen (dominant zijn)	превлађивати (нг)	prevlađívati
overschatten (ww)	преценити (пг)	precéniti
overtuigd worden (ww)	бити убеђен	bíti ubeđen
overtuigen (ww)	убеђивати (пг)	ubeđívati
passen (jurk, broek)	пристајати (нг)	prístajati
passeren (~ mooie dorpjes, enz.)	пролазити кроз …	prólaziti kroz …
peinzen (lang nadenken)	замислити се	zámisliti se
penetreren (ww)	пробијати (нг)	probíjati
plaatsen (ww)	ставити (пг)	stáviti
plaatsen (zetten)	смештати (пг)	sméštati
plannen (ww)	планирати (пг)	planírati
plezier hebben (ww)	уживати (нг)	užívati
plukken (bloemen ~)	брати (пг)	bráti
prefereren (verkiezen)	преферирати (пг)	preferírati
proberen (trachten)	покушавати (нг)	pokušávati
proberen (trachten)	покушати (пг)	pókušati
protesteren (ww)	протестовати (нг)	prótestovati
provoceren (uitdagen)	изазивати (пг)	izazívati
raadplegen (dokter, enz.)	консултовати се	kónsultovati se
rapporteren (ww)	извештавати (нг)	izveštávati
redden (ww)	спасавати (пг)	spasávati
regelen (conflict)	решавати (пг)	rešávati
reinigen (schoonmaken)	чистити (пг)	čístiti
rekenen op …	рачунати на …	račúnati na …
rennen (ww)	трчати (нг)	tŕčati
reserveren (een hotelkamer ~)	резервисати (пг)	rezervísati
rijden (per auto, enz.)	ићи (нг)	íći
rillen (ov. de kou)	дрхтати (нг)	dŕhtati
riskeren (ww)	ризиковати (нг)	rízikovati
roepen (met je stem)	позвати (пг)	pózvati
roepen (om hulp)	звати (пг)	zváti

ruiken (bepaalde geur verspreiden)	мирисати (нг)	mirísati
ruiken (rozen)	мирисати, њушити (нг)	mirísati, njúšiti
rusten (verpozen)	одмарати се	odmárati se

255. Verbs S-V

samenstellen, maken (een lijst ~)	састављати (пг)	sástavljati
schieten (ww)	пуцати (нг)	púcati
schoonmaken (bijv. schoenen ~)	чистити (пг)	čístiti
schoonmaken (ww)	поспремати (пг)	posprémati

schrammen (ww)	гребати, грепсти (пг)	grébati, grépsti
schreeuwen (ww)	викати (нг)	víkati
schrijven (ww)	писати (пг)	písati
schudden (ww)	трести (пг)	trésti

selecteren (ww)	одабрати (пг)	odábrati
simplificeren (ww)	упрошћавати (пг)	uprošćávati
slaan (een hond ~)	ударати (пг)	údarati
sluiten (ww)	затварати (пг)	zatvárati

smeken (bijv. om hulp ~)	умољавати (пг)	umoljávati
souperen (ww)	вечерати (нг)	véčerati
spelen (bijv. filmacteur)	глумити (пг)	glúmiti
spelen (kinderen, enz.)	играти се	ígrati se

spreken met …	говорити са …	govóriti sa …
spuwen (ww)	пљувати (нг)	pljúvati
stelen (ww)	красти (пг)	krásti
stemmen (verkiezing)	гласати (нг)	glásati
steunen (een goed doel, enz.)	подржати (пг)	podřžati

stoppen (pauzeren)	заустављати се	zaústavljati se
storen (lastigvallen)	сметати (пг)	smétati
strijden (tegen een vijand)	борити се	bóriti se
strijden (ww)	бити се	bíti se

strijken (met een strijkbout)	пеглати (пг)	péglati
studeren (bijv. wiskunde ~)	студирати (пг)	studírati
sturen (zenden)	слати (пг)	sláti
tellen (bijv. geld ~)	бројати (пг)	brójati

terugkeren (ww)	враћати се	vráćati se
terugsturen (ww)	вратити (пг)	vrátiti
toebehoren aan …	припадати (нг)	prípadati
toegeven (zwichten)	уступати (пг)	ustúpati

toenemen (on. ww)	повећавати се	povećávati se
toespreken (zich tot iemand richten)	обраћати се	óbraćati se

toestaan (goedkeuren)	дозвољавати (нг)	dozvoljávati
toestaan (ww)	допуштати (нг)	dopúštati
toewijden (boek, enz.)	посвећивати (пг)	posvećívati
tonen (uitstallen, laten zien)	показивати (пг)	pokazívati
trainen (ww)	тренирати (пг)	trenírati
transformeren (ww)	трансформисати (пг)	transfórmisati
trekken (touw)	вући (пг)	vúći
trouwen (ww)	женити се	žéniti se
tussenbeide komen (ww)	интервенисати (нг)	intervénisati
twijfelen (onzeker zijn)	сумњати (нг)	súmnjati
uitdelen (pamfletten ~)	раздати (пг)	rázdati
uitdoen (licht)	гасити (пг)	gásiti
uitdrukken (opinie, gevoel)	изразити (пг)	izráziti
uitgaan (om te dineren, enz.)	изаћи (нг)	ízaći
uitlachen (bespotten)	подсмевати се	podsmévati se
uitnodigen (ww)	позивати (пг)	pozívati
uitrusten (ww)	опремати (пг)	oprémati
uitsluiten (wegsturen)	избацити (пг)	izbáciti
uitspreken (ww)	изговарати (пг)	izgovárati
uittorenen (boven …)	уздизати се	úzdizati se
uitvaren tegen (ww)	грдити (пг)	gŕditi
uitvinden (machine, enz.)	проналазити (пг)	pronálaziti
uitwissen (ww)	избрисати (пг)	ízbrisati
vangen (ww)	ловити (пг)	lóviti
vastbinden aan …	привезивати (пг)	privezívati
vechten (ww)	тући се	túći se
veranderen (bijv. mening ~)	променити (пг)	proméniti
verbaasd zijn (ww)	чудити се	čúditi se
verbazen (verwonderen)	чудити (пг)	čúditi
verbergen (ww)	крити (пг)	kríti
verbieden (ww)	забрањивати (пг)	zabranjívati
verblinden (andere chauffeurs)	ослепљавати (пг)	oslepljávati
verbouwereerd zijn (ww)	бити збуњен	biti zbúnjen
verbranden (bijv. papieren ~)	палити (пг)	páliti
verdedigen (je land ~)	штитити (пг)	štítiti
verdenken (ww)	сумњати (нг, пг)	súmnjati
verdienen (een complimentje, enz.)	заслуживати (пг)	zaslužívati
verdragen (tandpijn, enz.)	трпети (нг)	tŕpeti
verdrinken (in het water omkomen)	удавити се	udáviti se
verdubbelen (ww)	удвостручити (пг)	udvóstručiti
verdwijnen (ww)	ишчезнути (нг)	íščeznuti
verenigen (ww)	уједињавати (пг)	ujedinjávati
vergelijken (ww)	упоређивати (пг)	upoređívati

vergeten (achterlaten)	оставлати (nr)	óstavljati
vergeten (ww)	заборавити (нг, nr)	zabóraviti
vergeven (ww)	опраштати (nr)	opráštati
vergroten (groter maken)	повећавати (nr)	povećávati
verklaren (uitleggen)	објашњавати (nr)	objašnjávati

verklaren (volhouden)	утврђивати (nr)	utvrđívati
verklikken (ww)	потказивати (нг)	potkazívati
verkopen (per stuk ~)	продавати (nr)	prodávati
verlaten (echtgenoot, enz.)	напуштати (nr)	napuštati
verlichten (gebouw, straat)	осветљавати (nr)	osvetljávati

verlichten (gemakkelijker maken)	олакшати (nr)	olákšati
verliefd worden (ww)	залубити (нг)	zaljúbiti
verliezen (bagage, enz.)	губити (nr)	gúbiti
vermelden (praten over)	споминати (nr) *	spóminjati

vermenigvuldigen (wisk.)	множити (nr)	mnóžiti
verminderen (ww)	смањивати (nr)	smanjívati
vermoeid raken (ww)	умарати се	umárati se
vermoeien (ww)	умарати (nr)	umárati

256. Verbs V-Z

vernietigen (documenten, enz.)	уништавати (nr)	uništávati
veronderstellen (ww)	претпостављати (nr)	pretpóstavljati
verontwaardigd zijn (ww)	бунити се	búniti se
veroordelen (in een rechtszaak)	осуђивати (nr)	osuđívati

veroorzaken ... (oorzaak zijn van ...)	узроковати (nr)	úzrokovati
verplaatsen (ww)	мицати (nr)	mícati
verpletteren (een insect, enz.)	смрскати (nr)	smŕskati

| verplichten (ww) | принуђавати (nr) | prinuđávati |
| verschijnen (bijv. boek) | изаћи (нг) | ízaći |

verschijnen (in zicht komen)	појављивати се	pojavljívati se
verschillen (~ van iets anders)	разликовати се	rázlikovati se
versieren (decoreren)	украшавати (nr)	ukrašávati
verspreiden (pamfletten, enz.)	делити (nr)	déliti

verspreiden (reuk, enz.)	ширити (nr)	šíriti
versterken (positie ~)	учвршћивати (nr)	učvršćívati
verstommen (ww)	заћутати (нг)	zaćútati
vertalen (ww)	преводити (nr)	prevóditi
vertellen (verhaal ~)	причати (nr)	príčati
vertrekken (bijv. naar Mexico ~)	одлазити (нг)	ódlaziti

vertrouwen (ww)	веровати (nr)	vérovati
vervolgen (ww)	настављати (nr)	nástavljati
verwachten (ww)	очекивати (nr)	očekívati
verwarmen (ww)	загрејавати (nr)	zagrejávati
verwarren (met elkaar ~)	бркати (nr)	bŕkati
verwelkomen (ww)	поздрављати (nr)	pózdravljati
verwezenlijken (ww)	остваривати (nr)	ostvarívati
verwijderen (een obstakel)	уклањати (nr)	úklanjati
verwijderen (een vlek ~)	уклањати (nr)	úklanjati
verwijten (ww)	корити (nr)	kóriti
verwisselen (ww)	мењати (nr)	ménjati
verzoeken (ww)	тражити, молити (nr)	trážiti, móliti
verzuimen (school, enz.)	пропуштати (nr)	propúštati
vies worden (ww)	испрљати čе	ispŕljati se
vinden (denken)	мислити (нr)	mísliti
vinden (ww)	наћи, налазити (nr)	náći, nálaziti
vissen (ww)	пецати (нr)	pécati
vleien (ww)	ласкати (нr)	láskati
vliegen (vogel, vliegtuig)	летети (нr)	léteti
voederen	хранити (nr)	hrániti
(een dier voer geven)		
volgen (ww)	пратити (nr)	prátiti
voorstellen (introduceren)	представљати (nr)	prédstavljati
voorstellen (Mag ik jullie ~)	упознавати (nr)	upoznávati
voorstellen (ww)	предлагати (nr)	predlágati
voorzien (verwachten)	предвиђати (nr)	predvíđati
vorderen (vooruitgaan)	напредовати (нr)	nápredovati
vormen (samenstellen)	формирати (nr)	formírati
vullen (glas, fles)	пунити (nr)	púniti
waarnemen (ww)	посматрати (нr)	posmátrati
waarschuwen (ww)	упозоравати (nr)	upozorávati
wachten (ww)	чекати (нr, nr)	čékati
wassen (ww)	прати (nr)	práti
weerspreken (ww)	приговарати (нr)	prigovárati
wegdraaien (ww)	окретати се	okrétati se
wegdragen (ww)	односити (nr)	odnósiti
wegen (gewicht hebben)	тежити (нr)	téžiti
wegjagen (ww)	отерати (nr)	óterati
weglaten (woord, zin)	пропуштати (nr)	propúštati
wegvaren	отпловити (нr)	otplóviti
(uit de haven vertrekken)		
weigeren (iemand ~)	одбијати (nr)	odbíjati
wekken (ww)	будити (nr)	búditi
wensen (ww)	желети (nr)	žéleti
werken (ww)	радити (нr)	ráditi
weten (ww)	знати (nr)	znáti

willen (verlangen)	хтети (пг)	htéti
wisselen (omruilen, iets ~)	размењивати се	razmenjívati se
worden (bijv. oud ~)	постати (пг)	póstati
worstelen (sport)	рвати се	rvati se
wreken (ww)	освећивати се	osvećívati se
zaaien (zaad strooien)	сејати (нг, пг)	séjati
zeggen (ww)	казати (пг)	kázati
zich baseerd op	базирати се на ...	bazírati se na ...
zich bevrijden van ... (afhelpen)	избављати се	izbavljati se
zich concentreren (ww)	концентрисати се	koncéntrisati se
zich ergeren (ww)	раздраживати се	razdražívati se
zich gedragen (ww)	понашати се	ponášati se
zich haasten (ww)	журити се	žúriti se
zich herinneren (ww)	сетити се	sétiti se
zich herstellen (ww)	оздрављати (нг)	ódzdravljati
zich indenken (ww)	замишљати (пг)	zamíšljati
zich interesseren voor ...	интересовати се	ínteresovati se
zich scheren (ww)	бријати се	bríjati se
zich trainen (ww)	тренирати (нг)	trenírati
zich verdedigen (ww)	бранити се	bkrániti se
zich vergissen (ww)	грешити (нг)	gréšiti
zich verontschuldigen	извињавати се	izvinjávati se
zich verspreiden (meel, suiker, enz.)	просути се	prósuti se
zich vervelen (ww)	досађивати се	dosađívati se
zinspelen (ww)	наговештавати (нг)	nagoveštávati
zitten (ww)	седети (нг)	sédeti
zoeken (ww)	тражити (пг)	trážiti
zondigen (ww)	грешити (нг)	gréšiti
zuchten (ww)	уздахнути (нг)	uzdáhnuti
zwaaien (met de hand)	махати (нг)	máhati
zwemmen (ww)	пливати (нг)	plívati
zwijgen (ww)	ћутати (нг)	ćútati

www.ingramcontent.com/pod-product-compliance
Lightning Source LLC
Chambersburg PA
CBHW071324090426
42738CB00012B/2790